MORTE E VIDA NA POLÍTICA

Blucher

MORTE E VIDA NA POLÍTICA

Filosofia e Psicanálise

Organizadora
Jassanan Amoroso Dias Pastore

Morte e vida na política: filosofia e psicanálise
© 2023 Jassanan Amoroso Dias Pastore (organizadora)
Editora Edgard Blücher Ltda.

Publisher Edgard Blücher
Editor Eduardo Blücher
Coordenação editorial Jonatas Eliakim
Diagramação Taís do Lago
Produção editorial Kedma Marques
Preparação de texto Ana Fiorini
Revisão Samira Panini
Capa Laércio Flenic
Imagem da capa Istockphoto

Blucher

Rua Pedroso Alvarenga, 1245, 4° andar
04531-934 – São Paulo – SP – Brasil
Tel.: 55 11 3078-5366
contato@blucher.com.br
www.blucher.com.br

Segundo o Novo Acordo Ortográfico, conforme 5. ed. do *Vocabulário Ortográfico da Língua Portuguesa*, Academia Brasileira de Letras, março de 2009.

Dados Internacionais de Catalogação
na Publicação (CIP)
Angélica Ilacqua CRB-8/7057

Morte e vida na política: filosofia e psicanálise / organizado por Jassanan Amoroso Dias Pastore. – São Paulo : Blucher, 2023.

288 p.

Bibliografia
ISBN 978-65-5506-425-4 (impresso)
ISBN 978-65-5506-426-1 (eletrônico)

1. Psicanálise 2. Política 3. Filosofia I. Pastore, Jassanan Amoroso Dias

22-5932 CDD 150.195

Índice para catálogo sistemático:
1. Psicanálise

Conteúdo

Prefácio 7
Marcio de Freitas Giovannetti

Apresentação 13
Jassanan Amoroso Dias Pastore

1. Corpo, cultura e violência 21
Oswaldo Giacoia Junior

2. A construção do ideal do Eu, caminhos e descaminhos 47
Luís Carlos Menezes

3. Peripatéticos contemporâneos 73
Waldo Hoffmann

4. O lugar do fantasma na filosofia: Agamben leitor de Freud 111
Camila Salles Gonçalves

5. Política tem a ver com psicanálise? 131
Jassanan Amoroso Dias Pastore

6. Como criar novas estruturas de mundo? 175
Marilsa Taffarel

7. *Let it be – Gelassenheit* *185*

Alan Victor Meyer

8. Vida nua e pulsão de morte 205

Jassanan Amoroso Dias Pastore

9. A morte da política no poder totalitário: H. Arendt e S. Freud 223

Luís Carlos Menezes

10. A consciência moral, o desejo e a Lei: o tipo psicológico de Paulo de Tarso segundo Nietzsche e Freud 239

Oswaldo Giacoia Junior

Prefácio

Marcio de Freitas Giovannetti

Este livro é uma das consequências do feliz encontro de um grupo de psicanalistas, coordenado por Jassanan Amoroso Dias Pastore, com a filosofia. É assim um trabalho de grupo no sentido em que a elaboração de cada um dos trabalhos que o compõem resulta de uma gestação em parte comunitária, realizada em encontros mensais de seus autores por quase uma década. Portanto, é mais do que uma coletânea de trabalhos individuais com uma temática comum, cada um deles devendo ser lido como a expressão individual de um potencial coletivo e que, em conjunto, tecem um panorama instigante daquilo que podemos chamar de uma psicanálise contemporânea.

O que é o contemporâneo, perguntou Agamben em um de seus ensaios mais conhecidos, utilizando-se da imagem da poesia de Mandelstam, "Minha era", como uma bela e perturbadora alegoria para representá-lo: "Minha era, minha fera, quem ousará, olhando-te nos olhos, com sangue, colar a coluna de tuas vértebras?". E é um tanto dessa ousadia a proposta deste livro. Como colar a fratura entre a filosofia e a psicanálise? Como colar a fratura entre as vértebras da psicanálise original de Freud e a psicanálise de uma clínica viva do século XXI?

Em seu livro *Estâncias* (1977/2007), Agamben já alertava para a fratura existente entre a filosofia ocidental e a poesia, entre a palavra poética e a palavra pensante. "O nome de Hölderlin...e o diálogo que, com o seu dizer, manteve um pensador que já não designa a própria meditação com o termo filosofia, são aqui chamados a testemunhar a urgência para que a nossa cultura volte a encontrar a unidade da própria palavra despedaçada (Agamben, 2007, p. 13). Mas não foi a obra freudiana uma tentativa mesmo de colar essa fratura, um exemplo *avant la lettre* daquilo que, anos depois, Edgard Morin veio a conceituar como pensamento complexo? Original por excelência, a obra freudiana fundou e demarcou um campo próprio e específico, mas sempre dialogando com outros campos do saber. Infelizmente, uma séria fratura a atingiu a partir do final dos anos 1930, fratura essa decorrente de dois diferentes fatores, um consequente à política mundial, o nazismo, um outro inerente à própria instituição.

O primeiro deles, possivelmente o de maior peso, foi o exílio e a expatriação dos psicanalistas da segunda geração em decorrência da ameaça nazista. O segundo, inerente à instituição, foi a morte do fundador, com a orfandade e o consequente enlutamento de seus seguidores. Sem o pai e sem a pátria, os psicanalistas se retiraram, se esconderam, por assim dizer, dentro das fronteiras de seus consultórios privados e de seus grupos institucionais. Assim, o pensamento psicanalítico que se ampliara, ao longo da obra de Freud, para o homem e seu mundo – basta lembrar seus textos chamados de "culturais", *Totem e tabu, Psicologia das massas e Análise do ego, O futuro de uma ilusão, O mal-estar na civilização, Moisés e o monoteísmo* – se retrai na obra de seus seguidores, sendo o mundo quase e tão somente apresentado como o aqui e agora dentro de quatro paredes. Quase tudo que estivesse fora desse espaço, fosse da parte do paciente, fosse da parte do analista, era teorizado e vivido como um *acting out*. Tudo em nome de um *setting* impoluto e rígido, um verdadeiro *bunker*. Uma reação institucional e grupal sintomática que, sob o pretexto de delimitar a especificidade do campo psicanalítico, praticamente o desliga dos outros saberes, dos outros campos, da pólis e da política. Trata-se de uma fratura com sérias consequências dentro da própria instituição e, sem dúvida, no próprio desenvolvimento da prática e da teoria psicanalítica.

A partir daí, as lutas intestinas se aceleraram, originando escolas que, quase numa reatualização do banquete totêmico, se pretendiam e se colocavam como a verdadeira linhagem hereditária, desmerecendo umas às outras. Talvez o maior e mais radical exemplo dos desmandos dessa guerra tenha sido a expulsão de Lacan da IPA (sigla em inglês para *Associação Psicanalítica Internacional*) no início dos anos 1960. Justamente aquele que pregava uma política científica de "retorno a Freud", justamente aquele que começava a denunciar o enrijecimento e o encapsulamento do movimento, do *setting* tradicional.

Um longo processo de elaboração de vários lutos, de aproximadamente 50 anos, vai permitir, a partir dos anos 1980, a religação do campo psicanalítico aos outros saberes, isto é, ao espírito original freudiano sob a palavra de alguns dos autores citados nos capítulos deste livro: Kaës, Herrmann, Viñar, Fédida, Deleuze e Guattari. Todos eles resgatando e trabalhando, cada um a seu modo, para além do sujeito edípico, o sujeito político. Afinal, não estava a Esfinge às portas da cidade de Tebas?

"Onde está o capricervo, onde está a esfinge?", pergunta Aristóteles no Livro IV da *Física*. Onde está a psicanálise, qual o seu lugar no mundo contemporâneo? Para responder a isso, precisamos pensar o "lugar" não como algo espacial, mas como algo mais originário que o "espaço", e "só uma topologia filosófica, semelhante àquela que na matemática é definida como *analysis situs* (análise da posição), em oposição à *analysis magnitudinis* (análise das grandezas mensuráveis) seria adequada ao *topos outopos* (lugar não-lugar)" (Agamben, 2007, p. 15).

Não seria mesmo um *topos outopos* o lugar mesmo daquilo que, para além ou aquém das várias teorias, é o método psicanalítico? O método que se origina das associações livres, do transitar constante por uma cidade desconhecida, perguntando, como Dora: "Onde fica a estação?". E a resposta era apenas e tão somente "a cinco minutos daqui". Isto é, uma fala que indica um caminhar constante, não um ponto preciso no espaço nem uma direção. Pois toda definição espacial contém o germe de um aprisionamento que se contrapõe ao fluxo das associações livres.

É justamente no espaço do diálogo entre os vários saberes que vêm se inserir as ideias propostas pelos autores deste livro, cuja gestação se deu ao longo de vários anos e cujo nascimento se dá sob o signo de uma ressignificação da Esfinge, uma pandemia que veio denunciar os descaminhos de uma civilização que se pretendia conhecedora do mundo.

"Como criar novas estruturas de mundo?", pergunta Marilsa Taffarel, ancorando-se nas reflexões de Agamben a respeito de uma "arqueologia da política ocidental", na reconstrução freudiana do ato fundante da humanidade e da cultura e no ensaio de Fabio Herrmann intitulado "O ato". Ato criativo e ato terrorista como radicalizações do agir humano, emoldurando nosso *habitat*.

Camila Salles Gonçalves, partindo da cisão proposta por Agamben entre "poesia e filosofia, entre palavra poética e palavra pensante", vem trabalhar o "lugar do fantasma", mostrando-nos um Agamben leitor de Freud.

Os caminhos e descaminhos na construção do ideal do eu são percorridos por Luís Carlos Menezes, acompanhado de Fédida, Zaltsman, Piera Aulagnier e Kaës e chegando a Hanna Arendt, traçando um perfil doloroso do século XX e do poder totalitário. No percurso de sua escrita ecoam sempre as ideias legadas por Freud a respeito da cultura e as que Agamben nos trouxe em *Homo sacer*.

É nas pegadas do homem matável sem maiores consequências que Jassanan Pastore vai trabalhar o conceito de vida nua de Agamben, junto com o conceito freudiano de pulsão de morte. Partindo da ideia da inseparabilidade entre subjetividade e cidadania, ela vai trazendo dos "labirintos da cidade" as vozes daqueles marginalizados que vêm sendo escutados pelo psicanalista sem divã: "Doutora, aqui a gente pode conversar, é tudo bonito e legal, mas lá fora a barra pesa"; "Aqui, cada um defende o seu; lá fora, ninguém tá nem aí com a gente"; "Olham pra gente e já vão atirando, acham que a gente é bandido". O corpo destituído de sua cidadania, de sua humanidade, com uma voz não escutada, é aquele dos campos de concentração e dos arremedos de lugares existentes nas metrópoles contemporâneas. Lugares impossíveis de viabilizar o passeio peripatético.

"*Let it be*", o texto de Alan V. Meyer, vai problematizar, nas pegadas de Heidegger e Lacan, a questão da fala e da escuta, da fala cotidiana e da poesia, enfatizando a fenda "in-existente" entre uma e outra, a linguagem como errância e como morada do ser.

Num contraponto a esses "não lugares", Waldo Hoffmann nos convida a um passeio aristotélico, com o seu "Peripatéticos contemporâneos", texto que pode ser tomado como "guia de leitura" deste livro. Numa clara inspiração warburgiana, ele nos leva a transitar pela filosofia, pela psicanálise, pelos textos sagrados, pela biologia, pelas neurociências, pela literatura e pelo cinema.

"Corpo, cultura e violência" e "A consciência moral, o desejo e a lei" são instigantes reflexões de Oswaldo Giacoia Jr. a partir de Nietzsche e de escritos metapsicológicos de Freud, e que vêm a estruturar um triângulo com a inserção de Paulo de Tarso como terceiro vértice: "É no percurso do desejo – interditado pela Lei – que se insinua o vazio da falta constitutiva, na qual se instala – sempre a distância e irrecuperável – *das Ding*. Dá-se aí o princípio de um processo de subjetivação".

Segundo Roberto Calasso (1990), em todo mito fundador de uma cultura aparece o combate do herói com o monstro primevo, que, derrotado, é por ele desmembrado. São as partes desmembradas do monstro que, ainda vivas, migram num movimento centrífugo, constituindo as fronteiras daquela cultura, daquele Estado. Por serem imortais, entretanto, de tempos em tempos voltam a se juntar, reatualizando o monstro e o combate originário.

Nosso século se inicia com o advento da internet, a queda das Torres Gêmeas no 11 de setembro e a pandemia – três acontecimentos que nos convocam a um novo embate refundador de nossa civilização, de nosso mundo, na medida em que, em conjunto e cada um a seu modo, vieram redesenhar nossas fronteiras e nossa cartografia.

Qual o lugar da Psicanálise e da Filosofia nessa refundação, nessa reatualização do combate originário? Oportuna e urgente indagação que permeia os trabalhos que compõem este livro.

Referências

Agamben, G. (1977/2007). *Estâncias*. Belo Horizonte: Editora UFMG.

Calasso, R. (1990). *As núpcias de Cadmo e Harmonia*. São Paulo: Companhia das Letras.

Apresentação

Jassanan Amoroso Dias Pastore

Esta coletânea é fruto das discussões realizadas no Grupo de Estudos Psicanálise e Linguagem, ligado à Diretoria Científica da Sociedade Brasileira de Psicanálise de São Paulo e coordenado pela psicanalista Jassanan Amoroso Dias Pastore. Esse grupo teve sua origem em 2009 com o intuito de aprofundar algumas reflexões na interface entre a psicanálise e outras linguagens atreladas ao campo das ciências humanas, como a linguagem filosófica, a antropológica e a artística.

No decorrer dos encontros durante os dois anos iniciais, o grupo ensejou repensar o papel da psicanálise frente às questões filosóficas, sociais e políticas, porém com a ressalva de não a transformar numa teoria sobre política. Além disso, o livro não pretende expressar uma visão unificada, mas sim de abertura para um debate sobre a ação política. Assim, a cada autor, suas ideias. Proposta de um livro em que o novo, o imprevisto, a criação, a transgressão e o questionar comparecem.

Seria a psicanálise exterior ao social e ao político? Inicialmente as reflexões do grupo foram traçando uma trama entre as ideias de Michel Foucault e a biopolítica, as do filósofo contemporâneo Giorgio Agamben e o conceito de *Homo sacer*, e as de Freud, especialmente aquelas contidas em seus textos culturais, como *Totem e tabu*, *O mal-estar na civilização* e *Moisés e o monoteísmo*. Em decorrência desses entrelaçamentos, o grupo passou a explorar as conexões entre o pensamento psicanalítico e o do filósofo Agamben.

A partir daí, em 2011, convidamos o filósofo Oswaldo Giacoia Junior para adensar nossos diálogos entre Agamben e Freud, voltados, inicialmente, para a ligação entre linguagem e subjetividade contemporânea. Aos poucos, fomos estudando as proximidades e afastamentos entre o pensamento desses dois pensadores e, com o passar do tempo, incluindo outros filósofos, especialmente F. Nietzsche.

Agamben, autor multifacetado, considera o ser humano como um ser político em que homem e cultura nascem juntos. Avesso ao progresso, o autor retoma a questão aristotélica ao indagar se, afinal, o ser humano tem ou não uma finalidade, uma função.

Crítico perspicaz da cultura moderna, rico em interesses e fontes diversas, Agamben compara sua obra com a imagem de um canteiro de obras, terreno em curso, em processo de realização, em que são lançadas muitas questões com certa desordem para depois constituir uma unidade. Ao pensar sobre *o que é o contemporâneo*, indagação que se mantém aberta e inacabada, o autor problematiza a questão do tempo. Agamben pensa o ser contemporâneo como um modo singular em que num presente qualquer nos conectamos com o passado e com o futuro, ao mesmo tempo que deste presente nos distanciamos. É uma atitude de não estar de acordo consigo mesmo e nem com seu próprio tempo. É um ser fora de si. É o homem aberto para o ser, sem determinação fixa, mas com potência de ser e de não ser mais.

> *Pertence verdadeiramente ao seu tempo, é verdadeiramente contemporâneo, aquele que não coincide perfeitamente com este, nem está adequado às suas pretensões e é, portanto, neste sentido, inatual; mas, exatamente por isso, exatamente através desse deslocamento e desse anacronismo, ele é capaz, mais do que os outros, de perceber e apreender o seu tempo (Agamben, 2009, pp. 58-59).*

Agamben assinala que essa não coincidência, inspirada, aliás, na noção de extemporâneo de Nietzsche, não significa viver num outro tempo e nem ser um nostálgico, pois homem algum pode fugir de seu tempo. O que o autor propõe é um olhar crítico e resistente ao próprio tempo em que se vive e ao que nele se é, o que exige um distanciamento para que ambas as esferas possam ser observadas e conhecidas por meio de uma visão reflexiva e questionadora.

A experiência de contemporaneidade é, portanto, uma singular relação do sujeito com o próprio século que a ele se adere, ao mesmo tempo que dele se descola e se desloca, a fim de poder enxergar a si próprio e ao tempo em que vive. Parece-me uma proposta ética que diz respeito à maneira de se habitar uma época, e não simplesmente ao fato de se estar nela. A meu ver, é um convite para uma relação dinâmica com o tempo e com o processo de identificações.

O tempo *Kairós*, inapreensível, é outra característica do ser contemporâneo, que a partir do presente cronológico faz premente um tempo subjetivo, prazeroso, em que surja algo que para ele é transformador (Agamben, 2009, p. 10). Como lidar com o tempo? E com a submissão ao tempo físico, em que cada hora fere e a última mata? *Kronós*, o tempo automático do relógio, o tempo cronológico, é a flecha implacável, mas *Kairós*, o tempo subjetivo, nos abre frestas para o tempo do desejo, do prazer e nos permite o *carpe diem* do poeta epicurista Horácio: "Colha o dia!", aproveite cada ocasião, cada momento de cada dia. É uma proposta de assumir nas próprias mãos o nosso destino. É não deixar a vida nos levar, é não viver no automatismo do tempo linear, é não deixar a vida deliberar por nós, é fazer a vida acontecer.[1]

Agamben é avesso às correntes do pensamento contemporâneo que postulam meios de reprodução e manutenção do mecanismo político, ao sugerirem o acolhimento dessa situação e a aceitação de uma humanidade que não encontra outras tarefas históricas senão na sua autogestão – por meio dos ditos consensos democráticos ou, ainda que renegadas, pela via dos novos fundamentalismos religiosos e pela violência ditatorial muitas vezes travestida. Esse autor propõe "uma outra saída: a profanação dos dispositivos de governo e a assunção de um ingovernável como ponto de fuga e início de uma nova política" (Agamben, 2009, pp. 14-15), assinalando "o estatuto ontológico e ao mesmo tempo político da amizade" (Agamben, 2009, p. 15). Na "sensação de existir insiste uma outra sensação, especificamente humana, que tem a forma de um *com-sentir* (*synaisthanesthai*) a existência do amigo. *A amizade é a instância desse com-sentimento da existência do amigo no sentimento da existência própria*" (Agamben, 2009, p. 15, grifo do original). A sensação do ser é, de fato, "já sempre dividida e *com-dividida*, e a amizade nomeia essa *condivisão*", esse compartilhamento (Agamben, 2009, p. 16). A amizade se atém ao próprio fato do existir. Porém, tal existir, ao *com-sentir* a existência do amigo, é já sempre prenhe de uma potência política: "A amizade é a *condivisão* que precede toda divisão, porque aquilo que há para repartir é o próprio fato de existir, a própria vida. E é essa partilha sem objeto, esse *com-sentir*

---

[1] Horácio Flaco, Q. (2021). *Odes* (Pedro Braga Falcão, Trad.). São Paulo: Editora 34.

originário que constitui a política" (Agamben, 2009, p. 16, grifo do original).

Para Agamben, o ser contemporâneo também traz consigo "a criança na vida psíquica do adulto" (Agamben, 2009, p. 69). O autor se refere à percepção no atual/inatual dos índices e das assinaturas do passado arcaico, arcaico que significa próximo da *arké*, isto é, da origem, princípio, como devir histórico. É ter a percepção do presente que não se situa apenas num passado cronológico, mas na criança que existe na vida psíquica do adulto, ou seja, é descobrir no passado acontecimentos com um sentido fundamentalmente atual. Não se trata da busca de uma causa originária, mas de uma constelação de fatores que se situam entre a diacronia e a sincronia. É uma pesquisa sobre nós mesmos, sobre nosso presente.

Penso que Agamben se refere a uma dimensão histórica da experiência. O curso de nossas vivências inclui aquelas do passado e as fantasias que nos conectam às experiências vividas/não vividas com aqueles que nos constituíram. Há uma densidade histórica do desejo. O tempo passado se atualiza em nós. É o tempo como um movimento em espiral e não linear.

O problema do tempo atravessa a obra de Freud de forma complexa para dar conta da experiência clínica. Pontalis se refere ao tempo simétrico, de completude, da palavra plena que impede o aparecimento de qualquer "buraco", e ao tempo assimétrico, do desconhecido, do inesperado, do descompasso, da palavra circunstancial e da errância pulsional.

Outra definição de ser contemporâneo, em Agamben, envolve uma atitude ativa de "manter fixo o olhar no seu tempo, para nele perceber não as luzes, mas o escuro. Todos os tempos são, para quem deles experimenta contemporaneidade, obscuros" (Agamben, 2009, p. 62). Ser contemporâneo é não se deixar cegar pelas luzes do século, lembrando que *saecullum* em latim significa originalmente o tempo da vida, do indivíduo; é entrever na luz a sombra, a sua mais profunda obscuridade. Na clínica, é comum termos que lidar com os fachos de luz que o paciente projeta sobre nós, que podem nos confundir e nos cegar.

Numa aproximação com o texto freudiano *Luto e melancolia*, Agamben enfatiza que *biós* e *zoé* sempre caminharam lado a lado, e que o objeto perdido se refere, então, à animalidade que nos esforçamos para deixar para trás. Agamben nos propõe retomar a Antiguidade grega, a teoria medieval do fantasma como contribuições para pensarmos a psicanálise contemporânea. As noções de *zoé* e *biós* estão contidas no conceito grego de vida em Aristóteles. *Zoé* exprime a mera vida biológica, o simples fato de viver; e *biós*, que dá origem à biografia, é a dimensão em que a vida humana é distinguida da do animal pela linguagem; indica o modo de viver próprio de um indivíduo, com seus desejos (daí biografia), ou de um grupo (cultura); é a vida como laço social; é a vida política. Na ausência de narrativas sobre a própria existência e de um patrimônio onírico, ficamos impedidos de repousar, sonhar e pensar. Nossa vida fica reduzida à *zoé*, o que Agamben chama de "vida nua". Mas na vivência da ligação transferencial com o analista o paciente pode vencer as resistências e criar condições de desenvolver um aparelho construtor de memória e de sonhos.

Certa ocasião, Luís Carlos Menezes comentou que a memória é o que dá espessura ao presente. É impossível concebê-lo fora de alguma dimensão de memória e de reconhecimento dos acontecimentos, de si, dos outros, vivos ou mortos, presentes ou ausentes, reconhecimento que remete a coisas, a sensações e a percepções. O presente é uma encruzilhada viva de tempos que se confluem. A memória humana é involuntária e inventiva a partir das percepções, e não um sistema estereotipado, sequencial e rígido. E a percepção é sempre uma tentativa de reencontrar um objeto de desejo, é sempre guiada por uma fantasia, por uma representação de um objeto de desejo.

Para Freud, memória e motivação caminham de mãos dadas. A força e o sentido da rememoração encontram-se aliados à singularidade inventiva do desejo em sua capacidade de se relançar inesgotavelmente. Assim, a força da memória é um processo transformador e reorganizador, *ad infinitum*, das identificações do sujeito no curso de sua vida. Freud foi suficientemente sensível ao potencial reconstrutivo da memória, ao fato de que as lembranças são continuamente trabalhadas e retrabalhadas e de que, portanto, a essência da memória é a retranscrição – processo criativo em que os traços mnêmicos sofrem rearranjos, de acordo com novas circunstâncias históricas e singulares do sujeito, em que participam suas pulsões e os desejos inconscientes, semelhante à experiência do sonho. Processo de adensamento do presente – que pode estar sufocado ou ressoando de maneira quase inaudível –, por meio de rememorações mutativas do passado que apontam para novos tempos futuros. Desse modo, na impossibilidade de construirmos memórias e representações sobre nossas experiências afetivas ficamos destituídos de alma, de histórias.

Em sua crítica ao totalitarismo, a partir de H. Arendt, Agamben define como características do ser contemporâneo uma atitude de ser capaz de se questionar, de abandonar um modo de vida e um sistema de valores por outros, de não se entregar ao *prêt-à-porter*, de não se confinar no campo seguro da certeza e da razão no sentido tecnológico, econômico e político.

Podemos pensar que essa concepção de contemporâneo, sugerida por Agamben, se aproxima do fazer psicanalítico, na medida em que a prática psicanalítica se caracteriza como um campo propiciador de condições para o surgimento de pensamentos inventivos, não massificados, que representem a possibilidade, para o sujeito, de criar novos começos, novos caminhos naquilo que para ele importa conforme seu desejo.

Este livro reúne breves interlocuções que o Grupo de Estudos Psicanálise e Linguagem vem estabelecendo entre filosofia, psicanálise e política. Esperamos que esses textos possam expandir alguns *insights* psicanalíticos sobre a atitude político-social de sujeitos e grupos.

Referências

Agamben, G. (2009). *O que é o contemporâneo? e outros ensaios.* Chapecó: Argos.

1. Corpo, cultura e violência

Oswaldo Giacoia Junior[1]

O presente trabalho analisa alguns dos conceitos centrais da filosofia da cultura de Friedrich Nietzsche, examinando a relação entre tempo, história, memória e esquecimento, bem como o papel dos impulsos agressivos, em suas diferentes modalidades, como fator econômico e dinâmico da moralidade e da cultura. Nesse percurso, o corpo ocupa uma posição central e, com base nisso, são efetuadas aproximações produtivas entre a genealogia de Nietzsche e a metapsicologia psicanalítica.

Nietzsche abre a segunda de suas *Considerações extemporâneas, da utilidade e desvantagem da história para a vida*, com uma significativa alegoria:

> *Considera o rebanho que, pastando, passa ao teu lado: ele não sabe o que é ontem e o que é hoje; ele saltita de lá para cá, come, descansa, digere, salta de novo; e assim*

[1] Departamento de Filosofia do Instituto de Filosofia e Ciências Humanas da Universidade Estadual de Campinas (Unicamp). Programa de Pós Graduação em Filosofia da Pontifícia Universidade Católica do Paraná, PUC-PR.

> *de a manhã até a noite; dia após dia; ligado de maneira fugaz com seu prazer e desprazer à própria estaca do instante, e, por isto, nem melancólico nem enfadado. Ver isto desgosta duramente o homem porque ele se vangloria de sua humanidade frente ao animal, embora olhe invejoso para a sua felicidade – pois o homem quer apenas isso, viver como o animal, sem melancolia nem dor; e o quer, entretanto, em vão, porque não quer como o animal (Nietzsche, 2003, p. 7).*

Nesse texto publicado em 1874 e pertencente à primeira fase de sua produção filosófica, o jovem Nietzsche já enunciava uma concepção da *conditio humana*, que seria retomada posteriormente, sob a ótica de sua filosofia madura, em sua genealogia do processo de hominização, como aparece, por exemplo, em *Para além de bem e mal* e *Para a genealogia da moral.* A passagem aqui citada indica que Nietzsche desde cedo compreendeu a humanidade do *homo humanus* a partir dos vértices da temporalidade, da finitude e da dor, como existência temporal, e, portanto, inexoravelmente sujeita ao sofrimento e à morte. Ora, a finitude é também a raiz da historicidade, pois o que significa ser histórico senão existir como duração, no horizonte da temporalidade?

> *O homem pergunta mesmo um dia ao animal: por que não me falas sobre tua felicidade e apenas me observas? O animal quer também responder e falar, isso se deve ao fato de que sempre esquece o que queria dizer, mas também já esqueceu esta resposta e silencia: de tal modo que o homem se admira disso (Nietzsche, 2003, p. 7).*

A existência animal é *a-histórica*, e isso porque o animal *esquece*, não é capaz de se lembrar. Essa impotência da recordação, a incapacidade de reter o fluxo do tempo, escandir suas dimensões (passado, presente e futuro) é, aliás, a mesma razão pela qual o animal *não fala*, porque falar é *fixar*, e, portanto, subtrair algo à voragem do esquecimento. Se o animal vive atado à estaca do presente, então a felicidade animal depende da a-temporalidade, uma condição que deixou de pertencer ao homem, por um abandono que abre o espaço do ex-sistir propriamente humano no mundo, como um animal que tem a linguagem (um *ζῷον* ou *ἄνθρωπον λόγο(ν)ς ἔχων*, e somente em virtude disso também *ζῷον πολῑτῐκόν* – animal político, ou animal social).

O homem só é humano por meio desta condição ontológica originária: a combinação entre a corrente do tempo, o esquecimento, a memória e a linguagem. O animal sempre esquece o que queria dizer, esquece até mesmo que esqueceu a resposta – e por isso silencia. Em sua condição de humano, o homem se admira desse esquecido silenciar, e fala sobre ele.

> *Todavia o homem também se admira de si mesmo por não poder aprender a esquecer e por sempre se ver novamente preso ao que passou: por mais longe e rápido que ele corra, a corrente corre junto. É um milagre: o instante em um átimo está aí, em um átimo já passou, antes um nada, depois um nada, retorna entretanto ainda como um fantasma e perturba a tranquilidade de um instante posterior. Incessantemente uma folha se destaca da roldana do tempo, cai e é carregada pelo vento – e, de repente, é trazida de volta para o colo do homem. Então o homem diz: "eu me lembro" – e inveja o animal que imediatamente esquece e vê todo instante realmente morrer imerso em névoa e noite e extinguir-se para sempre (Nietzsche, 2003, p. 7s).*

O tempo, a corrente do vir a ser e do passar é como que colocada em suspenso pela memória, recortada sobre o fundo de uma força plástica e assimilatória, aquela do esquecimento, autêntica potência da saúde e felicidade animal; a vida humana é um modo de existir inteiramente determinado pela dialética entre esquecimento e lembrança, e transcorre nas aberturas temporais do que é, do que foi e do que será, descerradas a partir deste 'átomo de eternidade', que é o Instante. É essa dialética que Nietzsche retoma, aprofunda e estende em suas obras de maturidade. Nelas, o filósofo mostra que é nesse horizonte ontológico-existencial que a história humana é possível, como o âmbito de acontecência, como horizonte de sentido, instância da transcendência, na qual desdobra-se o fado, o destino da historicidade humana. É nesse horizonte que se torna especialmente pertinente uma aproximação de sua filosofia com a metapsicologia da psicanálise, como pretendo sugerir na sequência.

A palavra "história" traduz em português tanto o substantivo *Geschichte* (do verbo *geschehen,* acontecer, do qual deriva também *Schicht*, camada, estrato) quanto a variante latina germanizada *Historie*. *Historie* é a palavra que aparece no título da *Segunda consideração extemporânea* de Nietzsche, e designa a disciplina científica, a história das ciências humanas, a historiografia - como registro cronológico objetivo de séries de acontecimentos, causalmente ordenados, com suas circunstâncias, condições determinantes, causas e consequências de variadas ordens (econômicas, políticas, sociais, culturais, por exemplo).

Geschchite, por sua vez, designa o acontecer adventício, os acontecimentos singulares que "fazem mundo", isto é, impregnam a configuração e determinam o sentido de uma era da história. Com apoio no verbo *schicken,* o substantivo *Geschick* significa tanto o envio, a remessa, o destinamento, como também o ato de dispor numa ordem, instalar, em acepções derivadas da ligação entre os verbos *schicken* e *anordnen, einrichten*; é desse mesmo étimo que provém também o substantivo *Schicksal* (destino). Nesse circuito semântico, *Geschichte* remete a *Geschehnis* (acontecer, acontecido), enquanto *Historie* é o registro teórico e conceitual, a reflexão metódica sobre esse acontecer, um saber que está fundado na constituição ôntica do existir humano, sobre a base de sua determinação ontológica essencial, resguardada no termo *Geschichte*.

Nesse jogo entre *Historie* e *Geschichte*, no espaço aberto entre diferentes planos de acontecência humana no mundo, portanto, entre a historiografia dos historiadores e história arqueogenealógica, Nietzsche desconstrói o conceito tradicional de natureza humana, substituindo-o pelo resultado de hipóteses teóricas, ou ficções heurísticas – a que também Freud recorre em alguns de seus textos metapsicológicos – que não têm por objeto a natureza humana, em seu sentido tradicional, o Homem em sua essência genérica e abstrata, mas que podem lançar luz sobre um hipotético vir a ser humano, sobre os avatares da hominização, isto é, sobre uma presuntiva pré-história da civilização. Trata-se, pois, de refletir sobre um limiar problemático: a passagem da natureza à cultura, da *Φύσις* ao *Νόμος*, sobre a transição do hominídeo pulsional, do bicho-homem, para o *ζῷον πολῑτῐκόν* (animal político ou animal social).

Essa é uma transformação que, para Nietzsche, não se explica por nenhuma lei inerente à natureza, nem pode ser remetida aos insondáveis desígnios da Providência divina, senão que, para este filósofo, inicia-se "*poieticamente*", isto é pela *invenção* ou *criação* da memória. A faculdade da memória é, para Nietzsche, o elemento diferencial entre o homem e os outros hominídios, na medida em que só por meio desse acontecimento fundamental pode irromper um ente como um *ἄνθρωπον λόγο(ν)* (um animal falante), ingressar num horizonte temporal, no qual se inscrevem os lineamentos mais elementares do pensamento causal, do raciocínio e do cálculo. O ser humano surge a partir da capacidade de prometer, da promessa, que, por sua vez, só pode tornar-se possível a partir do jogo entre o tempo, o esquecimento e a memória.

"Criar um animal ao qual *seja lícito fazer promessas*", observa Nietzsche logo nos movimentos iniciais da segunda dissertação da *Genealogia*,

> *não é precisamente essa mesma tarefa paradoxal que a natureza se propôs com respeito ao homem? Não é este o autêntico problema do homem?... O fato de que tal problema se encontre resolvido em grande parte tem que parecer tanto mais surpreendente a quem saiba apreciar inteiramente a força que contra ela atua, a força do* esquecimento *(Nietzsche, 1980a, p. 291 grifos do original).*

A criação da memória por meio de uma força que atua na contracorrente do esquecimento constitui, então, a condição de possibilidade para o surgimento da capacidade humana de comprometer-se, de pactuar, isto é, de entrar numa relação de troca. O humano não remete, pois, a nenhuma essência supra-histórica, mas a um devir-homem, à hominização como um processo inacabado, que tem origem na pré-história e que permanece atuante no presente, em cujo limiar a criação da memória constitui um enigma a ser desvendado, um paradoxo que o genealogista Nietzsche formula nos seguintes termos:

> *Como imprimir algo nesse entendimento de instante, entendimento em parte obtuso, em parte aturdido, nessa vivente capacidade de esquecimento, de tal maneira que permaneça presente?... Pode-se imaginar que esse*

> *antiquíssimo problema não foi resolvido precisamente com respostas e meios delicados; talvez não haja, na inteira pré-história do homem, nada mais sinistro e terrível que sua* mnemo-técnica. *Para que algo permaneça na memória, grava-se-o a fogo; somente o que não cessa de* causar dor *permanece na memória – este é um axioma da mais antiga Psicologia que existiu sobre a terra (por desgraça, também da mais prolongada) (Nietzsche, 1980a, p. 294, grifos do original).*

O enigma e sua solução convocam uma teoria que detecta os investimentos de violência sobre o corpo como abertura do campo da memória, e, com ela, da hominização.

As condições de engendramento memória são forçosamente paradoxais, pois quem teria criado os primeiros mnemotécnicos da memória, que, em seguida a teriam reproduzido nos outros? A resposta a esta pergunta depende de outra hipótese – não menos problemática – que, no plano teórico da *Genealogia da moral*, tem um valor heurístico extraordinário: "'Mnemotechnik' significa originariamente a técnica por meio da qual é desenvolvida a própria 'faculdade' da memória da vontade, não apenas a técnica por meio da qual são inseridos numa memória já desenvolvida alguns novos preceitos particulares?" (Brusotti, 1992, p. 21).

A tecnologia necessária para implantar a memória da vontade deriva de uma instrumentalização da dor. Como foi como mencionado anteriormente, o problema não consiste em fixar numa faculdade de memória já dada alguns preceitos que nela permaneçam gravados, ainda que apenas *in potentia*. Trata-se antes, para Nietzsche, de uma pré-história do *engendramento* da própria memória, dos "devires" psico-fisiológicos de uma aptidão para lembrança gravada a fogo no *sensorium* do animal homem.

Em resumo, ser capaz de lembrança é o limiar do devir-homem – e a criação da memória é uma tarefa que *não* se confunde com simples mnemotécnica, pois memorizar alguma coisa, por meio de procedimentos regrados, já pressuporia pelo menos os rudimentos de uma faculdade da memória, a ser então considerada como um dado natural, perfazendo um raciocínio circular.

> *A genealogia da memória da vontade deve mostrar como "o autêntico problema do homem" – isto é, "cultivar um animal que* pode *prometer" – foi em grande extensão resolvido. Uma vez que a solução desse problema é a memória da vontade, então esse "problema do homem" coloca-se originariamente sob a pergunta: "Como se faz uma memória para o animal-homem?". Como genealogista, Nietzsche se coloca a tarefa de, por assim dizer, perseguir a própria proveniência do homem. Ele concebe o homem dos primórdios como um "esquecimento corporificado", com um entendimento momentâneo. Inicialmente, portanto, tem de ser resolvida a tarefa de, por meio de uma "Mnemotécnica", manter* presentes *nesses escravos do afeto e do desejo a cada instante um par de primitivas exigências do viver junto em sociedade (Brusotti, 1992, p. 91, grifos do autor).*

Portanto, a hominização por meio da memória é um paradoxo: memória e mnemotécnica constituem, na origem, *uma só e mesma coisa*: a mnemotécnica *cria* a memória da vontade.

Somente por meio de uma dor que não cessa fixa-se *a memória da vontade*, e, assim, torna-se também possível que *algo nela* fique cunhado como preceito naquele tecido calcinado pela dor, como dispositivo de mnemotécnica – é a isto que alude o "axioma da mais antiga Psicologia que existiu sobre a terra (por desgraça, também da mais prolongada)": o axioma que liga inseparavelmente a memória e o sofrimento. Tais *condicionantes antropológicos* marcam a *humanitas do homo humano*: uma memória da vontade forjada à contracorrente da poderosa força animal do esquecimento; e uma faculdade de prometer; um poder fazer-se responsável. Com apoio nelas, desenvolve-se uma aptidão cognitiva, que assume uma *forma* do princípio de razão – o qual determina a formatação geral do entendimento humano e seus juízos causais, de premissa e conclusão.

Justamente por isso, de acordo com Nietzsche, a primitiva memória da vontade não é uma simples,

> *indigestão da palavra empenhada, da qual não conseguimos dar conta, mas sim um ativo não-mais-*querer-*-livrar-se, um prosseguir-querendo o já querido, uma verdadeira* memória da vontade: *de modo que entre o primitivo "quero", "farei", e a verdadeira descarga da vontade, seu* ato, *todo um mundo de novas e estranhas coisas, circunstâncias, mesmo atos de vontade, pode ser resolutamente interposto, sem que assim se rompa esta longa cadeia do querer. Para poder dispor de tal modo do futuro, o quanto não precisou o homem aprender a distinguir o acontecimento casual do necessário, a pensar de maneira causal, a ver e antecipar a coisa distante como sendo presente, a estabelecer com segurança o fim e os meios para o fim, a calcular, contar, confiar – para isso, quanto não precisou antes tornar-se ele próprio* confiável, constante, necessário, *também para si, na sua própria representação, para poder enfim,*

> *como faz quem promete, responder por si* como porvir! *(Nietzsche, 1998, p. 48, grifos do original).*[2]

Ora, como muito daquilo que há de essencial na filosofia de Nietzsche, o contexto narrativo no qual se insere a hipótese da criação da memória é sobredeterminado; ele fornece também as bases para a interpretação nietzscheana da gênese da religião, do direito e da moralidade, em particular da consciência de culpa. Relativamente a esse aspecto, uma aproximação com as hipóteses genealógicas de Freud sobre a gênese da moralidade torna-se quase impositiva. Na genealogia de Nietzsche, conceitos e categorias de natureza econômico-jurídica adquirem especial relevância, principalmente a noção de *obligatio* de direito pessoal, o laço de obrigação que vincula os partícipes nos atos jurídicos do escambo e da troca, e posteriormente no instituto do débito e do crédito. Nietzsche considera esse primitivo circuito das trocas sociais como o patamar mais recuado de civilização até agora conhecido pela ciência histórica. É por meio de sua mobilização em ritos e processos jurídicos, como os castigos e os procedimentos judiciários, que a violência é instrumentalizada como tecnologia da memória.

Se o problema consiste em criar no esquecediço e instintivo hominídeo uma memória da vontade, tornando-o capaz de prometer, compreende-se, pois, que o estágio mais recuado do processo civilizatório deve forçosamente coincidir com o foco de surgimento das promessas e, portanto, só pode ser encontrado no terreno das já mencionadas relações pessoais de direito obrigacional, no elemento do dever e da dívida: precisamente nesse âmbito jurídico-econômico das trocas, da compra, venda e crédito.

---

2 Tradução: Paulo César de Souza.

> Nessa *esfera, no direito das obrigações, portanto, tem seu foco de surgimento o mundo de conceitos morais: "culpa", "consciência moral", "dever", "santidade do dever" - seu começo, como o começo de tudo o que é grande na terra, foi longa e fundamentalmente regado com sangue (Nietzsche, 1980a, p. 300, grifo do original).*

Nos marcos dessa derivação genealógica dos rudimentos da eticidade do costume (*Sittlichkeit der Sitte*) - do que conhecemos por *ethos* –, também os mais sublimes conceitos morais, que a tradição considera como os apanágios da espiritualidade humana, como as marcas de nossa semelhança com a divindade, da qual seríamos provenientes (como os conceitos de liberdade, dever, responsabilidade, obrigação, culpa, os valores como Bem e Mal), em verdade, têm suas obscuras condições de surgimento em relações econômicas e jurídicas, no universo da troca e do escambo. O direito, com o cortejo de suas formas e instituições, assim como a religiosidade, não é uma formação ínsita à moralidade natural do ser humano - ao contrário, a própria moralidade é uma criação, resulta de um engendramento cuja raiz pré-histórica se encontra justamente no campo sangrento das formas econômico-jurídicas, aliado a procedimentos punitivos oriundos da guerra, como os castigos, por exemplo.

> *O sentimento de culpa [*Schuld*], da obrigação pessoal... teve sua origem... na mais antiga e originária relação pessoal que existe, na relação entre compradores e vendedores, credores e devedores: foi aqui que, pela primeira vez, se enfrentou pessoa a pessoa, foi aqui onde, pela primeira vez, as pessoas se* mediram *entre si. Ainda não se encontrou nenhum grau tão baixo de*

> *civilização no qual não seja possível observar algo dessa relação (Nietzsche, 1980a, p. 305s, grifo do original).*
>
> *É nessas relações, cabalmente, em que se trata de* fazer *uma memória em quem faz promessas; será nelas, cabalmente – é lícito suspeitá-lo com malícia –, em que haverá uma jazida para algo de duro, cruel, penoso. O devedor, para infundir confiança em sua promessa de restituição, para dar uma garantia da seriedade de sua promessa, para impor dentro de si, para sua consciência, a restituição de um dever, como uma obrigação, empenha ao credor, em virtude de um contrato e para o caso de que não pague, outra coisa que todavia* possui, *outra coisa sobre a qual tem poder, por exemplo, seu corpo, ou sua mulher, ou sua liberdade, ou também sua vida (Nietzsche, 1980a, p. 298, grifo do original).*

Para Nietzsche, a mobilização e instrumentalização dos castigos, seu acoplamento à esfera do primitivo direito *das obrigações* produziu um cruzamento entre a *obligatio* de direito pessoal e um regime de penas, ressignificadas como *equivalentes* de danos ou lesões em geral. Esse dispositivo provê o solo antropológico do qual surgem aquelas categorias e conceitos de cujo aprofundamento e espiritualização emergirão mais tarde as figuras mais sublimes e espiritualizadas do imaginário religioso, assim como os refinamentos mais sutis da moralidade: o puro sentimento do dever, o sentido de responsabilidade e de culpa própria, a *voz interior* da consciência moral, a noção de autonomia da vontade. No entanto, suas condições originárias são as relações *muito materiais* de dívida econômico-jurídica, com seus pesos, valores, estimativas, preços e equivalências. O fundamental aqui é a criação de um regime geral de equivalências, que torne possível a generalização das trocas.

Nietzsche identifica esse regime com o mais remoto cânon de justiça e equidade existente sobre a Terra. Ele consiste numa transposição da matriz obrigacional do débito e do crédito, que, uma vez transposta, passa a funcionar como princípio regulador das relações entre as formas mais incipientes de ordenação comunitária. "*Tudo* pode ser pago" – este seria

> *o mais antigo e mais ingênuo canon moral da* justiça, *o início de toda "benevolência", de toda "equidade", de toda "boa vontade", de toda objetividade na terra. Justiça, nesse nível, é a boa vontade, entre os de potência mais ou menos igual, para entrar reciprocamente em composição, para "por-se de acordo" por meio de uma compensação; – e, em relação aos de menor potência, para* coagi-los *a entrar em composição entre si (Nietzsche, 1980a, p. 306s, grifos do original).*

É também num horizonte estruturado por categorias jurídicas que Nietzsche situa a história de proveniência da religião. Os primeiros rudimentos do sentimento religioso derivam, segundo ele, de uma ressignificação da matriz econômico-jurídica do débito e do crédito, que passa a dar sentido às relações entre as gerações existentes e os antepassados, os ancestrais e fundadores das primeiras comunidades. Nesse plano, a existência e a prosperidade da comunidade atual são vivenciadas e interpretadas como dádiva e dívida para com o ancestral. Aos ancestrais mais remotos (os maiores) deve-se a vida sob a proteção da sociedade e da lei, a paz, a ordem, a prosperidade e a força. Desse modo, à medida que se incrementa o sentimento de força e poder de uma comunidade, cresce também a representação imaginária da potência dos antepassados, que se intensifica até a formação da figura de um poderio tão elevado e remoto, cujas proporções são, afinal, hiper-dimensionadas como sobre-humanas, heroicas, divinas (os deuses, os heróis, *o* Deus) – expressão no imaginário e na sensibilidade religiosa da onipotência de seu fundador divinizado.

É por esse caminho que à ulterior formação de poderosas sociedades imperiais sempre acaba por corresponder o surgimento de uma forma de monoteísmo, com o domínio universal do Deus único e onipotente. Ao incremento do poder material da sociedade corresponde uma progressiva intensificação do sentimento de dívida para com o Deus-ancestral, de cuja vontade são expressões as leis, instituições, usos e costumes, os valores e normas de conduta de uma comunidade. A reverência, o culto e sobretudo, porém, a obediência são os equivalentes com que se pode quitar essa dívida. É certo que esse resgate só pode ser realizado em circunstâncias e condições excepcionalíssimas, pois a dívida praticamente recobre a existência e o vigor da própria comunidade dos descendentes. Todavia mesmo assim credor e devedor permanecem numa relação *externa*, jurídica e econômica – ainda quando a dívida tenha se avultado e tornado quase impagável. Esse é o sentido das variadas formas religiosas de jubileu: o resgate extraordinário de um débito imensurável.

Com apoio numa sutil hermenêutica da polissemia contida na palavra alemã *Schuld* (que significa tanto dívida como culpa), Nietzsche sustenta que os principais conceitos, sentimentos e estimativas *morais* de valor são internalizações e sublimações daqueles materiais originários do universo jurídico-econômico do débito e do crédito. O sentimento (moral) de culpa, incondiconalmente vigente no foro íntimo, é uma transformação qualitativa (sublimação) do sentimento jurídico, econômico e religioso de *ter dívidas*, desta vez operante de modo internalizado – uma transfiguração do credor e do devedor jurídicos em dimensões intrapsíquicas, em instâncias internas da consciência (moral) de culpa.

Todo refinamento espiritual da moralidade, de que tanto se orgulha a humanidade tardia, pressupõe essas sinistras condições de proveniência.

> *Quando o homem considerou necessário fazer para si uma memória, tal coisa jamais se realizou sem sangue, martírios, sacrifícios; os sacrifícios e empenhos mais espantosos (entre eles os sacrifícios dos primogênitos), as mutilações mais repugnantes (por exemplo, as castrações), os modos mais cruéis de rituais de todos os cultos religiosos (e todas as religiões são, em seu derradeiro fundo, sistemas de crueldade) – tudo isso tem sua origem naquele instinto que soube adivinhar na dor o mais poderoso auxiliar da mnemônica (Nietzsche, 1980a, p. 306s, grifos do original).*

Justamente por causa disso, um perigo ronda de modo permanente a economia da memória: *o risco de colapso da força plástica do esquecimento.* Essa é uma possibilidade e um risco que se afiguram como uma versão genuinamente nietzscheana do conceito de *mal-estar na civilização.* Uma disfunção da capacidade de esquecimento – aquela potência assimilatória de vivências, ou força plástica de assimilação e processamento de experiências, que tem sua ancoragem no corpo – é, para Nietzsche, a causa profunda das mais assustadoras e fecundas patologias que a história da humanidade registra. Tendo isso em vista, não admira, então, que Nietzsche tenha podido se perguntar se "até hoje a filosofia, de modo geral, não teria sido apenas uma interpretação do corpo e uma *má-compreensão* do corpo" (Nietzsche, 2001, p. 112, grifos do original), uma vez que a própria filosofia pode ser incluída, para Nietzsche, no quadro dessas patologias.

Essa é uma suspeita que anima a filosofia de Nietzsche, e que se expressa também numa hipótese "ontoantropológica" de acordo com a qual *o homem é o animal doente* – doença que deriva da violência exercida sobre o corpo, para realização daquela tarefa de autoformação imposta pelo devir-homem. Tarefa da qual se origina um desconcertante e produtivo paradoxo: essa violentação dá forma à humanidade do homem, mas tambem, ao mesmo tempo, cria as condições para o surgimento de uma planta nefasta: a consciência de culpa, a má-consciência (*schlechtes Gewissen*), como fonte da qual emana um sombrio e torturante sofrimento do homem consigo mesmo. Essa é a raiz do ressentimento, a pior das doenças pelas quais o homem foi afetado em sua história.

Esse mesmo paradoxo pode também ser formulado nos termos seguintes: a memória surge a partir das penosas tentativas para, por meio da instrumentalização da dor, suspender temporariamente a potência do esquecimento. (*Só o que não cessa de causar dor permanece na memória*). Aquilo que, desse modo, fazendo sofrer, permanece, é mantido e subtraído ao esquecimento, *cria também*, traumaticamente, uma memória que se transfigura em potência de *conserva*ção. Só permanecem retidos na memória os preceitos sociais que não devem e não podem ser esquecidos, e que – justamente por causa disso – têm de ser gravados a fogo na memória. Mas, – e esta é a outra face do paradoxo – a instrumentalização da violência para conservá-los é necessária e indispensável justamente porque *tais preceitos podem ser esquecidos*, podem naturalmente ser devorados pela força vigorosa do esquecimento. Ora, esse jogo entre memória e esquecimento, posto como limiar da hominização, permanece atuante ao longo do processo civilizatório – a pré-história, em Nietzsche, sempre permanece presente, é uma *arché*, um arcaico – que ainda vige no presente. Do ponto de vista da fisiopsicologia de Nietzsche, esse é fulcro originário do ressentimento suas formas patológicas. O homem pode tornar-se também incapaz de esquecer – assim como foi tornado capaz de lembrar; ele pode adoecer de dispepsia psíquica e permanecer prisioneiro do mecanismo do ressentimento que, por sua vez, é fonte de um sofrimento crônico, um opressivo e embotado mal-estar insanável.

Também para Nietzsche, o sofrimento permanente do homem consigo mesmo, que está presente em todo o processo do devir-homem, é uma consequência de uma economia das pulsões e dos afetos: ele deriva da inevitável repressão de seus mais vigorosos impulsos, que, por sua vez, é condição do processo civilizatório, do "amansamento" do homem, sua inserção na camisa de força social e transfiguração em animal social. Para Nietzsche, essa é a origem do inevitável mal-estar na civilização, ao qual se liga subterraneamente o ressentimento. As mais vigorosas correntes de energia pulsional, entre elas a agressividade e a sexualidade, têm de ser recalcadas, interiorizadas, internalizadas e transformadas em dimensões da psique humana – divinizadas e sublimadas nas categorias que povoam o universo anímico – para que a civilização seja possível. O homem tem de ser capaz de lembrar-se permanentemente dos mandamentos, dos deveres e obrigações que os vinculam aos outros homens, à comunidade, à sociedade.

Também os ideais ascéticos brotam dessa mesma fonte antropológica: eles oferecem uma interpretação de alcance histórico-universal para o mal-estar na civilização, para a depressão causada pela repressão dos impulsos. Por meio dos ideais ascéticos, a dor permanente, o sofrimento crônico do homem consigo mesmo, adquire um sentido: o sofrimento é interpretado e vivenciado no registro da culpa, do pecado e da expiação. Ressentir significa sentir novamente, manter presente um afeto negativo – um padecimento do qual o psiquismo não se consegue desembaraçar. O resto deixado pela necessidade da repressão, a surda depressão e mal-estar adquirem uma tonalidade afetiva negativa, que não é psiquicamente digerida, liquidada; não podendo ser metabolizada pela força assimilatória do esquecimento, essas vivências imantam a energia, contaminam e sugam todas as outras vivências, atraindo-as para seu campo de influência como para um vórtice irresistível: porque o ressentido não consegue esquecer, ele não pode também processar até o fim suas vivências negativas, desembaraçar-se delas, e sofre cronicamente dessa "indigestão anímica".

Culpa e castigo são perspectivas de sentido, criadas para alívio ou narcose dessa dor incessante, um sofrimento que se mantém sempre presente, seja ao nível da consciência ou num plano infraconsciente, pressionando em busca de um sentido, de uma razão. Encontrar para ele uma finalidade – uma razão – constitui, pois, uma estratégia de apaziguamento: *qualquer finalidade é melhor do que absurdo, afinal, razões aliviam, à medida que consolam.* Mas o alívio consiste, também paradoxalmente, numa intensificação do sentimento de culpa, numa vontade de autopadecimento e tortura. A causa do sofrimento é a culpa e o pecado – a própria existência humana passa então a ser interpretada na chave da culpa, do castigo e da expiação.

Esse tratamento fisiopsicológico que ocupa um lugar de destaque na genealogia de Nietzsche pode ser comparado com o paradoxo produtivo desenvolvido por Freud em *O problema econômico do masoquismo*, economia na qual as pulsões agressivas desempenham o papel principal:

> *O retorno do sadismo contra a própria pessoa resulta de maneira regular da* repressão das pulsões imposta pela cultura (der kulturellen Triebunterdrückung*), que mantém uma grande parte dos componentes destrutivos da pulsão da pessoa afastados de seu emprego na vida. Podemos nos representar que esta parte recalcada da*

> *pulsão destrutiva vem à tona como uma intensificação do masoquismo no Ego. Os fenômenos da consciência moral permitem inferir que a destruição regressante do mundo externo mesmo sem esta transformação é retomada pelo superego e intensifica seu sadismo contra o Ego. O sadismo do Super Ego e o masoquismo do Ego complementam-se um ao outro e se reúnem para a produção das mesmas consequências (Freud, 1982, p. 353, grifos do original).*

Para Nietzsche, o ressentimento é uma patologia que resulta de uma contradição, da ruptura do homem com sua condição de animal instintivo, de sua brusca inserção em novas condições de existência – esta doença causou a mais profunda depressão que se abateu sobre o homem; ao mesmo tempo que se inicia a hominização, criam-se as condições para que o homem torne-se também o "animal doente", o animal que faz experiências consigo mesmo no laboratório do corpo próprio. A vivisecção na própria carne é a matéria dos grandes experimentos com que o homem dá forma a si mesmo ao longo da história. A dor daí resultante sempre careceu de um sentido, da resposta à pergunta sobre o porquê do sofrimento, da busca de uma causa, até que esta acabe por ser encontrada sob a forma do "causador", de um responsável ou culpado, ele próprio suscetível ao sofrimento. Desde sempre, o homem sofria consigo mesmo, sofria da falta de sentido da dor. Do abismo da falta de sentido nasce o golpe de gênio dos ideais ascéticos, a descoberta da causa e de um causador: esta é, então, a via de descarga para o assédio dos afetos tônicos, especialmente da destrutividade, da agressividade inibida em sua descarga para o mundo exterior.

Com efeito,

> *todo sofredor busca instintivamente um efeito, uma causa de seu padecimento; ou, dito com maior exatidão, um causador* responsável, *susceptível de sofrer – em uma palavra, algo vivo sobre o qual poder desafogar, sob qualquer pretexto, em realidade ou* in effigie, *seus afectos: pois a descarga dos afetos é o máximo intento de alívio, quer dizer, de aturdimento, do sofredor, seu* narcoticum *involuntariamente anelado contra os sofrimentos de toda índole. Unicamente nisto, segundo minha suposição, se há de encontrar a verdadeira causação fisiológica do ressentimento, da vingança e quejandos, ou seja, em um desejo de* entorpecimento da dor através do afeto *(Nietzsche, 1980a, p. 320s, grifos do autor).*

Ressentimento é a tentativa sempre repetida de *narcotizar* a dor por meio de uma poderosa descarga de afeto. Essa é a lógica do paradoxo: é necessário aprofundar o sofrimento, intensificá-lo até o paroxismo, mediante a representação de uma dívida irresgatável – que, não podendo ser esquecida, transfigura-se em puro sentimento, deixa de ser dívida, no sentido jurídico do termo, para adquirir uma dimensão apenas interior, tornando-se *culpa*, um afeto que é somente sentido, um drama que se passa no interior da alma do "devedor/pecador".

Esse causador responsável, no qual a vingança pode se desafogar, e que já não pode mais ser o outro, os outros – nem nada no mundo externo –, passa a se identificar, então, com o próprio sofredor, de modo que a agressividade retorna para trás, recalca-se no interior do próprio sofredor. A partir da inversão de seu alvo e de seu curso originário, ela assume a forma da aflição, do martírio e autossacrifício, da tortura e perseguição interior. Como resultado dessa interpretação ascética – vale dizer, sacerdotal – do sofrimento, são encontradas novamente condições de exercício justamente para as poderosíssimas correntes pulsionais agressivas, cuja vivência exteriorizada fora tornada impossível pela inibição advinda do constrangimento à regularidade dos costumes. O indizível sofrimento gerado pela coerção inelutável, que transforma uma natureza instintiva em ser social, tem que ser entorpecido por um meio eficaz, equivalente à magnitude desse padecimento.

Esse é o expediente inventado *para alíviar a dor* nascida da repressão dos impulsos, por meio do exercício introjetado da agressividade, que é condição incontornável da civilização. Aqui também encontramos a mesma lógica da composição e retribuição: as mais horrendas figuras do automartírio são substitutas simbólicas da crueldade, em circulação pelo imaginário delirante do animal político, violentamente constrangido a deixar de ser livre besta-da-ação.

Por isso, o homem, o bicho-homem, é também "mais doente, mais inseguro, mais mutável, mais flexível do que qualquer outro animal, disso não há dúvida – ele é o animal doente: de onde vem isso? Seguramente, ele também ousou mais, inovou mais, obstinou-se mais, desafiou mais o destino do que todos os outros animais juntos" (Nietzsche, 1980a, p. 367). O bicho-homem é doente *porque* é também o animal não fixado, o mais prolongada e profundamente doente entre todos os animais; ele é também o grande *experimentador* consigo mesmo. Essa autoexperimentação – que acarreta a instabilidade, a flexibilidade, a mutabilidade e a insegurança – pressupõe mal-estar, sofrimento, insatisfação, ânsia, insaciedade permanente; mas também desafio e combate – repto lançado ao destino, disputa por domínio sobre animais, natureza e deuses (também e sobretudo sobre si mesmo). O mais enfermo de todos os animais doentios é o mais problemático, digno de questão, o mais denso, profundo e pleno de futuro – um aguilhão na carne da natureza, assim como de todo tempo presente.

Para empregar um léxico psicanalítico, pode-se dizer que o homem é um animal doente *porque* não é um animal instintivo, mas um hominídeo dotado de um excedente pulsional que o torna instável, inseguro. Estabilização e segurança são resultados da previsibilidade e regularidade de uma *práxis* que só pode ser performada por meio de instituições, e com isso, no curso da história, pelos processos da civilização e da cultura. Ora, as condições para tanto não podem ser encontradas unicamente nas precondições biológicas do animal-homem, uma vez que seu surgimento, desenvolvimento e fixação são engendrados a partir de efeitos de reversão de condicionamentos sócio-históricos sobre o patrimônio genético da espécie humana. Por esse caminho, as hipóteses genealógicas (ou ficções heurísticas) de Nietzsche sobre a história das religiões, das instituições jurídicas e morais como sistemas de crueldade, sobre a produtividade dos processos de interiorização e sublimação de impulsos agressivos, com suas virtualidades e inevitáveis perigos, dão preciosas indicações para a investigação dos processos que a antropologia cultural e a psicanálise se esforçam por deslindar nos fenômenos de que se ocupam.

> *Devemos aprender de novo sobre a crueldade e abrir os olhos; devemos finalmente aprender impaciência, de modo que tais grossos erros imodestos não mais perambulem por aí hirta e virtuosamente, tal como, a respeito da tragédia, por exemplo, foram nutridos por velhos e novos filósofos. Quase tudo o que denominamos "cultura superior" se baseia na espiritualização e aprofundamento da crueldade – esta é minha proposição; aquele "animal selvagem" não foi morto, em absoluto, ele vive, floresce – divinizou-se, somente. O que constitui a dolorida volúpia da tragédia é crueldade; aquilo que faz um efeito agradável na assim chamada trágica*

> *compaixão, no fundo até para além de todo sublime, nas mais elevadas e delicadas vertigens da metafísica, recebe sua doçura unicamente do ingrediente de crueldade misturado a ele. O que o romano na arena, o cristão nos arrebatamentos da cruz, o espanhol em face das fogueiras da inquisição ou das lutas de touro, o japonês de hoje, que se apressa para a tragédia, o trabalhador da periferia de Paris, que tem nostalgia de revoluções sangrentas, as wagnerianas, que, com a vontade suspensa, "deixam-se arrebatar" por Tristão e Isolda – o que eles todos gozam e almejam ingerir, com secreto ardor, são as bebidas temperadas da grande Circe "crueldade" (Nietzsche, 1980b, p. 165s).*

Concluo com a evocação de outro fecundo paradoxo na genealogia nietzscheana da memória da vontade. Se a instrumentalização da dor encontra-se na gênese da memória, então ela pode ser útil para explicar também a relação entre a memória e o trauma. Ora, o trauma é, por sua vez, a dimensão inaugural da relação entre o humano e o ominoso, o outro ameaçador que se apresenta sob a forma titânica das potências naturais. São forças hostis, potencialmente destruidoras, que o homem primitivo tenta dominar pela magia, uma técnica que é, em sua essência, mímese e repetição. Ora, o princípio de inteligibilidade atuante na magia é, sabidamente, o da dominação por meio da repetição mimética, e tem sua forma geral justamente no contrato, na transação no centro da qual inscrevem-se os sacrifícios rituais, essas ritualizações sob a forma de troca e contratos com os deuses que personificam as forças da natureza, e que conhecemos a partir dos estudos sobre o animismo.

Numa perspectiva fisiopsicológica, a possibilidade de dominação dessas potências aterradoras pela técnica da magia deriva da concepção mais incipiente de causalidade a que o homem teve acesso, isto é, da causalidade da vontade, como presente no animismo. Ora, o funcionamento desse dispositivo tem naturalmente como pressuposto básico a memória, que possibilita as repetições miméticas ritualizadas nas formas sacrificiais do culto mágico-religioso, que são meios para dispor a favor do homem os deuses e as forças que estes representam. Trata-se, portanto, de repetir para dominar, ainda que a repetição seja traumática. Para Christoph Türcke:

> *Segundo todas as aparências, a violência traumática é não somente objeto, mas fundadora da memória. Ela tem como efeito a existência de uma memória especificamente humana, de modo que a celebração memorial não significa aqui que um acontecimento passado seja solenemente pensado, mas, sobretudo, que a memória explicita e celebra a si mesma, o surgimento de si mesma como faculdade de rememorar, portanto como faculdade de pensamento. No ritual sacrificial essa faculdade celebra, por assim dizer, seu natalício. O paradoxo do pensamento sacrificial demonstra-se assim como o paradoxo solenemente fortalecido e sublimado da própria memória humana. Em sua fase de surgimento ela, manifestamente, nada é senão o desesperado e sempre renovado querer livrar-se de uma penosa inundação de excitação. Apenas por meio de repetição, dizemos hoje, impregnamos algo em nós. Originariamente era o inverso: somente por meio de repetição podia-se rebaixar um insuportável excedente de excitação (Türcke, 1989, p. 141).*

De acordo com essa sugestão colhida no texto de Türcke, que evidentemente se apoia em escritos metapsicológicos de Freud, os rituais de sacrifício – os ritos e cerimoniais dos cultos religiosos por meio dos quais se realizam as trocas simbólicas com os deuses e as potências da natureza – são uma repetição da violência traumática originária, em ação na criação da memória humana; esta *mimesis* instrumentaliza a dor, e com esta mnemotécnica renova e celebra a própria criação da memória e dos rudimentos do pensamento, mas também repete, e com isso renova e reatualiza a tarefa constante do aparelho psíquico humano, que consiste em "livrar-se de uma penosa inundação de excitação", a saber, o trabalho de "ligação psíquica" de um excedente invasivo de energias pulsionais. Desse modo, a genealogia nietzscheana da moral – que compreende a cultura humana como internalização e espiritualização da crueldade – pode ser produtivamente aproximada – pela noção de repetição mimética da violência e de ligação psíquica – ao "além do princípio do prazer" freudiano. No desdobramento dessa linha de reflexão, encontram-se vários elementos para empreender uma recíproca e promissora fecundação das hipóteses nietzscheanas sobre a pré-história da má-consciência com a genealogia da moralidade e da religião empreendida pela metapsicologia de Freud.

Referências

Brusotti, M. (1992). *Die 'Selbstverkleinerung des Menschen' in der Moderne*. Berlin; New York: Walter de Gruyter. (Nietzsche-Studien, n. 20).

Freud, S. (1982). *Das Ökonomische Problem des Masochismus*. In A. Mitscherlich et al. (Eds.), *Werke*. Sudienausgabe (Band III: *Psychologie des Unbewussten*). Frankfurt/M: Fischer Verlag.

Nietzsche, F. (1980a). *Zur Genealogie der Moral* [Para a genealogia da moral]. In G. Colli & M. Montinari (Eds.), *Sämtliche Werke.* Kritische Studienausgabe (KSA) (V. 5). Berlin; New York; München: de Gruyter; DTV.

Nietzsche, F. (1980b). *Jenseits von Gut und Böse* [Além de bem e mal]. In G. Colli & M. Montinari (Eds.), Sämtliche Werke. Kritische Studienausgabe (KSA) (V. 5). Berlin; New York; München: de Gruyter; DTV.

Nietzsche, F. (1998). *Genealogia da moral* (P. C. de Souza, Trad.). São Paulo: Companhia das Letras.

Nietzsche, F. (2001). *A gaia ciência.* (P. C. de Souza, Trad.). São Paulo: Companhia das Letras.

Nietzsche, F. (2003). *Segunda consideração intempestiva. Da utilidade e desvantagem da história para a vida* (M. A. Casanova, Trad.). Rio de Janeiro: Relume Dumará.

Türcke, C. (1989). *Der Tolle Mensch. Nietzsche und der Wahnsinn der Vernunft.* Frankfurt/M: Fischer Verlag.

2. A construção do ideal do Eu, caminhos e descaminhos

Luís Carlos Menezes[1]

Um aspecto essencial do ideal do Eu encontra-se no fundamento da função analítica. De fato, quando alguém se dispõe a ocupar o lugar de analista junto a uma pessoa que o procura em busca de análise, ele só o faz se puder manter uma justa distância baseada no respeito e consideração a essa pessoa e ao que ela possa mostrar de si quando se põe a falar. Distância modulada em função das condições do paciente e daquilo que possa ir surgindo em sua fala ali na presença do analista.

Ou seja, o analista precisará estar em condições de suspender julgamentos valorativos ou de dar a eles, se ocorrerem, um peso apenas indicativo no conjunto de sentimentos e pensamentos que possa ter ao ouvi-lo, enquanto procura manter a atenção igualmente disponível para o que for surgindo: tanto pelo que seja,

---

[1] Psicanalista, membro efetivo com função didática da Sociedade Brasileira de Psicanálise de São Paulo (SBPSP). Membro do Departamento de Psicanálise do Instituto Sedes Sapientiae, Doutor em ciências pela Universidade de Paris XI, com formação analítica feita, basicamente, na *Association Psychanalytique de France* (APF).

eventualmente, apresentado como central pelo paciente, aquilo para o que ele chama intencionalmente a atenção do analista, como por palavras, manifestações acessórias, ocasionais e que, como bem sabemos, podem mostrar-se particularmente significativas.

Uma pessoa de meia-idade, por ocasião de um primeiro encontro, fala de si com vivacidade e fluência, dando uma ideia de conjunto da sua vida desde a infância até os dias atuais. Há um acontecimento recente que a fez decidir procurar a análise e que se mostrou de fato significativo a seguir, mas que não é indispensável mencionar agora, e outro, em pano de fundo, que diz respeito a um descompasso em sua disponibilidade sexual numa relação conjugal que, afora isso, é muito satisfatória para ela.

Com essa pessoa foi possível seguir o que dizia sem muitas solicitações ou intervenções de minha parte, mas destaco algo que ela disse na primeira sessão sobre uma situação de infância, várias vezes evocada como abuso sexual por parte do tio, e que retomei pouco adiante, já quase no final, dizendo-lhe: "em suma, um pai muito duro com você e um tio cujas aproximações sexuais ficaram como lembranças de prazer".

Ela, de fato, dissera que esse "colo" erótico do tio pedófilo era gostoso para ela, e que só passou a evitá-lo depois que as primas, também crianças, comentaram o assunto desses "abusos" pelo tio, já bem conhecido por elas. No entanto, ainda hoje, essas lembranças despertam nela sensações eróticas prazerosas e, por vezes, quando está tendo uma relação sexual goza ao pensar nelas. Se diz alguém que, de um modo geral, se sentiu à vontade em sua vida sexual, tanto na adolescência como na vida adulta.

Disse-me no encontro seguinte, segunda entrevista, que a minha observação – na verdade, o reconhecimento de algo que ela havia dito – sobre o fato de as lembranças de infância com o tio serem prazerosas tinha trazido um grande alívio para ela. A voz social assumida desde a conversa com as primas do que é, de modo geral, justamente condenado como "abuso" tornava culposo, inadequado, o caráter prazeroso que essas lembranças tinham para ela.

A atenção mais isenta permitiu, pois, a percepção de elementos e de particularidades que, sem isso, poderiam passar despercebidos e não serem levados em conta pelo trabalho de pensamento e de julgamento – agora não tanto no sentido de valoração moral ou de ideal, mas no sentido de julgamento de realidade. É uma realidade que ela sente prazer na evocação dos contatos com o tio, embora isso pareça contrariar as expectativas morais, inclusive, provavelmente, aquelas atribuídas ao seu interlocutor no nosso primeiro encontro, a mim.

Com o risco de desencorajar o interesse de vocês, ao lado da evocação dessa situação bem conhecida, a de uma primeira entrevista e, a rigor, de uma situação própria a toda sessão de análise, gostaria de mencionar algumas noções do *Projeto*, como percepção, atenção, processos de pensamento, trabalho do pensamento, julgamento de realidade e trabalho de julgamento, tiradas de um contexto bastante árido desse escrito freudiano.

Faço isso porque queria chamar a atenção para o duplo sentido de julgamento ou do julgar, o do juízo sobre o que vemos, sentimos, ouvimos, pensamos: há o julgamento de valor como valor moral e o julgamento de realidade, fundado nas experiências do corpo próprio segundo o *Projeto*: "Cabe ainda observar para julgar que seu fundamento de existência está manifestamente nas próprias experiências corporais, de sensações e de imagens em movimento", escreve Freud (Freud, [1895]1950/1995, p. 44).

E vale ainda, antes de seguir adiante, assinalar o fato essencial – tirado do mesmo contexto teórico – de definir o analista como "um próximo" (Freud, [1895]1950/1995, p. 44), ou, em outra tradução de *Nebenmensch*, um "ser-humano-próximo" (Freud, [1895]/2006,

p. 639, tradução nossa), isto é, "um semelhante" do paciente, esse outro primordial do *Projeto* que é "ao mesmo tempo o primeiro objeto de satisfação", "o primeiro objeto hostil", assim como "o único poder auxiliar" (Freud, [1895]1950/1995, p. 44), a "única potência que ajuda", na situação de "desamparo" (Freud, [1895]/2006, p. 639, tradução nossa). "É no contato com o ser-humano-próximo que o ser humano aprende a reconhecer" (Freud, [1895]/2006, p. 639, tradução nossa).

Algumas percepções serão novas, como as feições desse outro (a mãe para o bebê, por exemplo), e outras podem ser reconhecidas como o movimento das mãos que coincidirão com impressões dos movimentos das próprias mãos. "Outras percepções do objeto ainda, por exemplo, quando ele grita, despertarão no outro a lembrança de seus próprios gritos e de suas próprias experiências vividas de dor" (Freud, [1895]/2006, p. 641, tradução nossa), dando a esse valor significado de apelo do ser necessitado dirigido ao semelhante, capaz de saber do que se trata.

O apelo, assim como a resposta adequada do outro – do qual depende para a ação específica (adequada) que leva à experiência de satisfação (alimento, proximidade do objeto sexual) –, depende de algo "extremamente importante": "fazer-se compreender" pelo outro capaz disso (*Nebenmensch*). Essa dependência que decorre do "desamparo inicial do ser humano *é a fonte originária de todos os motivos morais*", afirma Freud ([1895]/2006, p. 626, tradução nossa).

O mesmo tema reaparece, com maior precisão, nos *Três ensaios sobre a teoria sexual*, em que é dito que o desamparo diz respeito à busca da satisfação, a angústia à ausência do objeto capaz de propiciá-la e que a satisfação buscada tem como protótipo a criança que mama no seio de sua mãe. A relação com esse outro, em geral a mãe, é, em uma passagem bem conhecida, descrita como "fonte contínua de excitação sexual" proveniente do fato de que – em seu amor pela criança – essa lhe faz carícias, lhe dá beijos e carinhos prenhes de sentimentos "que se originam de sua própria vida sexual". E, assim, "despertam as pulsões sexuais", essenciais porque são condição da vida psíquica e "de todas as realizações éticas..." (Freud, 1905/2016, p. 144).

Nesse contexto, o outro capaz de propiciar a satisfação e, com isso, o bem-estar e a quietude é também quem "desperta a pulsão sexual", fonte de excitação (Freud, 1905/2016, p. 144). Em sua ausência – constituída pelas marcas mnêmicas da experiência de satisfação – as excitações se intensificam, pressionam, desesperam, são fonte de angústia, e não se aquietam senão pela satisfação alcançada junto ao outro.

É na relação com o outro semelhante (em geral a mãe) que se constitui o sexual e o erotismo na criança e que "ela aprende" – é introduzida – às agruras e às satisfações do amor, do amor a si e do outro. É, pois, no terreno da gênese do sexual junto ao corpo da mãe, fonte de prazeres, satisfações e angústias, que Freud insiste em situar o fundamento "de todos os motivos morais" (Freud, [1895]/2006, p. 626, tradução nossa) e de "todas as realizações éticas" (Freud, 1905/2016, p. 144) do ser humano.

Podemos afirmar que o sentimento de ser humano nasce e se mantém nessa semelhança fundadora com um outro adivinhado, inferido como semelhante e que é suficientemente capaz de nos adivinhar em retorno, por identificação (Freud, 1915/2010a, p. 105). Nesse terreno do fundamento dos ideais encontramos o conceito de "realidade humana", formulado por Nathalie Zaltzman como "o que acontece a cada indivíduo em seu pertencimento à realidade humana" (Zaltzman, 1999, p. 7, tradução nossa).

Esse "fundamento de todos os motivos morais" (Freud, [1895]/2006, p. 626, tradução nossa) pode entrar em colapso quando o outro deixa de ter qualquer significado que o qualifique como semelhante: ele deixa de ser visto como um semelhante em suas diferenças, passando a ser simplesmente outra coisa. Movimento que vai em direção inversa da que se espera do analista, que, sensível e na expectativa do estranho que possa surgir, em momento nenhum perde a condição de um próximo, de um como ele, de um semelhante.

Configuração que nos remete, na forma invertida, aos campos de extermínio nazistas, em que práticas de desumanização dos ainda vivos, assim como dos já mortos, são exigidas de todos, sendo uma meta sistematicamente buscada em seu funcionamento. São laboratórios de aprendizado da destruição do humano.

Se um humano é condição da constituição de outro humano, esse pode ser, portanto, também causa de sua destruição, desdobramento metapsicológico de grande alcance clínico. Pierre Fédida evoca, de sua clínica, o que chama de "experiência de uma desumanidade" (Fédida, 2007, p. 11, tradução nossa) que remete a situações em que o sujeito vive "o sentimento doloroso da perda de sua humanidade... como perda do rosto, dos gestos, da voz, no apagamento da fala, em tudo o que entra na percepção do outro-semelhante", caindo num estado de "completa desorientação acompanhada de sofrimentos que tocam nas identificações as mais elementares... e em que se desfaz o tecido psíquico" (Fédida, 2007, pp. 11-12, tradução nossa).

Ao inverso, retomando as relações mais constitutivas que destrutivas, é preciso ter presente o quanto é essencial para o sujeito – a criança, mas igualmente o adulto – a possibilidade de encontrar prazer e poder investir os seus "feitos", suas realizações, e que essas possam ir encontrando reações receptivas de encantamento e de satisfações no entorno. As respostas dos próximos-semelhantes são condição para a própria constituição da vida psíquica, para o investimento libidinal de si e do outro.[2]

No entanto, o narcisismo originário, sempre potencialmente presente como regime de funcionamento arcaico do Eu, além desta função trófica indispensável à vida, derrapa continuamente para o amor ilimitado de si mesmo, o eu se tomando como causa de tudo o que é bom e, o outro, o mundo exterior, como fonte de dissabores e de constante ameaça, sendo objeto de ódio ou de indiferença (cf. Freud, 1915/2013). Num regime de funcionamento primário, megalomaníaco, não há lugar para o outro, o diferente. Não se pondo jamais em questão, o Eu coincide com o Ideal, ele é o Eu Ideal.

Os "motivos morais" e as "realizações éticas", ou seja, os ideais socialmente constituídos, além de sustentarem os fundamentos do humano na trama dos vínculos sociais, estruturam e orientam o sujeito em seus valores no convívio com os outros.

O complexo de castração, motor do complexo de Édipo, tem uma função estruturante essencial, estabilizadora da constituição do outro como diversidade, como grupo social heterogêneo ao qual o sujeito quer se integrar, submetendo-se às condições do grupo, para poder ser um entre outros e, assim, ser aceito, em retorno, pelos outros. Trata-se da abertura para o social, com as exigências e as possibilidades que oferece.

O regime do Eu Ideal, baseado na lógica caseira-incestuosa do Um, sofre um remanejamento difícil – ao ir à contracorrente das paixões de rivalidade que lhe são próprias, as das invejas e dos ciúmes – para dar lugar ao funcionamento pelo Ideal do Eu. A identificação com os ideais dos pais como integrantes de um

---

[2] Ver, a propósito, a concepção de um processo originário, por Piera Aulaigner, ao lado dos clássicos processos primário e secundário, na constituição da vida psíquica, em *La violence de l'interprétation* (Castoriadis-Aulaigner, 1975).

grupo social, a introjeção desses, assim como dos ideais percebidos em seus substitutos, é decisiva nesse processo.

Os ideais introjetados operam em grande parte como determinantes inconscientes dos valores, dos princípios, das escolhas, das expectativas e dos conflitos de cada um de nós, pressionados que somos pela vigilância do super-Eu. O Ideal do Eu passa, pois, a ser entendido, na obra de Freud, como a causa dos recalques, tanto em sua função estruturante essencial como em seu fracasso, quando são contrabalançados pelas formações sintomáticas e pelo sofrimento neurótico.

Por esse viés, somos dependentes – com possibilidades de autoria em nossa história pessoal – da cultura e das microculturas em que nascemos, de suas premissas e de suas referências, sejam elas morais, religiosas, políticas, as quais, por vezes, encontram-se em momentos históricos em que estão sofrendo transformações importantes. Essas, aliás, têm uma incidência direta na psicanálise, que não só teve influência nas mudanças de nosso tempo como vai sendo afetada e interpelada por elas.

Zaltzmann usou, com proveito, o conceito freudiano de trabalho da cultura – *Kulturarbeitung* –, que opera como o trabalho do sonho ou o trabalho do luto, na intimidade dos processos que levam a mudanças dos costumes, das normas, das mentalidades, ou seja, das referências culturais que sustentam os ideais (cf. Zaltzman, 2007).

Essas mudanças vêm ocorrendo, no último século, no sentido de uma tolerância social crescente à diversidade de modos de vida e de modos de ser das pessoas, mudanças que, por sua vez, suscitam reações contrárias tanto no plano religioso como no plano político e ideológico.

Tais mudanças passam por uma transformação profunda do lugar das mulheres no casamento, na vida profissional, nas fortes restrições impostas até então à sua sexualidade, entre elas a exigência da virgindade (cf. Freud, 1908/2015). Nessas últimas décadas, resultam também em mudanças político-jurídicas no que diz respeito à orientação sexual das pessoas e, mais recentemente, às questões identitárias de gênero que vêm suscitando intenso debate, para o qual, aliás, a psicanálise tem sido vivamente solicitada (cf. Alonso, 2016; Chnaiderman, 2015; Schaffa, 2019).

Em uma análise, uma pessoa com uma posição e uma competência profissional sólida, numa segunda relação amorosa de longa duração, bastante satisfatória, tinha que se haver com o que chamava, com razão, de "seu preconceito", da repulsa por sua escolha sexual, com o custo social que implicava para ela. Esse era duramente sentido na relação com a família, no trabalho, no convívio com colegas. Era na verdade um ingrediente poderoso de um sintoma de destituição de si que ia além desse preconceito interiorizado, mas esse era um ingrediente bastante efetivo como causa de "sofrimento de origem social" (cf. Menezes, 2018).

Lembro que o Ideal do Eu é a constelação de valores e qualidades requeridas por nosso(s) grupo(s) social(ais) de inserção para sermos bem aceitos e nos sentirmos bem integrados. A evolução atual no campo social, a que me referi, tem ido no sentido de diminuir o sofrimento causado pela rejeição e pela violência social, motivadas por normas demasiado estreitas para uma sexualidade humana cuja complexidade e diversidade Freud foi o primeiro a demonstrar, em toda a sua extensão, nos *Três ensaios de uma teoria sexual*. Há, portanto, um movimento civilizatório na tendência liberalizante da cultura, nesse último século, e que só pode ser muito bem-vindo pela psicanálise, cuja prática visa tornar possível o acesso, o reconhecimento e a realização do que de mais singular e de mais próprio encontra-se na vida psíquica de cada analisando (cf. Leite, 2020).

O regime de funcionamento dos ideais no psiquismo tem um potencial passional, na medida em que estes estão inscritos numa economia narcísica. Ora, essa é primordialmente aspiração a ser único objeto de amor, de ser aquele que coincide com o ideal do desejo de todos, sendo fundado no ódio ao que contraria um Eu unívoco, onipotente e ávido de amor.

A psicologia egoica nas demandas do narcisismo primário encontra-se no centro da argumentação freudiana sobre a psicologia das massas: os laços de amor dentro de um grupo, de uma comunidade, se mantêm fortemente, ao preço do ódio partilhado por todos contra os demais, os diferentes, ódio ilimitado em sua irracionalidade e que sofre transbordamentos na forma de preconceitos e de intolerâncias violentas. O inimigo é uma peça estruturalmente indispensável à coesão do grupo.

É essa lógica que se encontra exacerbada quando predominam as aspirações narcísicas do Eu Ideal – encarnadas pelo grupo –, em detrimento das exigências e restrições do Ideal do Eu, capaz de pensamento, de discernimento e de julgamento sobre o que entende como o certo e o errado em cada situação.

As ideias e os ideais são, pois, objetos de investimento narcísico, tornando-se no mínimo, sempre, pontos mais ou menos sensíveis no convívio entre as pessoas. O próprio ideal técnico da reserva do analista na escuta, a que me referi implicitamente no início, supõe o trabalho com a contratransferência, que inclui os preconceitos do analista, bem como, por parte desse, uma disposição suficientemente maleável em relação a esses ideais, inclusive aqueles vigentes em seu subgrupo psicanalítico de referência e de pertencimento.

Os ideais, sendo formações partilhadas socialmente, podem tomar a forma de sistemas ideológicos. As ideologias operam como matrizes de pensamento que orientam o julgamento e a ação das pessoas, fazendo parte de visões de mundo religiosas, morais, políticas ou filosóficas. Freud entende as visões de mundo (*Weltanschaung*) como construções intelectuais que se propõem a solucionar de forma unitária todos os problemas de nossa existência, e nas quais "tudo o que nos concerne tem seu lugar definido" (Freud, 2010b, p. 322), dando segurança sobre quais devam ser nossas aspirações e nossos afetos. Suportes valiosos de nossa sensibilidade e de nosso juízo sobre as coisas, mas que podem, em certas condições, requerer uma renúncia considerável à nossa liberdade interior.

Os sistemas ideológicos que nos constituem e aos quais nos identificamos podem, portanto, tanto ter uma função referencial que coincide com o Ideal do Eu, como podem colar em nossa pele como um conjunto intocável de crenças, tolhendo o nosso senso crítico e a nossa capacidade de julgamento (cf. Menezes, 2006).

A impregnação por convicções religiosas remete seguramente ao sistema mais difundido e mais antigo de ideologia, no qual as proibições de pensar fora do estabelecido são dominantes. Ser tomado pela dúvida ou por qualquer questionamento é vivido com angústia, como traição ou como pecado, ou seja, como ameaça de exclusão social da comunidade de crenças à qual a pessoa pertence.

Em sua obra sobre a ideologia, René Kaës também toma essa palavra num sentido positivo, como "emblema necessário à construção da identidade coletiva, do sentimento de pertencer, da representação do mundo" (Käes, 2016, p. XIV, tradução nossa), mas desenvolve amplamente – inscrevendo-se na tradição das práticas de dinâmicas grupais – uma perspectiva psicopatológica dos ideais, promovendo a noção de posição ideológica. Nessa, a ideologia passa a ter uma função defensiva, como recurso extremo, urgente, necessário, diante de uma ameaça de ruptura do sentimento de si, de angústia de desagregação, em que o sistema partilhado socialmente adquire uma função de sutura que garante a ligação do Eu – ameaçado – com os outros, assegurando a crença em uma versão homogênea, unitária, coerente do universo, das coisas.

Nesse caso, ela deixa de ser uma alternativa para tornar-se uma necessidade defensiva maior, "imposta de dentro e de fora" (Kaës, 2016, p. XIX, tradução nossa) no limite, diante de uma ameaça à própria existência, na iminência de desagregação do Eu. A crença ideológica que sustenta esse sistema, nessas condições, depende de uma clivagem, com a recusa de qualquer outra experiência ou pensamento. A defesa radical contra o aberto e o inacabado é garantida pela fantasia narcísica de onipotência e de imortalidade.

Entendemos que certas pessoas se sintam ameaçadas de forma semelhante a essa descrita por Kaës quando confrontadas com transformações do olhar social sobre os costumes, sobre a moral sexual ou com relação a diferenças étnicas, apegando-se tenazmente ao seu sistema ideológico e, muitas vezes, reagindo com furor sagrado, já que vivem essas mudanças como um perigo vital para o seu mundo.

Podem, nessas condições, reagir com agressividade, com atos de brutalidade extrema, chegando a ações que causam a morte de pessoas desconhecidas, simplesmente por verem nelas o testemunho de uma diferença inaceitável e demoníaca para suas crenças. Da violência cotidiana dos preconceitos ao intolerável do diferente, caímos na loucura mortífera dos ideais, no terreno do sagrado, ou seja, dos fanatismos.

"Loucura passageira ou modo de pensamento e de ação que se sistematiza", afirma Bernard Chouvier (2009, p. 8, tradução nossa) em sua obra sobre os fanatismos, na qual nos dá uma ideia sobre a extensão e a diversidade dessa condição. Descreve o fanatismo em práticas religiosas de certas seitas da Antiguidade, como o culto à deusa Cibele, procedente da Ásia, com rituais que levam a automutilações – à emasculação – realizadas em estados de exaltação mística, bem como o culto à deusa Belone, vindo também do Oriente, em que os participantes se entregam a orgias sangrentas. Outro culto, de origem egípcia, que se difundiu amplamente por todo o Império Romano, é dedicado à deusa Isis, cujo filho, Horus, é o salvador da humanidade, sendo evidentes as semelhanças com Maria, mãe de Jesus, que lhe sucederá com a implantação do cristianismo.

Outra seita, já sob o cristianismo, a dos Velesianos, foi conhecida pela prática ritual da castração realizada não só entre seus integrantes como, também, em qualquer homem que pudessem submeter a isso: o propósito dessa prática era garantir contra o pecado – ou seja, a intenção era boa. Acabou sendo proibida pela Igreja (cf. Chouvier, 2009).

São estados de transe, de possessão, caracterizados por "vivências subjetivas intensas" em que a pessoa tem a convicção de um encontro direto, sem mediação, com o sagrado, encontro reconhecido por fortes sensações no corpo e presenças vivamente sentidas, que são "tanto *fascinans* e *tremendum*, isto é, que fascinam e que ao mesmo tempo fazem tremer de terror" (Chouvier, 2009, p. 17, tradução nossa).

Tive a ocasião, há não muito tempo, de mostrar essa passagem a uma pessoa bastante perspicaz que até então não era crente, nem religiosa. Descrevia para mim as manifestações do Espírito Santo que, enquanto Deus, o havia escolhido, recentemente, e que o expunha a vivências de extremo sofrimento, de quase asfixia (angústia), de total impotência, em que ele se experimentava sob o ataque de anjos e arcanjos do mal na luta com os do bem, Ele (Deus) ficando por perto e falando coisas que o ajudavam a se sair ou intervindo quando os anjos passavam do limite.

A realidade de sua vida, como ele a vivera até agora, tornara-se secundária e totalmente dependente desse outro mundo em que ele estava à mercê dos desígnios do Espírito, do qual falava com familiaridade. Foi impelido a frequentar assiduamente Igrejas evangélicas nas quais Ele fala pela boca das pessoas mais inesperadas, mantendo-se em relação com pastores aos quais pode recorrer em situações insuportáveis, mesmo no meio da noite e, além disso, tem sempre à mão uma Bíblia. Ele se reconheceu plenamente na descrição que fiz há pouco do encontro com o sagrado.

Isso surgiu, é verdade, num momento decisivo de sua vida profissional, em que muito estava em jogo e em que fora acometido por um estado de vulnerabilidade psíquica, com crises de angústia, que punham tudo em risco. Com essas novas e surpreendentes vivências acabou se recuperando e se saindo bem da situação, embora ainda sinta uma certa fragilidade. Nessa neorrealidade, com efeito terapêutico, tudo passou a ser visto e pensado segundo o novo sistema de referências, digamos da nova ideologia religiosa, operando, entendo, no regime do Eu-ideal: ele é um "eleito" e um objeto de interesse direto e constante de ninguém menos que Deus em pessoa – condição essa partilhada com uma comunidade cristã amplamente difundida, inscrita na tradição bíblica da cultura ocidental.

Com todos os avanços no campo do saber e das ciências da era moderna, conseguimos nos emancipar da crença de que o poder do Estado emana de uma divindade, em favor de um sistema de poderes que se contrabalançam e se relativizam, todos submetidos a escolhas locais ou nacionais, recriando de uma forma bem mais ampla o sistema democrático, criado na Antiguidade e posto em prática – em certos períodos de sua história – pelos gregos e pelos romanos.

Criamos estados laicos dissociados de qualquer imperativo religioso e que, por isso, garantem a diversidade dos modos de vida e de expressão dos cidadãos. Fruto de uma evolução em que a Revolução Francesa é um dos marcos mais importantes, com o triunfo das Luzes, ou seja, da razão sobre as crenças religiosas.

No entanto, o século XX – ironia brutal – foi marcado por "sofrimentos infinitos infligidos à humanidade"[3] por utopias sociais redentoras, baseadas na busca de uma nova ordem e de um novo homem, as principais sendo o nazismo alemão e o bolchevismo russo, duas ideologias não baseadas na fé religiosa, e sim na crença política em uma razão que se pretende científica, seja inspirada nas "leis da Natureza" – o nazismo –, ou nas "leis da História" (Arendt, 2006a, p. 518). No nazismo, aprimorar ativamente a seleção natural pela ação social; no bolchevismo, fazer avançar rapidamente a História, chegando a um desfecho pela ação de um Partido com poder ilimitado por estar do lado certo da luta de classes, postulado – o partido – como motor único da luta de classes.

É esse o ponto da chegada do estudo da pensadora alemã Hannah Arendt em *As origens do totalitarismo*. O nazismo e o bolchevismo sob Stálin, a partir do ano 1930, constituem o que ela caracteriza como totalitarismo, "um conceito de poder inteiramente novo e sem precedentes" (Arendt, 1949/2006a, p. 467). São regimes que, segundo ela, não procuram estabelecer "o domínio despótico do homem, mas sim um sistema em que os homens sejam supérfluos" (Arendt, 1949/2006a, p. 508).

Essas ideologias totalitárias obedecem essencialmente, afirma a autora, "a força coercitiva da lógica", são movidos pela "tirania da lógica" e se impõem de forma a assegurar que "ninguém comece a

---

3 Nota da representação diplomática da Alemanha no Brasil, divulgada pela imprensa brasileira em 18 de janeiro de 2020, depois de uma declaração do ministro da Cultura brasileiro, Roberto Alvim, com o mesmo teor e as mesmas frases para definir uma política cultural que se encontra na declaração feita em 1933 pelo ministro da Propaganda Nazista Joseph Goebbels. A passagem mencionada aqui encontra-se na frase: "O período do nacional-socialismo é o capítulo mais sombrio da história alemã, que trouxe sofrimento infinito à humanidade" (*O Estado de S. Paulo*, ano 141, n. 46113, p. A10).

pensar... para forçá-lo a mergulhar naquele gigantesco movimento da História ou da Natureza..." (Arendt, 1949/2006a, pp. 525-526).

Ou seja, o triunfo da razão e das ciências sobre as crenças religiosas trouxe conquistas essenciais, inclusive no campo da organização do poder, com a revolução industrial coextensiva do capitalismo, com novas formas de servidão, de opressão e de desigualdade social, mas com sistemas democráticos, mais ou menos precários, nos quais as relações de força entre as classes e os grupos de interesse podem evoluir, criando fatos políticos e situações inesperadas de grande alcance.

Em contraposição ao obscurantismo das crenças e da cruel opressão que delas emana, essa mesma razão, paradoxalmente, serviu de base para organizações sociais que negam a condição humana num grau nunca visto, ideais utópicos grandiosos dando origem aos totalitarismos.

Um precedente é, talvez, a seita criada por Pitágoras, que, durante três séculos, na Antiguidade, exerceu o poder em mais de uma cidade, usando a violência e a mais absoluta intolerância contra todos os que fossem suspeitos de não aderir incondicionalmente à sua doutrina, inspirada no ideal de uma razão matemática. "O mais surpreendente, e talvez o mais característico desse modo de fanatismo, é que ele é exercido em nome da razão universal e da amizade generalizada" (Chouvier, 2009, p. 79, tradução nossa). afirma o autor:

> *Eliminar os oponentes é justo no plano ético e necessário para a realização da ordem do mundo. O discípulo exterminador é três vezes abençoado pelos deuses... (uma delas sendo) porque ele favorece, por suas ações punitivas (assassinatos), o andamento do mundo como*

> *os deuses decretaram (Chouvier, 2009, p. 75, tradução nossa).*

Um "desejo imoderado de ideal" desencadeia no pitagorismo[4] uma violência sistemática, sem limites e "uma destrutividade liberada do sentimento de culpabilidade" (Chouvier, 2009, pp. 80-81, tradução nossa). O autor não deixa de fazer a aproximação óbvia com "as formas generalizadas de fanatismo que serão o apanágio do século XX", situando-as, claro, devido ao seu caráter mais circunscrito, ainda bem longe delas (Chouvier, 2009, pp. 80-81, tradução nossa).

Mas não há como não ver a semelhança com o diagnóstico de Arendt sobre a derrapagem extrema dos ideais nos totalitarismos atuais. À contracorrente de sua função de sustentáculo do humano no convívio social, o ideal, nos totalitarismos, ao derrapar alimenta movimentos que acabam indo no sentido do aniquilamento do humano, com a destruição dos laços identificatórios na massificação: com a destruição da singularidade de cada um em seus sonhos, de sua aptidão ao pensamento caprichoso e capaz de ilimitada gama de fantasias, decisivamente diversas de uma pessoa a outra, levando ao esfarelamento dos significados que constituem o elo e o entorno humano.

---

[4] No novo *Dicionário Aurélio da Língua Portuguesa*, 2. ed., encontrei o seguinte sobre a palavra pitagorismo: "Conjunto de doutrinas e regras de vida atribuídas a Pitágoras de Samos, filósofo e matemático grego (séc. VI a.C.), e a seus seguidores, os pitagóricos, que, dos sécs. VI ao IV a.C., organizados em comunidades filosófico-religiosas, multiplicadas pela Magna Grécia, constituíram a chamada escola itálica ou escola pitagórica. Define-se o pitagorismo por duas tendências: a místico-moralista, ligada ao orfismo e ao xamanismo, e a filosófica-matemática, de que resultou brilhante acervo de conhecimentos aritméticos, geométricos, astronômicos e acústicos, integrados pelo descobrimento de correspondências numéricas entre as várias ordens de realidade".

A "destrutividade sem culpabilidade" (Chouvier, 2009, p. 80) não está longe da meticulosa caracterização que Arendt faz dos totalitarismos e na qual encontro, ponto por ponto, o triunfo do que Freud descreveu como pulsão de morte, embora a psicanálise e Freud não façam parte da linguagem e do pensamento da filósofa.

Vou agora me deter num caso pessoal, não de uma vítima, mas de um agente do regime nazista, Adolf Eichmann. Arendt, correspondente da revista *The New Yorker*, assistiu ao seu julgamento em Jerusalém em 1962 e publicou em 1964 o livro *Eichmann em Jerusalém – Um relato sobre a banalidade do mal* (Arendt, 1964/2006b).

Antes do julgamento, durante meses, Eichmann fora interrogado pelo jovem capitão judeu-alemão Avner Less, abrindo-se para ele, nessas "sessões" que se estenderam por vários meses, com "ilimitada confiança", e nas quais Less disse ter se sentido como um "padre e confessor" para ele. Transcritas em cerca de 3.500 páginas, foram uma fonte importante para as perguntas dirigidas ao réu durante o julgamento, mas também um fio condutor da obra de Arendt, voltada para o que chama de "uma das grandes questões morais de todos os tempos: a natureza e a função do juízo humano" (Arendt, 1964/2006b, pp. 39-40; p. 318).

Juízo que, como vimos, no *Projeto* e nos *Três ensaios*, Freud situa originariamente na relação primordial com o ser humano próximo, o semelhante, primeiro objeto de satisfação, primeiro objeto hostil e único poder auxiliar (única potência capaz de ajudar) na situação de desamparo: relação na qual se encontra, como disse, o fundamento "de todos os motivos morais" (Freud, [1895]/2006, p. 626, tradução nossa) e de "todas as realizações éticas" (Freud, 1905/2016, p. 144).

No totalitarismo, a desagregação moral atinge toda a sociedade, tanto perseguidores como vítimas, e seu laboratório privilegiado é o campo de extermínio, pois é nele que o regime mais se aproxima do que está em sua natureza, ou seja, a destruição do humano (cf. Arendt, 1964/2006b, p. 142). Nele, de fato, vemos se desfazer completamente esse fundamento primeiro da ética do laço social que é o olhar para o outro e para si mesmo como diferente-semelhante.

Quando, durante a guerra, o projeto de extermínio dos judeus, ciganos, associais, partes inteiras da população, realizado dentro de um modelo de eficiência industrial "purificadora", encontra resistência em certos países, isso causa, escreve a autora, "infinita surpresa para os alemães", já acostumados "a ver com naturalidade o extermínio de um povo" (Arendt, 1964/2006b, pp. 190-194).[5] Com que simplicidade se desfaziam, nesses contextos históricos, as raízes primeiras do narcisismo, sem as quais todo ideal do Eu se desvitaliza!

As próprias forças repressivas nazistas, radicadas na Dinamarca, oscilaram entre a reticência e a recusa em obedecer às ordens vindas de Berlim, determinando a deportação e o extermínio da população judaica, por estarem imersos numa sociedade onde isso não fazia sentido em seu juízo, em seu modo de ver as coisas. Berlim teve que enviar outras forças da SS que fracassaram em suas tentativas para fazê-lo, pois toda a população se opôs e deu refúgio para os judeus, acolhendo-os em suas casas. Depois se cotizaram para pagar o transporte deles para a Suécia, que não estava sob controle nazista.

Arendt escreve que "a consciência enquanto tal parecia ter se perdido na Alemanha e tinham parado de perceber que o surpreendente 'novo conjunto de valores alemães', não tinha seguidores no mundo exterior" (Arendt, 1964/2006b, p. 119). Para o nosso tema, é importante a reserva feita por ela de que houve um pequeno número

[5] O que há de específico nessa descrição do totalitarismo não deixa de se impor para situações atuais, mesmo em países em que não há esse regime, sempre que a exclusão social em massa naturaliza o descaso com essas populações, com situações frequentes nas quais podemos nos interrogar se não estamos atingindo esse limiar em que a própria humanidade do humano possa estar em questão.

de pessoas, "talvez 100 mil, talvez muito mais, talvez muito menos", "em todos os estratos da sociedade, entre as pessoas simples, assim como entre os educados" (Arendt, 1964/2006b, p. 119) que silenciosamente se opuseram ao nazismo, com alguns casos excepcionais de oposição heroica e de martírio.

Um exemplo excepcional é o de dois rapazes camponeses que, já no final da guerra, se recusaram assinar os papéis em uma convocação da SS e, no dia da execução, escreveram em uma carta à sua família: "Preferimos morrer que carregar em nossas consciências coisas tão terríveis. Sabemos o que a SS tem de fazer". "Sua habilidade para distinguir o certo do errado permanecia intacta" (Arendt, 1964/2006b, p. 120), afirma a autora, ou seja, os valores civilizatórios básicos do Ideal do Eu permaneciam, neles, vivos e atuantes.

Pode-se dizer o mesmo do arcebispo católico Bernhard Lichtenberg, que, em Berlim, ousou rezar em público por todos os judeus, batizados ou não, e se juntou a eles em uma viagem para o Leste, morrendo a caminho do campo de concentração (Arendt, 1964/2006b, p. 147).

Voltemos ao caso pessoal de Eichmann: "a esmagadora maioria do povo alemão acreditava em Hitler", escreve Arendt (1964/2006b, p. 114), e convivia com naturalidade com o que a autora chamou de "novos valores alemães", incluindo o assassinato em massa de parcelas inteiras da população, essencialmente os judeus. O que foi descobrindo e mostra com riqueza de circunstâncias é que Eichmann não era um monstro como queria a acusação (Arendt, 1964/2006b, p. 114). "O problema com Eichmann era exatamente que muitos eram como ele, e muitos não eram nem pervertidos, nem sádicos, mas eram e ainda são terrível e assustadoramente normais" (Arendt, 1964/2006b, p. 299).

Esse "longo curso de maldade humana nos ensinou, escreve ela, a lição da temível banalidade do mal, que desafia as palavras e os pensamentos" (Arendt, 1964/2006b, p. 274).

O que impressiona e assusta é, insisto, defrontar-se com a labilidade da essência do que nos leva a nos sentir parte de uma comunidade humana. Arendt escreve, nesse sentido: "pois quando falo em banalidade do mal, falo num nível estritamente factual, apontando um fenômeno que nos encarou de frente no julgamento" (Arendt, 1964/2006b, p. 310).

Eichmann se revelara um pequeno neurótico, com inibições intelectuais desde a infância que levaram a fracassos sucessivos na vida escolar e a um sofrimento narcísico permanente, compensado pela tendência a contar vantagem, tentando se fazer valer, sob um fundo de lúcida mediocridade. Não era um fanático do nazismo, a não ser em seus arroubos histriônicos, e foi empurrado de certa forma para dentro do partido e da SS, onde agia como um funcionário zeloso que em seu pequeno mundo estava sempre na expectativa de promoções que demoravam para vir.[6] A partir de 1935 foi encarregado de ir em reuniões das organizações da comunidade judaica e foi se familiarizando com essas, tomando conhecimento e se entusiasmando com o sionismo, inclusive pela leitura do livro clássico do sionismo, *Sobre um Estado judaico*, de Theodor Herzl.

---

6 Cito, a propósito, essa passagem de *Psicologia das massas e ideal do Eu*: "Em muitos indivíduos a separação entre Eu e ideal do Eu não progrediu o bastante, os dois ainda coincidem facilmente, o Eu conserva amiúde a anterior autocomplacência narcísica. A escolha do líder é bem facilitada por isso" (Freud, 1921/2014, p. 93). De fato, nos depoimentos de Eichmann, as questões de seu amor-próprio, como promoções, situações prestigiosas, o tocam especialmente e têm uma vivacidade incomparavelmente maior para ele que tudo o que concerne o crime imenso, terrível, continuado em que esteve imerso durante anos e pelo qual estava sendo julgado.

Pelo bom relacionamento que foi estabelecendo com as associações judaicas, desenvolveu capacidade de negociação com elas nos projetos de emigração forçada, que eram – como ele repetira no julgamento – do interesse comum do Estado alemão e dos judeus em busca de um lugar para eles, na perspectiva sionista de uma pátria na Palestina. Esse era o cenário nos anos que precederam o início da guerra.

Quando da anexação da Áustria, em 1938, destacou-se pela eficiência com que promoveu a emigração em grande escala dos judeus, e desde então passou a ter a função de organizar os transportes das populações por trem. Continuou exercendo essa função com grande dedicação administrativa durante os anos da guerra, sobretudo a partir de 1941, quando – ele fora informado por seu superior da decisão de Hitler – já não se tratava de "emigração forçada", mas de deportação para campos de extermínio. Chocado, inicialmente, com essa evolução das coisas, argumentou que se convenceu quando viu que ninguém, absolutamente ninguém, se opunha.

Não era antissemita, mas tinha uma genuína, ilimitada e imoderada admiração por Hitler, cuja vontade era lei no Terceiro Reich. Nunca matou ninguém, mas cumpriu com muito empenho, até o final da guerra, "o que, para ele, era um trabalho, com a sua rotina diária, seus altos e baixos, era para os judeus, bastante literalmente, o fim do mundo" (Arendt, 1964/2006b, p. 170). "A posição de Eichmann era a de elo mais importante de toda a operação" (Arendt, 1964/2006b, p. 170) do ponto de vista funcional, pois dele e de seus homens dependia "a quantidade de judeus a transportar de uma determinada área, e era sempre por intermédio de seu departamento que se encaminhava uma carga a seu destino final, embora esse destino não fosse determinado por ele" (Arendt, 1964/2006b, p. 170). Em alguns anos dessa frenética atividade – prioridade absoluta para Hitler –, milhões de pessoas, populações inteiras, foram mortas.

Qual medida esse homem tinha, na época de seu julgamento, anos depois da época em que exercera essa função essencial para o assassinato em massa de milhões de pessoas?

Mostrava-se ainda sensível aos *slogans*, às frases feitas, frases de efeito, vazias de efetiva realidade e "pensava", ou seja, não pensava graças a elas, impregnado do autoengano, da mentira e da estupidez com as quais 80 milhões de pessoas se protegeram contra a realidade dos fatos durante o nazismo, quando "a hipocrisia passou a ser parte integrante do caráter nacional alemão" (Arendt, 1964/2006b, p. 65). A complacência com que aprendeu a admitir a mentira, ou seja, a se dispensar de usar o juízo crítico, foi partilhada por todos.

Durante o julgamento "todo mundo percebia que esse homem não era um 'monstro', mas era difícil não desconfiar que fosse um palhaço" (Arendt, 1964/2006b, p. 67). Todos estavam confrontados a um "dilema entre o horror inenarrável dos atos e o inegável absurdo do homem que os perpetrara" (Arendt, 1964/2006b, p. 67).

O transporte de milhares, de milhões de pessoas para serem mortos, como rotina burocrática, tinha como única motivação nesse homem alcançar progressos pessoais em sua carreira de funcionário; se a carga tivesse sido de insumos para fazer funcionar um parque industrial estratégico, ele o teria feito com o mesmo zelo!

Esse foi, claramente, o ponto mais sensível para ele o tempo todo, na época, como agora a distância, durante o julgamento.

"Ele não era burro. Foi pura irreflexão... que o predispôs a se tornar um dos grandes criminosos desta época", escreve a autora (Arendt, 1964/2006b, p. 311), insistindo no seu diagnóstico sobre os males que uma gigantesca organização burocrática pode causar à vida humana na inconsciência, na "irreflexão" de simples gestores de "mãos limpas", acrescentando: "E se isso é 'banal' e até engraçado, se nem com a maior boa vontade do mundo se pode extrair qualquer profundidade diabólica ou demoníaca de Eichmann, isso está longe de se chamar lugar-comum" (Arendt, 2006b, p. 311).

A tempestade de críticas, de ataques e de indignação que esse livro suscitou de todos os lados não deve surpreender; pois, a exemplo de certas obras de Freud, trouxe uma péssima notícia: nesse caso, a de que o mal sem limites não mora longe.

Referências

Alonso, S. L. (2016). O conceito de gênero retrabalhado no marco da teoria da sedução generalizada. *Revista Percurso, 56/57*, 81-90. (São Paulo, Sedes Sapientiae).

Arendt, H. (2006a). *Origens do totalitarismo*. São Paulo: Cia. das Letras. (Livro publicado originalmente em 1949).

Arendt, H. (2006b). *Eichmann em Jerusalém*. São Paulo: Cia. das Letras. (Livro publicado originalmente em 1964).

Castoriadis-Aulagnier, P. (1975). *La violence de l'interprétation*. Paris: PUF.

Chnaiderman, M. (Diretora) (2015). *De gravatas e unhas vermelhas* [filme]. Produtora Sequência1.

Chouvier, B. (2009). *Les fanatiques*. Paris: Odile Jacob.

Fédida, P. (2007). *Humain/Déshumain*. Paris: PUF.

Freud, S. (1995). *Projeto de uma psicologia*. Trad. Osmyr Faria Gabbi Jr. Rio de Janeiro: Imago. (Trabalho original escrito em 1895 e publicado em 1950).

Freud, S. (2006). *Lettres à Wilhelm Fliess* (J. Laplanche, Org.). Paris: PUF. (Trabalho original escrito em 1895).

Freud, S. (2010a). O inconsciente. In S. Freud, *Obras completas* (V.12; P. C. de Souza, Trad.). São Paulo: Cia. das Letras. (Trabalho original publicado em 1915).

Freud, S. (2010b). Novas conferências introdutórias à psicanálise. In S. Freud, *Obras completas* (V.18; P. C. de Souza, Trad.). São Paulo: Cia. das Letras. (Trabalho original publicado em 1933).

Freud, S. (2013). As pulsões e seus destinos. In S. Freud, *Obras incompletas de Sigmund Freud* (pp. 53-55; P. H. Tavares, Trad.). São Paulo: Autêntica. (Trabalho publicado originalmente em 1915).

Freud, S. (2014). Psicologia das massas e análise do Eu. In S. Freud, *Obras completas* (V. 15; P. C. de Souza, Trad.). São Paulo: Cia. das Letras. (Trabalho original publicado em 1921).

Freud, S. (2015). A moral sexual "cultural" e o nervosismo moderno. In S. Freud, *Obras completas* (V. 8; P. C. de Souza, Trad.). São Paulo: Cia. das Letras. (Trabalho original publicado em 1908).

Freud, S. (2016). Três ensaios sobre a teoria da sexualidade. In S. Freud, *Obras completas* (V. 6; P. C. de Souza, Trad.). São Paulo: Cia. das Letras. (Trabalho original publicado em 1905).

Kaës, R. (2016). *L'idéologie*. Paris: Dunod.

Leite, R. L. (2020). Os ruídos intermináveis da festa: capital mito-simbólico e designação de gênero. *Calibán, 18*(2), 136-147. (Revista Latino-americana de Psicanálise).

Menezes, L. C. (2006). Preservem as flores selvagens: aderência, adesão e lucidez. *Revista Brasileira de Psicanálise, 40*(2), 73-81.

Menezes, L. C. (2018). O sofrimento de origem social. *Revista Brasileira de Psicanálise, 52*(3), 33-45.

Schaffa, S. L. (2019). Modification du corps et bissexualité. De Lili Elbe à Paul Preciado. *Revue Française de Psychanalyse, 83*(5), 1665-1670. (Paris, PUF).

Zaltzman, N. (1999). Homo sacer: l'homme tuable. In N. Zaltzman, *La résistance de l'humain*. Paris: PUF.

Zaltzman, N. (2007). *L'esprit du mal*. Paris: L'Olivier.

3. Peripatéticos contemporâneos

Waldo Hoffmann[1]

O que expressamos com palavras já está morto em nossos corações. Sempre haverá algo desprezível no ato da fala.

Nietzsche, *O crepúsculo dos deuses.*

Não é necessário que o homem acredite que é igual aos animais, nem aos anjos, nem que ignore ambos, mas que os conheça.

Pascal, *Pensamentos.*

Na verdade, porém, poesia e pensamento estão em sua essência divergente sustentados por uma diferença terna e clara, no próprio de sua obscuridade: duas paralelas, uma em referência à outra, uma frente à outra, uma ultrapassando a seu modo a outra. Poesia e pensamento não estão separados quando por separação se entende: cortados numa ausência de relacionamento. As paralelas se encontram no infinito

Heidegger, *A essência da linguagem*

---

[1] Médico psiquiatra e psicanalista. Membro da Sociedade Brasileira de Psicanálise de São Paulo (SBPSP), e da Associação Brasileira de Psiquiatria (ABP).

Um personagem posto em cena por Diderot, no Entretièn que se segue ao Rève de D'Alembert, evoca "no jardim do Rei, dentro da jaula de vidro, um orangotango que tem o aspecto de um S. João a pregar no deserto". O cardeal de Polignac, admirando um dia o animal, ter-lhe-ia dito: "fala e eu te batizo...".

Gusdorf, *A fala*.

Moisés disse: Senhor meu, dilata-me o peito;
E facilita-me a missão,
E desata-me um nó da língua
Para que eles entendam meu dito

Nobre Alcorão[2], 20: 25-28.

Contemporâneos não são aqueles que coincidem muito plenamente com a época em que vivem e aderem perfeitamente a ela em todos os aspectos. Estes, por esse enraizamento, não podem manter fixo sobre seu tempo um olhar em voo de pássaro.

O verdadeiro contemporâneo, o que pertence visceralmente à sua época, é aquele que não coincide perfeitamente com esta, que não está totalmente adequada às suas expectativas e, exatamente por ser um tanto inatual, por sua inadequação, por esse deslocamento e anacronismo, torna-se capaz, mais do que os outros, de perceber e apreender o seu tempo (cf. Agamben, 2009a).

Um contundente exemplo é Friedrich Hölderlin, que, segundo Martin Heidegger, levou mais de cem anos para ter seu valor percebido pelos alemães. Esse ser aí, sem cargo, sem casa e sem lar, sem sucesso e sem fama, uma soma de mal-entendidos que se apinharam à volta de um nome que, aos 35 anos, foi chamado por alguns de doente mental, *dementia praecox catatonica*, como concluiu a astuta medicina. Suas verdadeiras e maiores poesias, nunca publicadas

---

[2] Livro distribuido gratuitamente pelo consulado da Arabia Saudita, traduzido diretamente do àrabe pelo professor de idiomas da USP, professor Helmi Nasr.

em vida, nos obrigam a admitir que ainda hoje não alcançamos a altura de sua grandeza e do seu poder futuro (cf. Heidegger, 2004).

É também o caso de Osip Mandel'stam, poeta russo nascido na Polônia. Perseguido e preso pelo stalinismo, foi assassinado num campo de prisioneiros em 1938. Em 1923, escreve um poema não sobre o século, mas sobre sua relação com seu tempo (A. Campos, H. Campos & B. Schnaiderman, 2019, p. 210).

A Era

Minha era, minha fera, quem ousa,
Olhando nos teus olhos, com sangue
Colar a coluna de tuas vértebras?
Com cimento de sangue – dois séculos –
Que jorra da garganta das coisas?
Treme o parasita, espinha langue,
Filipenso no umbral de horas novas.

Todo ser enquanto a vida avança
Deve suportar esta cadeia
Oculta de vértebras. Em torno
Jubila uma onda. E a vida como
Frágil cartilagem de criança
Parte seu ápex: morte da ovelha,
A idade da terra em sua infância.

"Eu fui até o fim do mundo nas asas das palavras. Quando leio, ninguém está me perseguindo. Quando leio, sou eu quem está perseguindo: perseguindo a Deus", diz Sean Penn no papel do Doutor W. C. Minor, no filme *O gênio e o louco*, baseado no livro *O professor e o demente*, de Simon Winchester (1999).

Na Inglaterra de 1857, o professor James Murray comanda um dos maiores projetos do mundo: elaborar o mais complexo e completo panorama da língua inglesa, o *Oxford English Dictionary*. Murray era um autodidata dotado de profundo conhecimento linguístico e etimológico, apesar de não ostentar uma grande formação acadêmica. Em uma solicitação de emprego no Museu Britânico, alegou um conhecimento íntimo de italiano, francês, catalão, espanhol e latim e em menor grau de português, *vaudois* (franco-provençal), provençal e vários outros dialetos. Também era razoavelmente familiarizado com holandês, alemão e dinamarquês, tinha estudado anglo-saxão e mœso-gótico; sabia um pouco do celta e havia se envolvido com a língua eslava, tendo obtido um conhecimento útil do russo. Tinha conhecimento suficiente de hebraico e siríaco para ler fluentemente o *Antigo Testamento* e a *Peshitta*, versão *standard* da Bíblia para as igrejas da tradição siríaca; em menor grau sabia aramaico, árabe, copta e fenício. Pelo visto, também não era modesto.

O dr. James Murray assumiu o desafio de reunir todas as palavras da língua inglesa, dando a elas não apenas suas definições, mas também sua etimologia, seus significados nos mais diversos contextos e também seus usos ao longo da história da literatura. Na época, os ingleses, no domínio de um extenso Império, deviam acreditar que Deus era um cidadão inglês, como os brasileiros creem hoje (sem Império). Nada mais plausível do que compilar as palavras com que Deus tinha criado o mundo.

Ciente da tarefa árdua e de que não haveria acadêmicos suficientes para o auxiliar, o filólogo propôs que a obra fosse feita a partir da colaboração de pessoas "comuns", falantes cotidianos da língua inglesa. Afinal, Shakespeare não tinha dicionário. Escreveu então uma carta e a distribuiu por onde pôde, convidando os populares a enviar contribuições para o dicionário em produção. É nesse ponto em que essa trajetória se cruza com a de Minor (personagem de Sean Penn): este contribuiu com mais de 10 mil verbetes, mesmo estando internado em um hospício para criminosos.

William Chester Minor, nascido em 1834 numa antiga e estimada família de Connecticut, viveu até 1920, sendo os últimos 48 anos em asilos do governo. Ingressou no Exército federalista como cirurgião quatro dias antes de Gettysburgh, a batalha mais sangrenta da Guerra Civil americana, e ficou mentalmente perturbado durante a batalha de Wilderness, por ter sido obrigado a marcar um "D" no rosto de um imigrante irlandês que desertara.

Para fugir do fantasma que o perseguia, decidiu mudar para Londres. Lá, em 1872, sofreu alucinações em que militantes da fraternidade irlandesa Fenian entravam em seu quarto à noite para envenená-lo. Nesse delírio, acaba matando um inocente por engano – por acreditar que se tratava do mesmo fantasma que, supostamente, seguiria lhe assombrando. Diante de sua evidente insanidade, foi enviado para um sanatório em vez da prisão. Foi de lá, com muito tempo e centenas de livros ao seu dispor, que estabeleceu a colaboração necessária para que o projeto de Murray não naufragasse.

O filme sugere que as conversas entre Murray e Minor, com suas associações de conceitos envoltas em intenso vínculo afetivo, se constituíram em um processo de cura da genial loucura do cirurgião, na ausência de qualquer terapêutica medicamentosa. Murray instiga Minor em diferentes jogos com as palavras, aguçando-lhe a mente e propiciando momentos de lucidez. Põe em xeque a concepção de loucura e genialidade e celebra a paixão pelas palavras ao contar a história do *Dicionário Oxford da língua inglesa*.

É dessa convergência entre linguagem, ser, deus e psicanálise, entrelaçados com a leitura de Agamben e outros autores, que trata este ensaio. Ensaio é uma obra de reflexão que versa sobre determinado tema, sem que o autor pretenda esgotá-lo, exposta de maneira pessoal ou mesmo subjetiva. Ao contrário do estudo, o ensaio não é investigativo, podendo ser impressionista ou opinativo (cf. Hoffmann, 2007).

Em primeiro lugar, a vida é breve demais, preciosa demais, difícil demais, para que nos ressignemos a vivê-la de qualquer jeito. É interessante demais para não nos darmos tempo de refletir a seu respeito e debatê-la (cf. Comte-Sponville, 1997). A partir dessa profunda necessidade de pensar e sofrer a vida em seus diversos matizes e vicissitudes, fui me dando conta de uma indignação frente ao tremendo empobrecimento a que somos levados por certas tendências atuais.

O biologismo reducionista, baseado nas conquistas da genética, do neodarwinismo e da neurobiologia, com frequência se declara o único verdadeiramente científico. Quando se arroga a explicar, o psiquismo humano desconsidera suas infinitas apresentações como subjetividades (cf. Damásio, 1996). São falsas as ideias de buscar, ou melhor, de encontrar uma natureza humana e de nos prover com um manual do proprietário baseado em uma teoria computacional/binária da mente, como se fôssemos uma série de funções e comportamentos darwinianamente determinados pela seleção natural (cf. Gardner, 2003).

Mesmo um neodarwinista e cientista cognitivo, como Steven Pinker, admite que a evolução cultural não é uma réplica exata da versão darwiniana: as mutações são dirigidas e as características adquiridas são herdadas. Lamarck, embora estivesse errado sobre a evolução biológica, acabou por ter razão com respeito à evolução cultural (cf. Pinker, 1998). Que incrível anseio por uma norma tranquilizadora! Terrível necessidade de uma normatização que nos leva a um discurso moralizante mais vitoriano que a *Viena fin-de-siécle* (cf. Schorske, 1988).

Viena, no fim do século XIX, apresentava dois conjuntos de valores: um moral-científico e outro estético-criativo. A cultura moral e científica da alta burguesia vienense era semelhante ao restante da vitoriana Europa daquela época. Vigorava uma moral virtuosa e repressora que valorizava o império da lei e o domínio da mente sobre o corpo. Por outro lado, o início do século XX testemunha a emergência da cultura dos sentimentos e da transgressão, exemplificada pela obra de Gustav Klimt, criticado por atentado ao pudor e obscenidade.

A partir de 1850, o Império dos Habsburgo foi berço de um grande número de pensadores, estudiosos e cientistas cujas ideias contribuíram de maneira decisiva para a formação dos sistemas conceituais do que hoje chamamos de mundos moderno e pós-moderno (cf. Johnston, 2009). É desse caldo de cultura efervescente que surgem Freud e outros "contemporâneos". Os escritores Arthur Schnitzler, Elias Canetti, Franz Kafka e Robert Musil, os compositores Arnold Schönberg, Gustav Mahler e Johannes Brahms, os pintores Oskar Kokoschka e Gustav Klimt, o arquiteto modernista Josef Hoffmann e os filósofos Ludwig Wittgenstein e Martin Buber, o jornalista e político sionista Theodor Herzl, entre outros, surgem ou são gestados nessa virada de século (cf. Checchia, Torres & Hoffmann, 2015).

Mesmo tendo sido nomeado professor, Freud não encontra interlocutores nos meios acadêmicos, onde suas ideias são rejeitadas. Quando lançada, *A interpretação dos sonhos* caiu no vazio. Ninguém se deu conta de que acontecera uma revolução. A tiragem da edição foi de apenas seiscentos exemplares e levou seis anos para se esgotar (cf. Checchia, Torres & Hoffmann, 2015).

Freud não estava, mesmo que quisesse, completamente isolado da intelectualidade de Viena. Mesmo não compartilhando os mesmos gostos e valores dos modernos, não deixou de ser atravessado pelos ares de inquietação que o rodeavam. Escreveu duas famosas cartas a Arthur Schnitzler, em 1906 e 1922. Na primeira, constatou que as ideias do escritor sobre sexualidade e psicologia se assemelhavam às suas. Na segunda, fez uma confissão: não havia procurado visitá-lo por temor de encontrar o seu duplo (Roudinesco, 1989; Schorske, 1988; Tavares, 2009).

Hoje, essa normatização, com reconhecíveis cores de um eugenismo autoritarista, se veste com o hábito de um cientificismo acima de qualquer suspeita. Para além dos avanços científicos que buscam reabsorvê-la no soma, a psique, cuja localização inutilmente se procura (no coração, nos humores, no cérebro?), permanece como um enigma irredutível. Estrutura de sentido, representa as ligações do ser falante com o outro (cf. Kristeva, 2002).

Não se enganem: continuo, como Freud, sendo inegavelmente admirador de Darwin em sua concepção do desenvolvimento das espécies. Só não consigo pensar que reste apenas o recurso ao misticismo simplista, com seu arsenal de manuais de signos e matizes, aos humanos sensíveis e em contato com a complexidade de seu existir.

Todos somos mais susceptíveis às falsas promessas, à bajulação, ao engano, às tentações e seduções quando estamos mais assustados, inseguros e sozinhos, tristes e carentes. Em tais períodos de vulnerabilidade, a maioria de nós fica mais manipulável e sugestionável, passível de ser enganado pelas promessas e seduções de pessoas engenhosas. É o que revela a investigação histórica das seitas (cf. Singer & Lalich, 1997).

Como freudianos, postulamos o estabelecimento de um aparelho psíquico como construção teórica irredutível ao organismo, submetido às influências biológicas, mas essencialmente observável nas estruturas da linguagem.

Nascemos imersos em linguagem, este aparato fundamentado na biologia, contudo dependente de lógicas autônomas, articulador de marcas diferenciais. A alma tornada aparelho psíquico produz sintomas (psíquicos ou somáticos), produz sentido e sujeito, piada, poesia e arrepio.

A linguagem nos liberta do presente do ser e nos entrega de pés e mãos atados – escravos do tempo, prisioneiros de nós mesmos! – ao mundo fantasmagórico dos seres que não existem (cf. Comte-Sponville, 1997).

Esse incrível aparato que chamamos linguagem (marcas diferenciais articulando-se e produzindo sentidos) imprime uma tremenda velocidade ao desenvolvimento do humano ao transmitir lamarkianamente, em suas dobras, as aquisições de uma geração para seguinte.[3] Modificações práticas e comportamentais que levam bilhões de anos para se constituírem no lento movimento darwiniano da biologia a linguagem efetua em poucos anos. Daí a enorme quantidade de civilizações e de mundos que o humano produz.

Esses sentidos articulados, que constituem as bases da alma, nos produzem como sujeitos/sujeitados humanos, nesse constante vir a ser que é o desenvolvimento do ser emocional que somos.

A propósito da alma, Platão percebeu que os objetos do conhecimento matemático são da mesma ordem de realidade inteligível que os objetos do conhecimento socrático – aqueles ideais de

---

3 "Meu poema / é um tumulto: / a fala / que nele fala / outras vozes / arrasta em alarido. // (estamos todos nós / cheios de vozes / que o mais das vezes / mal cabem em nossa voz: // se dizes pêra, acende-se um clarão / um rastilho de tardes e açúcares / ou / se azul disseres, / pode ser que se agite / o Egeu / em tuas glândulas) // A água que ouviste / num soneto de Rilke / os ínfimos / rumores de capim / o sabor do hortelã (essa alegria) // a boca fria / da moça / o maruim / na poça / a hemorragia / da manhã // tudo isso em ti / se deposita / e cala..." Ferreira Gullar (2002).

perfeição moral que devem regular a conduta da vida. Para ambos, ele reclama a mesma existência independente e substancial, além do fluxo das coisas transitórias e dos eventos temporais, e a alma que os conhece é, por direito natural, habitante desse mundo real (cf. Cornford, 2001).

Karl Popper, um dos maiores epistemólogos do século XX, afirma que o materialismo como movimento filosófico foi o fundamento dos dois mais antigos e ainda mais importantes programas de pesquisa científica. De um lado, a teoria do *plenum* do pré-socrático Parmênides, que se desenvolveu na teoria da continuidade da matéria e que levou Faraday, Maxwell, Riemann, Clifford e mais recentemente Einstein, Schrödinger e Wheeler à teoria dos campos da matéria e à geometrodinâmica do *quantum*. De outro, o atomismo de Leucipo, Demócrito, Epicuro e Lucrécio que conduziu finalmente à moderna teoria atômica e à mecânica quântica. Porém foi a própria física moderna, com a relatividade do "material" e "substancial" no universo subatômico, que gerou os mais importantes argumentos contra o materialismo clássico (cf. Popper & Eccles, 1995).

Portanto, temos que ouvir Kant no final de sua *Crítica da razão prática*, no qual afirma que duas coisas enchem sua mente de uma admiração sempre crescente: o céu estrelado sobre sua cabeça e, dentro dela, a lei moral. Para Kant, o primeiro nos retira do lugar que ocupamos no mundo sensível externo e nos enlaça ao imensamente grande, com mundos e mais mundos e sistemas dos sistemas, seu princípio e duração nos tempos ilimitados de seu movimento periódico. A segunda emerge de nosso eu invisível, de nossa personalidade, e nos expõe a um mundo infinito captado somente pelo entendimento ao qual nos encontramos enlaçados de modo universal e necessário, e que nos eleva incomensuravelmente o valor como seres inteligentes e responsáveis (cf. Kant, 2003).

A influência da linguagem era amplamente reconhecida até pela escola de psicologia científica russa, de fundamento indiscutivelmente materialista, como atesta Alexander Luria nas três conferências dadas no colégio universitário de Londres em 1958 (cf. Luria, 1974).

Lev Vygotsky já havia insistido anteriormente na importância da comunicação verbal e da linguagem nos aspectos mais complexos do comportamento humano, assim como outros pesquisadores de inspiração marxista (cf. Vygotsky, 1998).

Temos a experiência de compartilhar uma espécie de "Samba do crioulo doido",[4] um surto psicótico na mídia contemporânea que nos traz à memória um *FEBEAPÁ*[5] globalizado. O deciframento do genoma, código genético humano – a ordem de aminoácidos na dupla-hélice de Watson e Crick –, mais o desenvolvimento da microtécnica de inserir o núcleo de uma célula madura da espécie no lugar do núcleo de um ovo recém-formado, propiciando a criação de um clone, trouxeram uma enorme perturbação à nossa capacidade de pensar. Com base nisso se anuncia a eminência de uma grande revolução. A resolução de um sem-número de problemas é propalada aos quatro cantos (cf. Lewontin, 2002).

---

[4] "Este é o Samba do Crioulo Doido. A história de um compositor que durante muitos anos obedeceu ao regulamento e só fez samba sobre a história do Brasil. E tome de inconfidência, abolição, proclamação, Chica da Silva, e o coitado do crioulo tendo que aprender tudo isso para o enredo da escola. Até que no ano passado escolheram um tema complicado: a Atual Conjuntura. Aí o crioulo endoidou de vez, e saiu este samba:
Foi em Diamantina onde nasceu JK. / E a princesa Leopoldina lá resolveu se casar / Mas Chica da Silva tinha outros pretendentes/ E obrigou a princesa a se casar com Tiradentes. / Laiá, laiá, laiá, o bode que deu vou te contar..." Sérgio Porto (1966).

[5] *FEstival de BEsteiras que Assola o PA*ís, de Stanislau Ponte Preta (pseudônimo de Sérgio Porto).

Com a clara percepção do tremendo empobrecimento a que somos levados por essa camisa de força que é o reducionismo biológico, Marcelo Leite, ao comentar o livro *O século do gene*, escrito pela física e professora de filosofia e história da ciência no *Massachusetts Institute of Tecnology* (MIT) Evelyn Fox Keller, afirma que a verdade é que o feito do sequenciamento do genoma humano, por si só, pouca coisa esclareceu sobre a intimidade bioquímica da espécie. Mal se sabe quantos genes existem, menos ainda como atuam em conjunto. Se for para insistir na metáfora linguística, coisa que Keller ensina a questionar, quando muito se obteve a cópia de um texto escrito numa língua desconhecida.[6]

O físico e astrônomo brasileiro Marcelo Gleiser foi o vencedor do Prêmio Templeton 2019. "Ele é um dos principais proponentes da visão de que ciência, filosofia e espiritualidade são expressões complementares que a humanidade precisa para abraçar o mistério e explorar o desconhecido", diz Heather Templeton Dill, presidente da fundação John Templeton.

Nas palavras de Keller:

> *É um momento raro e maravilhoso quando o sucesso nos ensina humildade, e esse, afirmo, é precisamente o momento no qual nos encontramos no século vinte. Na verdade, de todos os benefícios com que a pesquisa genômica nos brindou, essa humildade, em ultima analise, pode ser a sua melhor contribuição. Por quase cinquenta anos nos embalamos com a crença de que, ao descobrir a base molecular da informação genética, encontraríamos o "segredo da vida"; estávamos confiantes de que se pudéssemos apenas decodificar a sequência*

---

[6] *Folha de S. Paulo*, Caderno Mais, 24 mar. 2002.

> *de nucleotídeos do DNA, poderíamos compreender o "programa" que torna o organismo o que ele é (Keller, 2002, p. 19).*

A resposta parecia tão simples... Era apenas uma questão de decifrar um código, o código genético. Grande embuste! Desprezamos a sabedoria popular de Ataulfo Alves, gravada pela primeira vez por ele mesmo em 1974, em que nos adverte que "laranja madura na beira da estrada tá bichada, Zé, ou tem marimbondo no pé"[7].

Diante da demanda por uma genômica funcional, nos deparamos então com o enorme abismo entre "informação" genética e significado biológico, argumenta Keller. Agora não mais nos encantamos com a simplicidade dos segredos da vida, mas sim com sua complexidade. Pode-se dizer que a genética estrutural nos restituiu a intuição de que precisávamos para confrontar nosso orgulho arrogante, nossa autoconfiança excessiva, nossa insolência. Abrindo mão do arrebatamento, do ímpeto do ardor excessivo, talvez possamos recordar antigas vozes acauteladoras que tentavam em vão nos prevenir contra a propagada simplicidade da relação entre a "informação" genética e seu significado biológico para então passar a (re)considerar respeitosamente os limites da visão com a qual começamos. Ademais, clones existem há muito tempo: os gêmeos univitelinos, essa espécie de clones ou duplos naturais, sempre ocorreram sem que isso tivesse impedido o desenvolvimento de seres humanos diferentes e peculiares, com capacidades e limitações diversas. Não há clonagem do humano: só é possível clonar um organismo. Não é possível entender a novela desmontando a televisão.

---

[7] "Você diz que me dá casa e comida / Boa vida e dinheiro prá gastar / O que é que há, / Minha gente, o que é que há / Tanta bondade / Que me faz desconfiar // Laranja madura na beira da estrada / Tá bichada Zé / Ou tem marimbondo no pé..." Ataufo Alves (1966).

Um casal adota como filho um organismo que não porta a reunião de indefinida carga genética deles dois, mas de outros dois organismos. Quando problemas relacionais surgem no seio da família, essa herança cromossômica heteróloga é acusada de ser a causa desses problemas. A culpa é do sangue ruim.

Baseado no mesmo desvio do pensar, parece que hoje se espera que, inserida a carga genética de um Einstein (ou melhor seria a de Pelé – qual o mais feliz?) em um ovo recém-formado, teremos a garantia de sucesso como criadores, sem precisar nos preocupar com as vicissitudes do longo desenvolvimento de um sujeito humano.

Essa crença é uma tremenda falácia, produto inevitável de nosso desejo de segurança, sonho imprescindível desse ser entre frágil e prepotente, em que oscila nossa intermitente consciência.

Caímos com frequência nas promessas de boa vida saudável, desse ou daquele método, alimentos naturais ou uma garantia qualquer de ser o mais normal, psicanalisado ou curado entre os normais, sem, com isso, perder a originalidade.

"Quero ser normal em Curitiba", cantava Rita Lee, quando aquela cidade exibia altos índices de "qualidade de vida" – o que, em realidade, significava a ampliação da possibilidade de tolerância com as diferenças, em que repousa a singularidade peculiar a cada um de nós, baseada numa ética compreendida como abertura, respeito, resposta e propiciação ao outro.[8] Algo que não se assemelha

---

[8] "Saudades da terra daquela vidinha boa / Entre um milagre... uma guerra / Quando deus era brasileiro / E ria-se à toa / Lá no sul do cruzeiro / Destino desejo / Santo pandemônio / Saudades do ozônio / Da minha infância querida. / Quero o essencial da vida / Quero ser normal em Curitiba. // Saudades da Terra, daquele planeta azulzinho / Entre Vênus e Marte / Quando arte era puro dinheiro / E o estranho no ninho / Vinha lá do estrangeiro / New York ou Paris / É impossível ser feliz / Saudades da Elis / Da minha infância querida. / Quero o essencial da vida / Quero ser normal em Curitiba..." Rita Lee e Roberto Carvalho (1997).

em nada a uma "moral" e que, portanto, não pode jamais ser convertido em um código de prescrições e proibições (cf. Figueiredo & Coelho Jr., 2000).

A obra de Fernando Antônio Nogueira Pessoa é a própria explicitação da complexidade do humano. Nascido em Portugal em 13 de junho de 1888, criou, aos 6 anos, seu primeiro heterônimo, Alexander Search, após a morte do pai e do irmão caçula. Alex Busca correspondia-se com Pessoa e lhe escrevia poemas em inglês. Em março de 1914, ano do início da Grande Guerra, aos 26 anos, cria o heterônimo Antônio Caieiro (preocupado com a pergunta "o que sou?"), que dispunha de uma biografia sofisticada e um interesse específico por horóscopos e o escambau. Ao mesmo tempo surgiram Álvaro de Campos (preocupado com a questão "quem sou?"), o heterônimo mais parecido com Pessoa, e Ricardo Reis, com um linguajar exagerado e rebuscado. Na pessoa de Pessoa, o quarto heterônimo de sua obra, Fernando escreve que as coisas são estilhaços do saber do universo, sejamos nos pedaços imprecisos e diversos. Somos e não somos.

O fato de que a atuação da palavra vai muito além de todo entendimento é da experiência do poeta, do psicanalista, do místico e de todo aquele falante que se delicia com o elemento sensível da palavra. É dessa experiência que emana a ideia sobre o poder da linguagem e sua magia praticável (cf. Scholem, 1999).

Parece evidente que o potencial gramático está presente, até mesmo explosivamente, em cada criança, e vai aflorar se tiver a menor oportunidade. Isso é particularmente patente no caso de crianças surdas que ficaram isoladas, mas que acabam sendo expostas a uma das linguagens visuais de sinais. Nesse caso, até a mais breve exposição a uma linguagem de sinais plenamente gramaticada pode servir para desencadear uma mudança enorme, um vislumbre do uso de sujeito/objeto ou uma construção de frase pode acionar a capacidade gramatical latente e produzir uma súbita fulguração e uma conversão muito rápida de um sistema gesticular para uma verdadeira linguagem.

É fascinante a descrição do abade Sicard da educação de seu pupilo Jean Massieu no século XVIII. Sicard começou desenhando imagens de objetos e pediu que o menino fizesse o mesmo. Depois, para introduzir Massieu na linguagem, escreveu o nome dos objetos sobre as imagens. A princípio seu pupilo ficou totalmente aturdido. Não tinha ideia de como linhas que não pareciam projetar coisa alguma podiam funcionar como uma imagem para objetos e representá-los com tanta precisão e rapidez. Abruptamente, Massieu absorveu a ideia de uma representação abstrata e simbólica: nesse momento apreendeu toda a vantagem e dificuldade de escrever e desse ponto em diante o desenho foi banido, substituído pela escrita, pela palavra, pela letra. Um pequeno passo para o menino, um grande passo para os surdos. Sicard sentiu que houve uma mudança radical na relação de Massieu com o mundo – ele se tornara Adão, aquele recém-chegado no planeta que era como um estranho em seus próprios domínios, os quais lhe eram devolvidos à medida que dava seus nomes (cf. Sacks, 1990).

É dessa linguagem que se trata aqui: traços significantes diferenciais que produzem sentido, marcas sonoras, visuais, tácteis, olfativas e outras mais que, se articulando poética, humorística, nominal, musical e comunicalmente, nunca param de não se inscrever.

Nos anos 1960, a convite do poeta René Char, Heidegger dá vários seminários em Le Thor, aldeia próximo de Mont Sainte-Victoire, na Provença. Em *Autorretrato en el estúdio*, Agamben recorda-se desse encontro com o mestre por meio da imagem de seu estúdio que conserva o testemunho da criação, registra as marcas do laborioso processo que conduz da potência ao ato, da mão que escreve à folha escrita. "Não se pode ter uma potência, só se pode habitá-la"

(Agamben, 2018, p. 13). Parecendo se referir ao personagem de nosso filme, diz que só quem ama conhece e, seguindo sua paixão filológica, esclarece que em indo-europeu a raiz de "conhecer" é homônima à de "nascer". Conhecer é nascer juntos.

Em certa ocasião o saudoso psicanalista Yutaka Kubo retrucou a um paciente que disse ter vindo fazer análise para se conhecer: "O senhor não veio 'se' conhecer, o senhor veio 'me' conhecer".[9]

Agamben acrescenta, citando Simone Weil, que um homem que tem algo novo para dizer, a princípio, só pode ser escutado por aqueles que o amam. Não se pode tomar um livro que se ama entre as mãos sem sentir um tremor no coração, nem conhecer verdadeiramente a uma criatura ou uma coisa sem renascer nela e com ela. O dr. Minor que o diga.

Duas fotos dos Seminários de Le Thor se destacam nesse estúdio. Na primeira, Agamben, muito jovem, aparece em uma varanda ao lado de Heidegger já bem idoso; na outra aparece num grupo, ao lado de Heidegger (ele tinha 24 anos quando participou do primeiro seminário, no qual estavam presentes apenas seis pessoas!), caminhando em uma paisagem seca e poeirenta, guardiã de ruínas gregas. Foi esse lugar que propiciou a Heidegger a oportunidade de expor, com rara clareza e simplicidade, já no fim da vida e só para um grupo de amigos, as etapas principais do seu caminho de pensamento.

É interessante notar que o texto base do primeiro desses seminários é "O único fundamento possível de uma prova da existência de Deus" (cf. Kant, 2003).

Weil, conhecida como a Virgem Vermelha, foi uma filósofa mística e escritora francesa, irmã do matemático André Weil, um dos fundadores do Grupo Bourbaki. Sob esse pseudônimo coletivo,

---

[9] Homenagem ao dr. Yutaka Kubo SBPSP junho de 2004.

se reuniu em 1934 um grupo de matemáticos que anonimamente procurariam mudar os rumos da matemática. O trabalho seria coletivo, sem menção aos autores individuais: para assinar a obra foi inventado um pseudônimo, Nicolas Bourbaki, homenagem jocosa a um general pouco conhecido. O objetivo de Bourbaki era deduzir a matemática de forma rigorosa a partir de ideias fundamentais, os axiomas.

Lacan, com a máxima "o inconsciente é estruturado 'como' uma linguagem e não 'por' uma linguagem", fundamentando-se em Bourbaki, retoma a descoberta freudiana em uma tentativa de formulação mais abstrata e vai afirmar que é no jogo mesmo do aparato matemático que encontraremos a orientação à qual devemos nos dirigir:

> *Um discurso como o analítico visa o sentido. De sentido é claro que só posso lhes dar, a cada um de vocês, o que vocês já estão encaminhados para absorver... Não há em parte alguma, última palavra, se não for no sentido em que última palavra é nem palavra, caluda... O sentido indica a direção na qual ele fracassa (Lacan, 1982, p. 106).*

Simone, de família judia, se converteu ao cristianismo, mas, apesar da insistência de seu mentor em se ordenar, se negou até o fim da vida a ingressar na Igreja católica, alegando que suas imperfeições a impossibilitavam.

Afirmava que não dependia de nós crermos em Deus, e sim não fazer objeto de nosso amor falsos deuses. Para ela, aquele a quem Deus tocou já não busca mais a Deus no sentido em que Pascal parece utilizar a palavra "buscar". Aquele que foi tomado por Deus, que está imerso em sua potência, já não busca mais a Deus.

Não se pode buscar a Deus, tendo em conta que Deus está em uma dimensão (o não dito na linguagem) à qual não temos acesso. Basta esperar e chamar. Gritar que está com fome e que quer pão. Gritará por mais ou menos tempo e finalmente será saciado e então não mais crerá, e sim saberá que verdadeiramente existe o pão (cf. Weil, 1995). Não importa se Deus existe, ele funciona. Não creio em Cristo, eu o conheço.

Esse grito virá da experiência do infortúnio. O infortúnio é um desenraizamento da vida, um equivalente mais ou menos atenuado da morte que se tornou irresistivelmente presente à alma (cf. Weil, 2019).

Voltando a Agamben, seu livro *O que resta de Auschwitz* não é apenas mais um a denunciar os horrores do Holocausto. Isso já foi feito em ampla literatura e com rigorosa investigação histórica, especialmente por Raul Hilberg, que expôs extensivamente números, documentos, depoimentos, dados de todos os matizes (cf. Hilberg, 2005).

Primo Levi, no livro que o tornou conhecido, *É isso um homem?*, adianta que ele não foi escrito para fazer novas denúncias e que seria mais útil para um sereno estudo de certos aspectos da alma humana (Levi, 1988).

Em seu último livro, *Os sobreviventes e os afogados*, Levi afirma que os que sobreviveram com seus testemunhos foram os que não tocaram o fundo: quem fitou a górgona não voltou para contar ou voltou mudo (Levi, 2004). Possivelmente sua busca em dizer o indizível, sua perseguição do vivido nos campos culmina simbolicamente com a morte de seu ato final.

Emmanuel Lévinas, outro sobrevivente do Holocausto, também não se limita a denunciar os horrores dos Lager. Transforma sua experiência em reflexão filosófica. Em um curto artigo escrito em

1975, denominado "Nome de um cão ou o direito natural", incluído em *Difícil libertad*, conta que, junto com outros 70 homens pertencentes a uma brigada florestal, foi poupado da extrema violência e da morte em um campo de extermínio por serem soldados franceses prisioneiros. Isso, porém, não os protegeu das outras brutalidades. O relato de Lévinas se refere ao biologismo que naturaliza o aprisionamento – éramos seres aprisionados na sua espécie:

> *E eis que, em meio a um longo período de cativeiro – por algumas curtas semanas e antes que os sentinelas não o tivessem caçado – um cão errante entra em nossa vida. Ele veio um dia se juntar à turba, de modo que ela retornava do trabalho sob boa guarda. Ele sobrevivia em algum canto selvagem, nos arredores do campo. Mas nós o chamamos de Bobby, um nome exótico, como convém a um cão querido. Ele aparecia nos encontros matinais e nos esperava na volta, saltitando e latindo alegremente. Para ele – isso era incontestável –, nós éramos homens (Lévinas, 2004, p. 234, tradução nossa).*

Uma vez reduzido a uma criatura de "natureza pura", o judeu do campo não obriga ninguém, não tem direitos. Suas sentenças impregnadas pelo peso da memória dessa humilhação, Lévinas vislumbra-se através dos olhos vorazes de seus captores – olhos que nos despiram de nossa pele humana: éramos subumanos, uma gangue de macacos. Um pequeno murmúrio interno, a força e a miséria das pessoas perseguidas, nos lembrava nossa essência como criaturas pensantes, mas não fazíamos mais parte do mundo... Éramos... seres sem linguagem:

> *O cão que reconheceu Ulisses sob disfarce em seu retorno da Odisseia era parente do nosso? Não! não! Lá era Ítaca*

> *e a pátria. Aqui não era lugar nenhum. Último kantiano da Alemanha nazista, não tendo o cérebro necessário para universalizar as máximas de suas pulsões, ele descendia dos cães do Egito. E seu latido de amigo – fé de animal – nasceu no silêncio de seus ancestrais das margens do Nilo (Lévinas, 2004, pp. 234-235, tradução nossa).*

Agamben vai utilizar a descrição que Levi faz do *muselmann*, esse ser reduzido a uma criatura de natureza pura, para articular *zoé* (a vida nua) com *bios* (a vida qualificada) e com as formas de vida e desenvolver as relações entre a linguagem e a morte (Agamben, 2008).

O assim chamado *muselmann* na linguagem do Lager era o prisioneiro que havia abandonado toda a esperança e também já tinha sido abandonado pelos companheiros, entregue à sua terrível solidão. Era não humano, um cadáver ambulante, um feixe de funções físicas já em agonia, o intestemunhável.

A palavra vida tinha dois significados na Grécia antiga: *zoé* e *bios*, sem nada que as unisse. *Zoé* era o conceito de viver, comum a todos os seres vivos. *Bios* era a vida racional, própria a cada indivíduo e/ou grupo. O *zoé* grego retrata uma vida não qualificada, não superior e tinha como destino ficar oculta. Ficava oculta na moderação dos hábitos de vida, como comer, beber, vida sexual e uso da violência. Embora não houvesse punições a quem não usasse de moderação, a moderação no *Zoé* sinalizava para as outras pessoas que alguém estava habilitado a exercer o *Bios* político.

A vida animal era considerada o resto da vida do *Bios* e era rebaixada, quando comparada a *Bios*, porque, nessa condição, o ser humano era considerado escravo de suas necessidades básicas de sobrevivência. Sua servidão se manifestava nas repetições em atender às suas necessidades básicas.

A vida política era o *Bios* político como uma vida qualificada, um tipo de vida favorita ou admirável do homem pelas ações e pelas condutas.

Práxis – o que se faz – e *léxis* – o que se diz – no indivíduo é o que permitia viver a polis democrática que representava a liberdade. Ser livre para dizer e falar. Para Aristóteles, *Bios* era uma ação moral.

Já para os cristãos, *Zoé* era a vida eterna e infinita, uma dádiva divina concedida aos homens. *Bios* significava a vida terrena no eterno ciclo de nascimento e morte.

Em Lucas 8:14, referindo-se às sementes que são as palavras de Deus, "as que caíram entre espinhos, esses são os que ouviram e, indo por diante, são sufocados com os cuidados e riquezas e deleites da vida [*Bios*], e não dão fruto com perfeição".

No princípio era o Verbo, e o Verbo estava com Deus, e o Verbo era Deus. Ele estava no princípio com Deus. Todas as coisas foram feitas por ele, e sem ele nada do que foi feito se fez. Nele estava a vida (*Zoé*), e a vida era a luz dos homens (João 1:1-4).

Em João 14:6, Jesus diz: "Eu sou o caminho, e a verdade e a vida" (*Zoé*). E todos nós recebemos também da sua plenitude, e graça por graça. Porque a lei foi dada por Moisés, a graça e a verdade vieram por Jesus Cristo (João 1:16,17).

Zoé é a palavra usada em João 14:6 quando Jesus diz: "eu sou o caminho, a verdade e a vida [*zoé*]". Está claro que não se trata de uma vida futura, após a morte, e sim de uma vitalidade em potência, dinâmica, atual, em movimento. Aquilo que não cessa de não se inscrever. Friedrich Nietzsche afirma:

> *Não queremos apenas ser compreendidos ao escrever, mas igualmente não ser compreendidos. De forma nenhuma constitui objeção a um livro o fato de uma pessoa achá-lo incompreensível: talvez isso estivesse justamente na intenção do autor – ele não queria ser compreendido por "uma pessoa". Todo espírito e gosto mais nobre, quando deseja comunicar-se, escolhe também os seus ouvintes; ao escolhê-los, traça de igual modo a sua barreira contra "os outros". Todas as mais sutis leis de um estilo têm aí sua procedência: elas afastam, criam distância, proíbem "a entrada", a compreensão, como disse – enquanto abrem os ouvidos àqueles que nos são aparentados pelo ouvido (Nietzsche, 2001, p. 284).*

Nas últimas décadas, Agamben, Alain Badiou e Slavoj Žižek mostraram a centralidade de Paulo no pensamento político e filosófico ocidental. Fizeram do apóstolo uma figura central nos discursos contemporâneos, longe dos círculos teológicos tradicionais. No entanto, a recuperação de Paulo para além da teologia cristã deve muito aos escritos do rabino e filósofo judeu Jacob Taubes (1923-1987).

Taubes era uma figura controversa e cheia de contradições. Ele se autodenominava um arquijudeu paulino e, no entanto, foi inspirado por Carl Schmitt (filósofo e jurista alemão criticado por sua aproximação com o regime nazista) a interpretar a "Carta aos romanos". Em janeiro de 1987, já sabendo ser portador de um câncer intratável, Taubes (que era professor na Universidade Livre de Berlim) manteve seu compromisso de ministrar no Instituto de Investigação da Comunidade Científica Evangélica de Heidelberg um curso de quatro dias sobre a "Carta aos romanos".

Taubes já não considerava seus estudos sobre Paulo como exercícios acadêmicos e sim como seu testemunho intelectual e a culminação de suas inquietações espirituais. Taubes havia publicado em vida apenas a sua tese de doutorado, *A escatologia ocidental* (cf. Taubes, 2010). Após sua morte, o grupo de Heidelberg publicou *A teologia política de Paulo* (Taubes, 2007b), com o conteúdo desse seminário. Seus textos escritos entre 1953 e 1983 foram reunidos em *Do culto à cultura* (Taubes, 2007a). Na introdução, Aleida e Jan Assmann afirmam que o moto da inquietude de Taubes é a gnose, uma forma de pensamento e de vida marginal que se mantém no limite para poder atravessá-lo. Taubes pensa a partir do limite: se coloca, portanto, em uma posição externa e exposta, sempre em conflito, em um posto avançado.

Escreve sobre teologia e história da religião como filósofo, sobre temas filosóficos como teólogo, sobre o cristianismo como judeu, sobre judaísmo como paulino, sobre temas da cultura e da política como gnóstico. Equilibra-se nas bordas do conhecimento pronto para saltos copernicanos. Algo assim como o contemporâneo na visão de Agamben.

Badiou diz que Paulo, em seus escritos, lembra sempre que fala enquanto sujeito. Ele se tornou esse sujeito repentinamente. Na estrada para Damasco, enquanto perseguia a seita judaica dos cristãos como um fariseu diligente, Paulo ouviu uma voz misteriosa que lhe revelou a verdade de sua vocação (cf. Badiou, 2009).

Um vigoroso *insight* análogo, mantidas as devidas proporções, ao que Wilfred Bion considera um pressuposto aos procedimentos psicanalíticos, ou seja, que haja um constante suprimento de verdade, tão essencial para a sobrevivência psíquica quanto o alimento para a sobrevivência física. Uma das precondições para sermos capazes de descobrir a verdade, ou pelo menos para buscá-la na relação que estabelecemos conosco e com os outros é descobrirmos as verdades sobre nós mesmos (cf. Bion, 2000).

Assim como Moisés, Paulo dialoga com Deus na procura de sua subjetividade e de sua vocação, ou seja, para que Deus, o verbo, o convoque.

Portanto, a verdade como experiência emocional do *insight* implica no reconhecimento de que a totalidade é inalcançável e que a possibilidade está na imersão na potência da linguagem para que daí saltem retalhos de criatividade que são o alimento da alma.

A linguagem, essa potência na qual podemos estar imersos e da qual emerge o poder da palavra em ato.

Agamben vai afirmar que "tanto a faculdade da linguagem quanto a faculdade da morte, enquanto abrem o homem à sua morada mais própria, abrem e desvelam esta morada como já permeada desde sempre pela negatividade e nela fundada" (Agamben, 2006, p. 10).

A revolução que pretende Agamben pode ser entendida como interrupção da cronologia por um tempo outro, que Walter Benjamin chamava, na esteira de Paulo, *kairós* ou o tempo messiânico. Ou seja, uma autêntica revolução é sempre uma revolução messiânica.

Até que ponto a psicanálise é um exercício espiritual? Michel Foucault e Pierre Hadot se referem a uma filosofia como terapêutica. Hadot, em seu livro *Exercícios espirituais*, diz que os cursos 81-82 de Foucault no *Collège de France* tem como tema a filosofia como terapêutica, Sócrates e o cuidado de si, diferentes tipos de exercícios espirituais, como a *praemeditatio malorum* ou o exercício da morte (cf. Hadot, 2014).

A essas alturas talvez eu deva mudar a definição de ensaio para a de Foucault na introdução de *O uso dos prazeres*: o ensaio – que é preciso entender como experiência modificadora de si mesmo no jogo da verdade e não como apropriação simplificadora de outrem para fins de comunicação – é o corpo vivo da filosofia, se ao menos ela é ainda hoje o que era outrora, isto é, uma ascese, um exercício de si, no pensamento.

Lembro-me da preciosa pergunta que a colega psicanalista Ana Stucchi Vannucchi se fez na apresentação de seu trabalho: "Socorro!...": "Será que sou muito rousseauniana e no fundo sinto que o homem selvagem é bom e inocente originariamente e que a sociedade o corrompe? Esta pergunta retórica invade minha mente com frequência". Curiosa e anedótica ironia do destino. Quando Jean-Jacques Rousseau nasce em Genebra, a 28 de junho de 1712, sua mãe, Suzanne, morre em consequência do parto. Durante muito tempo pai e filho viveram do culto dessa mulher de grande beleza e encantos espirituais. Mais tarde, Rousseau tem cinco filhos com Terèse Levasser. Todos são entregues a orfanatos, pois o pai achava que não podia cuidar deles dada sua condição de pobre e doente. Qualquer um que observe uma festinha de "joelhópodos" com atenção, verá que o roubo e o assassinato são a constante nessas ocasiões e só não se materializam pela ausência de força muscular.

Nascemos bissexuais e polimorfos perversos. O espírito que nos encarnará de início tem toda essa ampla liberdade. E o Verbo se fez carne, e habitou entre nós, e vimos a sua glória (João 1:14). Antonio Damásio, médico neurologista, diz que com o desenvolvimento de novos Prozacs possivelmente possamos eliminar os maus sentimentos (Cavalcante, 2002). O que seriam maus sentimentos? Claro que eu também "sinto" que alguns sentimentos podem ser chamados de "maus": a dor, a tristeza, o desespero, o pânico, o medo, o fracasso. Claro que é bom sentir-se onipotente, forte poderoso, seguro, generoso.

Mas não é possível estarmos imersos na linguagem, enfim, sermos humanos sem (vi)ver filmes tristes, de terror, sem músicas de dor de cotovelo, assim como comédias e dramas. O humor é fundamental para a psicanálise. Freud escolheu os sonhos, os atos falhos e os chistes no lugar dos neurônios do *Projeto*. Não foi à toa. Foi sua ruptura epistemológica (cf. Bachelard, 1977). Sua escolha foi seminal no sentido que inaugura um novo território do saber. O chiste é fundamental mesmo e também porque um chiste faz rir e faz chorar.

Moisés e o monoteísmo foi inicialmente publicado em artigos, e Freud só reuniu os três ensaios quando já estava em Londres. Em uma carta a Lou Andreas-Salomé, de 6 de janeiro de 1935, Freud resume o conteúdo de seu livro e diz que ele se originou da pergunta sobre o que realmente criou o caráter particular do judeu, chegando, por meio de uma espécie de novela histórica, à conclusão de que o judeu é a criação do homem Moisés.

Conclui ele que as religiões devem seu poder compulsivo à volta do reprimido. São lembranças redespertadas de episódios muito antigos, esquecidos e altamente emocionais da história humana. Já dissera isso em *Totem e tabu*. Agora o exprime na fórmula: a força da religião reside não em seu material, mas em sua verdade histórica (cf. Freud & Andreas-Salomé, 1975).

Em uma carta a Arnold Zweig de 30 de setembro de 1934, Freud se refere ao ensaio ao qual está se dedicando, aproveitando o ócio recém-adquirido. Mantém o texto em segredo por temor de prejudicar o movimento psicanalítico de Viena por causa de um tal padre Schmidt, que tem horror à psicanálise, em especial a seu *Totem e tabu*. Schmidt, residente do monastério São Gabriel, próximo a Mödling, também é etnólogo, erudito religioso e confidente do papa.

Freud conta que Edoardo Weiss havia montado um grupo psicanalítico em Roma e publicado vários números de uma revista de psicanálise que foi repentinamente suspensa, mesmo Weiss tendo contato direto com Mussolini e tendo recebido seu apoio. A ordem teria partido direto do Vaticano, e Freud acredita que isso se deveu ao padre Schmidt (Freud, 1989).

Jan Assmann, catedrático de egiptologia da Universidade de Heidelberg, escreveu um primoroso livro em que explora o vasto território entre Akhenaton e Freud, resgatando a mnemo-história de Moisés e seu valor historiográfico. Nele, conclui que o rei Amenofis IV, que mudou seu nome para Akhenaton ou Akhanyati (aquele que louva a Aton) e governou o Egito durante dezessete anos em meados do século XIV a.C., é o primeiro fundador de uma contrarreligião monoteísta na história humana (cf. Assmann, 2003).

O conhecimento científico é um contraconhecimento porque sabe o que é incompatível com suas teses. Somente o contraconhecimento desenvolve um código de normas que estabelece o que pode ser válido como conhecimento e o que não pode, isto é, o que é um conhecimento de segunda ordem. A distinção mosaica separa a verdadeira religião das outras, as politeístas. Assmann afirma que Freud tinha razão em enfatizar esse extremo (cf. Assmann, 2006).

Moisés perguntou: "Quando eu chegar diante dos israelitas e lhes disser: O Deus dos seus antepassados me enviou a vocês, e eles me perguntarem: 'Qual é o nome dele?' Que lhes direi?". Disse Deus a Moisés: "Eu Sou o que Sou. É isto que você dirá aos israelitas: Eu Sou me enviou a vocês" (Êxodo 3:13,14).

Não é possível a luz sem a escuridão. O sol sem a chuva. A satisfação sem seu correlato, o padecimento. Toda moeda tem duas faces. Não há maus sentimentos. Não é possível fazer omeletes sem quebrar os ovos. Bion diz que o aparelho para sofrer os prazeres é o mesmo aparelho para sofrer os sofrimentos. Os pensamentos nos invadem e é preciso desenvolver o aparelho para pensá-los.

No fundo, o biologismo e o bom e velho sermão são da mesma ordem. Amparado em uma pseudociência, o remédio é assimilado à verdade e a verdade a um remédio. Algo se toma pelo corpo ou pelo espírito: basta engolir, absorver e pronto – como se faz nos rituais religiosos com a hóstia e o vinho. Muitas vezes é necessário agarrar-se a uma boia, um galho, qualquer coisa que permita sobreviver, para depois, se possível, aprender a nadar.

Na verdade sabemos que uma determinada explicação não funciona sozinha, alguém pode muito bem saber e isso não adiantar nada. Compreender não é perdoar, diz o velho ditado. Um relato não é uma pura e simples ideia desenvolvida, demonstrada; ao contrário, tudo passa pelo desfazer, pelas marchas e contramarchas, pela densidade da linguagem, pela espessura do tempo.

Se o psicanalista estiver submetido ao preconceito – e não há como não estar completamente –, é provável que ele perca o controle de sua arte e suas palavras se recusem a obedecer – se é que em algum momento palavras obedeçam... –, de tal forma que ele fica apenas com rótulos e similares: o invólucro vazio da linguagem.[10]

A meta do psicanalista, sempre inalcançável, é que sua mente se torne o que Nortrop Frye definiu como a "grande literatura", possuidora de uma visão maior que a de seus melhores leitores. Essa, de alguma forma, excluiria a feiura moral do preconceito e, em sua ampla tolerância e aceitação – sem perder de vista os limites

[10] "Uma lata existe para conter algo, / Mas quando o poeta diz lata / Pode estar querendo dizer o incontível. / Uma meta existe para ser um alvo, / Mas quando o poeta diz meta / Pode estar querendo dizer o inatingível. / Por isso não se meta a exigir do poeta / Que determine o conteúdo em sua lata / Na lata do poeta tudo-nada cabe, / Pois ao poeta cabe fazer / Com que na lata venha a caber / O incabível. / Deixe a meta do poeta, não discuta, / Deixe a sua meta fora da disputa / Meta dentro e fora, lata absoluta / Deixe-a simplesmente metáfora" Gilberto Gil (1982).

da castração –, se aproximaria da escuta desarmada, sem memória e sem desejo.

Penso que toda situação analisante ocorre nesse limite entre a técnica e uma quebra de técnica, ou seja, uma espécie de quebra do protocolo que permite a abertura do potencial significativo. Potencial em que a dupla está imersa, aguardando a erupção de uma substância subjetivante do tornar-se de nosso ser.

Todo trabalho de cura pode produzir uma situação limite, ou melhor, digamos que em toda a paradoxalidade, toda cura deve produzir uma situação limite: "Nenhuma cura verdadeira pode ser descrita como "aplicação" da teoria, como desenrolar de um jogo de regras fixas" (Donnet, 2006, p. 33).

> *De fato, os paradoxos dos processos maturacionais vão no sentido da continuidade psíquica, no sentido de uma suavização que torne as rupturas mais "aceitáveis"; os paradoxos patógenos, ao contrário, exacerbam as oposições, as constituem em dilemas; com isso bloqueiam a elaboração "harmoniosa" das situações de ruptura e de (trabalho de) luto (Roussillon, 2006, p. 39).*

Tendo em vista a complexidade da situação analítica, o quanto de rigor teórico é necessário para consentir em abandonar a teoria na sessão?

Nesse sentido, toda teoria deve servir não para dirigir o atendimento, mas para manter o psicanalista na "posição" pronto para a emergência do novo. O que me faz pensar na contemporaneidade como pensada por Agamben.

Agamben, no posfácio de *Contribuição para a guerra em curso*, de Tiqqun, afirma que Foucault, em uma aula de 5 de janeiro de

1984, propõe desobstruir o terreno dos falsos conceitos que estagnavam o pensamento político. Substituir a teoria do sujeito e a história da subjetividade pela análise histórica dos processos de subjetivação e das práticas dos cuidados de si, investigar os procedimentos e técnicas de "governamentalidade". Uma teoria do sujeito só é possível como teoria dos dispositivos (Agamben, 2019).

A testemunha não é capaz de descrever o acontecido, somente o revivido. Assim como o psicanalista não trabalha com o latente, mas com o que resta dele.

Não enumerável, não arquivável é a língua na qual o autor consegue dar testemunho da sua incapacidade de falar. Assim também, como afirma Hölderlin, os poetas escrevem (testemunham) com o que resta da possibilidade ou impossibilidade de falar.

A psicanálise busca, mediante seu "aparato" (ou seria um dispositivo?), desvelar o sujeito verdadeiro ou a verdade de seu paciente abrindo ao aqui e agora a liberdade máxima de possibilidades ao seu dispor. A oitava tese de Scholem sobre a Cabala diz que não é preciso discutir acerca do que está "em cima" ou "embaixo"; cumpre apenas (apenas!) mirar o ponto onde a própria pessoa está. Para esse olhar (ouvir!) transformador, todos os mundos nada mais são do que os "nomes" que são anotados no papel do ser de Deus (Scholem, 1999).

O dispositivo psicanalítico é também orientado por um princípio ético fundamental: fazer um uso de poder para governar o tratamento, não o analisando (Lacan, 1958/1998).

Se para os filósofos o dispositivo tem o propósito de controle, disciplina, captura e indução de gestos, comportamentos, pensamentos, e mesmo desejos, para os psicanalistas o dispositivo deve ter como finalidade a liberdade. Nesse sentido, o dispositivo psicanalítico talvez possa ser considerado como um contradispositivo de profanação, como caracterizado por Agamben. Não se pode ter potência, é preciso estar imerso nela. De sua posição o analista, mantendo seu *setting* e sua atenção flutuante, se coloca imerso na potência da linguagem em movimento, acompanhando atentamente, como um surfista, o ondular desse oceano de sentidos, aguardando suas aberturas, marolas ou tsunamis de verdades nutritivas da alma.

Assim como Moisés, Paulo dialoga com Deus na procura de sua subjetividade e de sua vocação, ou seja, para que Deus, o Verbo, o convoque.

Portanto, a verdade como experiência emocional do *insight* implica o reconhecimento de que a totalidade é inalcançável e que a possibilidade está na imersão, na potência da linguagem para que daí saltem retalhos de criatividade que são o alimento da alma. Deus (a linguagem) como limite da razão.

Os livros devem servir para ampliar o número de contemporâneos e nos lançar com mais ímpeto para a frente. José Saramago afirmou que escrevia para desassossegar, e Valter Hugo Mãe disse que os livros devem servir para deslocar os leitores de seu conforto passivo. A vida é estruturalmente difícil, o que nos compete é a sua redenção constante. Viver é construir a benesse possível. A aventura maior da literatura, da filosofia, da história e da psicanálise é dizer o que até então estava sem nome (Mãe, 2016).

Já havia encerrado este artigo quando me deparei com um pequeno livrinho, graciosamente encadernado, da coleção Pequenos Frascos: *O filósofo autodidata*, de Muhammad Ibn Abdal-Malik Ibn Tufayl al-Qaysi (1105-1186). Conhecido como Ibn Tufayl, nascido por volta de 1105 (século VI da Hégira), foi protetor de Averróis e o levou para a corte do sultão almóada Abu Yahub Yusuf, ajudando-o a se tornar seu médico pessoal.

Esse pequeno romance na forma de um jubileu (sete períodos de sete anos), repleto de citações (suras) do Alcorão, relata a vida de Vivo, um personagem entre Tarzan e Robinson Crusoé, que aos 14 anos é confrontado com a morte do ser mais querido, a Mãe-Gazela. Finalmente encontra um Sexta-Feira e ambos mudam para a civilização.

Mas o que chamou minha atenção é que, após tentativas de encontrar uma forma de vida na sociedade chamada civilizada, os dois voltam para a ilha onde "não formam uma sociedade, mas a comunidade eletiva (que vem) e mutuamente respeitosa de uma amizade" (Ibn Tufayl, 2005, p. 16).

Encerro esse passeio em busca do ser e do não ser com um trecho do poema do poeta português Mário Cesariny (2004, pp. 34-35):

You are wellcome to Elsinore

Entre nós e as palavras há metal fundente
entre nós e as palavras há hélices que andam
e podem dar-nos morte violar-nos tirar
do mais fundo de nós o mais útil segredo
entre nós e as palavras há perfis ardentes
espaços cheios de gente de costas
altas flores venenosas portas por abrir
e escadas e ponteiros e crianças sentadas
à espera do seu tempo e do seu precipício
Ao longo da muralha que habitamos
há palavras de vida há palavras de morte
há palavras imensas, que esperam por nós
e outras, frágeis, que deixaram de esperar
há palavras acesas como barcos
e há palavras homens, palavras que guardam
o seu segredo e a sua posição.

Referências

Agamben, G. (2006). *A linguagem e a morte: um seminário sobre o lugar da negatividade*. Belo Horizonte: Editora da UFMG.

Agamben, G. (2008). *O que resta de Auschwitz*. São Paulo: Boitempo.

Agamben, G. (2009a). *O que é o contemporâneo? e outros ensaios*. Chapecó: Argos.

Agamben, G. (2009b). O que é um dispositivo? In G. Agamben, *O que é o contemporâneo? e outros ensaios*. Chapecó, Argos.

Agamben, G. (2018). *Autorretrato en el estúdio*. Ciudad Autônoma de Buenos Aires: Adriana Hidalgo.

Agamben, G. (2019). A propósito de Tiqqun. In Tiqqun, *Contribuição para a guerra em curso*. São Paulo: n-1 edições.

Alves, A. (1966). *Laranja madura*. Gravadora: Polydor.

Assmann, J. (2006). *La distincion mosaica: o el precio del monoteismo*. Madrid: Akal.

Assmann, J. (2003). *Moises, el egipcio*. Madrid: Oberon.

Bachelard, G. (1977). *Uma epistemologia histórica*. In *Epistemologia*. Rio de Janeiro: Zahar.

Badiou, Alani. (2009). *São Paulo: a Fundação do Universalismo*. São Paulo: Boitempo.

Bion, W. R. (2000). *Cogitações*. Rio de Janeiro: Imago.

Campos, A., Campos H., & Schnaiderman, B. (2019). *Poesia russa moderna*. São Paulo: Perspectiva.

Cavalcante, R. (2002). A psicanálise no divã. *Superinteressante*.

Cesariny, M. (2004). *Pena capital*. Lisboa: Assirio & Alvim.

Checchia, M., Torres, R., & Hoffmann, W. (2015). *Atas da Sociedade Psicanalítica de Viena* (V. I: Os primeiros psicanalistas, 1906-1908). São Paulo: Scriptorium.

Checchia, M. (2010, jan./jun.). A clínica psicanalítica é um dispositivo? *A peste, 2*(1), 89-100.

Comte-Sponville, A. (1997). *Tratado de desespero e da beatitude*. São Paulo: Martins Fontes.

Comte-Sponville, A., & Ferry, L. (1999). *A sabedoria dos modernos: dez questões para o nosso tempo*. São Paulo: Martins Fontes.

Cornford, F. M. (2001). *Antes e depois de Sócrates*. São Paulo: WMF Martins Fontes.

Damásio, A. (1996). *O erro de Descartes*. São Paulo: Companhia das Letras.

Donnet, J.-L. (2006). Prefácio. In R. Roussillon, *Paradoxos e situações limites da psicanálise*. São Leopoldo: Editora Unisinos.

Figueiredo, L. C., & Coelho Junior, N. E. (2000). *Ética e técnica em psicanálise*. São Paulo: Escuta.

Foucault, M. (2007). *História da sexualidade 2: o uso dos prazeres*. São Paulo: Paz e Terra.

Freud, S. (1989). *Epistolário* (V. III). Buenos Aires: Ediciones Orbis.

Freud, S., & Andreas-Salomé, L. (1975). *Correspondência completa*. Rio de Janeiro: Imago.

Gardner, H. (2003). *A nova ciência da mente: uma história da revolução cognitiva*. São Paulo: Edusp.

Gil, G. (1982). *Metáfora*. Gravadora: WEA.

Gullar, F. (2002). *Muitas vozes*. Rio de janeiro: José Olympio.

Hadot, P. (2014). *Exercícios espirituais e filosofia antiga*. São Paulo: É Realizações.

Heidegger, M. (2004). *Hinos de Hölderlin*. Lisboa: Instituto Piaget.

Hilberg, R. (2005). *La destruccion de los judios europeos*. Madrid: Ediciones Akao.

Hoffmann, W. (2007). Ensaio sobre a linguagem e uma práxis psicanalítica. In *Ide, psicanálise e cultura, 30*(45). (São Paulo, SBPSP).

Ibn Tufayl (2005). *O filósofo autodidata*. São Paulo: Editora Unesp.

Johnston, W. M. (2009). *El gênio austrohúngaro: Historia social e intelectual (1848-1938)*. Oviedo: KRK Ediciones.

Kant, I. (2003). *Crítica da razão prática*. São Paulo: Martin Claret. (Trabalho original de 1763).

Keller, E. F. (2002). *O século do gene*. Belo Horizonte: Crisálida.

Kristeva, J. (1987). *No princípio era o amor: psicanalise e fé*. São Paulo: Brasiliense.

Kristeva, J. (2002). *As novas doenças da alma*. São Paulo: Rocco.

Lacan, J. (1982). *O Seminário* (livro 20: Mais, ainda). Rio de Janeiro: Zahar.

Lacan, J. (1998). *A direção do tratamento e os princípios de seu poder*. In J. Lacan, *Escritos*. Rio de Janeiro: Jorge Zahar. (Trabalho original de 1958).

Lee, R., Carvalho, R. de (1997). *Normal em Curitiba*. Gravadora: Universal Music.

Levi, P. (1988). *É isto um homem?* Rio de Janeiro: Rocco.

Levi, P. (2004). *Os afogados e os sobreviventes*. São Paulo: Paz e Terra.

Lévinas, E. (2004). *Difícil libertad, ensayos sobre el judaismo*. Madrid: Caparrós.

Lewontin, R. (2002). *A tripla hélice: gene, organismo e ambiente*. São Paulo: Companhia das Letras.

Luria, A. R. (1974). *Lenguaje y comportamiento*. Madrid: Editorial Fundamentos.

Mãe, Valter Hugo. (2016, 29 out.). "A aventura maior da literatura é dizer o que até então estava sem nome" [Entrevista a P. Ferreira]. *Esquerda*.

Nasr, H. (USP) *Nobre Alcorão, Tradução do sentido para a língua portuguesa*. Medina, Arábia Saudita: Complexo Rei Fahd, ano 1426 da Hégira.

Nietzsche, F. (2001). *A gaia ciência*. São Paulo: Companhia das Letras.

Pascal, B. (1973). *Pensamentos*. São Paulo: Abril Cultural.

Pinker, S. (1998). *Como a mente funciona*. São Paulo: Companhia das Letras.

Popper, K. R., & Eccles, J. C. (1995). *O eu e seu cérebro*. Campinas: Papirus.

Porto, S. (Stanislau Ponte Preta). (1963). *FEBEAPÁ 1*. Rio de Janeiro: Sabiá.

Porto, S. (Stanislau Ponte Preta). (1966). *Samba do crioulo doido*. Gravadora: Elenco.

Porto, S. (Stanislau Ponte Preta). (1967). *FEBEAPÁ 2*. Rio de Janeiro: Sabiá.

Roudinesco, E. (1989). *História da psicanálise na França, 1885-1939* (V. I). Rio de Janeiro: Zahar.

Roussillon, R. (2006). *Paradoxos e situações limites da psicanálise.* São Leopoldo: Editora Unisinos.

Sacks, O. (1990). *Vendo vozes, uma jornada pelo mundo dos surdos.* Rio de Janeiro: Imago.

Scholem, G. (1999). *O nome de Deus, a teoria da linguagem e outros estudos de cabala e mística: judaica II.* São Paulo: Perspectiva.

Schorske, C. E. (1988). *Viena fin-de-siècle: política e cultura.* São Paulo: Companhia das Letras.

Singer, M. T., & Lalich, J. (1997). *Las sectas entre nosotros.* Barcelona: Gedisa.

Taubes, J. (2007a). *Del culto a la cultura.* Buenos Aires: Katz Editores.

Taubes, J. (2007b). *La teologia politica de Paulo.* Madrid: Editorial Trotta.

Taubes, J. (2010). *Escatologia occidental.* Buenos Aires: Miño y Dávila.

Tavares, P. H. M. B. (2009). *Freud & Schnitzler: sonho sujeito ao olhar.* São Paulo: Annablume.

Vygotsky, L. S. (1998). *A formação social da mente.* São Paulo: Martins Fontes.

Weil, S. (1995). *Pensamientos desordenados.* Madrid: Editorial Trotta.

Weil, S. (2019). *Espera de Deus.* Petrópolis: Vozes.

Winchester, S. (1999). *O professor e o [demente].* Rio de Janeiro: Record.

4. O lugar do fantasma na filosofia:[1] Agamben leitor de Freud

Camila Salles Gonçalves[2]

No século XX, foi publicada a obra *Estâncias – a palavra e o fantasma na cultura ocidental* (1976), conjunto de ensaios de Giorgio Agamben, em que encontramos leituras suas de Freud. Destaco as de *Luto e melancolia*, nos capítulos quarto e quinto da primeira parte, denominada "Os fantasmas de Eros". Nos anteriores, encontramos primeiro sua pesquisa referente à concepção de *acédia*, sobretudo aquela adotada pelos padres da Igreja na Idade Média, para os quais haveria um mal da alma, designado por nomes como *acedia*, *tristitia*, *taedium vitae*, *desidia*.

Descrições estendem diante de nós o panorama desenhado por uma praga que se propagava, tida por muitos como pior do que a peste. Também chamada "demônio mediterrâneo", esta se

---

[1] Este artigo foi publicado pela primeira vez na Revista Ipseitas, v. 3, n. 2 (2017) e gentilmente cedido, diponível em: www.revistaipseitas.ufscar.br.

[2] Bacharel, mestre e doutora em filosofia pela FFCLUSP, psicóloga pela PUC-SP, psicanalista, membro do Departamento de Psicanálise do Instituto Sedes Sapientiae, membro do Conselho Editorial de Resenhas de Percurso – Revista de Psicanálise.

apoderava de membros de confrarias, em conventos ou abadias, e se caracterizaria por induzi-los ao desânimo e a uma crescente indiferença em relação aos estudos, ao conhecimento e ao convívio com os pares, culminando na vontade de se afastar de todos:

> *Apenas este demônio começa a deixar obcecada a mente de algum desventurado, insinua-se em seu interior um horror do lugar em que se encontra, um fastio da própria cela e um asco pelos irmãos que vivem com ele, que lhe parecem agora negligentes e grosseiros (Agamben, 2006, p. 25).*

Do "cortejo infernal das *filiae acediae*" (Agamben, 2006, p. 27), que nos é apresentado, recorto: "o obtuso e sonolento estupor que paralisa qualquer gesto que nos poderia curar e, finalmente, *evagatio mentis* a fuga do ânimo em relação a si mesmo e o inquieto vagar de fantasia em fantasia[3] (Agamben, 2006, p. 27).

Aos poucos, a copiosa citação de parágrafos de vários tratados permite-nos acompanhar o modo pelo qual, ao longo das definições descritivas, a "acédia" vai mostrando sua quase coincidência com a "melancolia" e ambas são aproximadas do temperamento saturnino, que corresponde ao elemento terra, sombrio, avesso a qualquer entusiasmo.

Agamben não deixa de percorrer também os diagnósticos da medicina medieval, a permanência nestes da classificação dos humores, e as teorias sobre a bile negra, cuja nomeação já fora mantida por Aristóteles. Deparamo-nos com a fenomenologia do

---

[3] Em nota de rodapé (nota 6), Agamben traz mais informações. Transcrevo apenas as primeiras linhas: "A incapacidade de controlar o incessante discurso (a *co-gitatio*) dos fantasmas interiores está entre os traços essenciais da caracterização patrística da acédia" (Agamben, 2006, p. 27).

indivíduo *atrabiliário*, saturnino e, também aos poucos, com a tendência ao distanciamento, por parte deste melancólico, daquilo e daqueles que se encontram à sua volta. Na sequência, contudo, é-nos revelado ter havido um outro lado, uma perspectiva a partir da qual o humor melancólico tenderia ao extremo oposto ao daquele caracterizado pela má saúde do corpo e por sinistras tendências a sonhos sombrios, à demência etc. (Agamben, 2006, p. 38). Antes de o apontarmos, cumpre ainda destacar que, anterior àquela associação, feita pela astrologia, com Saturno, teria havido uma, e se mantido, com a figuração de um deus com o mesmo nome, o deus "canibal e castrado" (Agamben, 2006, p. 41). Apesar disso, teria ocorrido, paralelamente, "uma reabilitação da melancholia", que "ia a par com um influxo de Saturno, que a tradição astrológica associava com o temperamento melancólico, como o mais maligno dos planetas" (Agamben, 2006, p. 40).

Agamben apoia em seu farto material a afirmação segundo a qual "uma antiga tradição, não obstante, associava o mais calamitoso dos humores com o exercício da poesia, da filosofia e das artes" (Agamben, 2006, p. 38).

Ele prossegue, respondendo àqueles que indagariam por que tal disposição encontrar-se-ia justamente em indivíduos sujeitos a sofrer, segundo os antigos, os efeitos mórbidos da bile negra. Responde mencionando uma lista de melancólicos, citada por Aristóteles, que seria demasiado extensa, mas que teria acompanhado o ponto de partida de um "processo dialético". Na concepção de Agamben, trata-se de um processo da história no qual o mais negativo, no sentido de se opor à atividade, de modo paradoxal, é contraposto à afirmação do aspecto criativo da reflexão e da arte. Assim, no ponto de partida compreendido pela lista aristotélica, ter-se-ia iniciado um movimento no qual "a doutrina do gênio enlaça-se indissoluvelmente com a do humor melancólico na fascinação de um complexo simbólico cujo emblema plasmou-se ambiguamente no anjo alado da *Melancolia* de Dürer" (Agamben, 2006, p. 39).

Agora é preciso salientar que o ensaio que estamos acompanhando é escrito em um estilo associativo, a que precisamos nos habituar. A referência a uma passagem de Aristóteles é, na mesma frase, emendada com uma menção à famosa gravura de Dürer, cujas interpretações, por parte de autores que também vão ser citados, serão discutidas na sequência.

A lista atribuída a Aristóteles é acompanhada por exemplos de tipos melancólicos: "há alguns que se tornam torpes e estranhos", outros "que se tornam maníacos e alegres" (Agamben, 2006, p. 39) e outros que são de determinada maneira, não por morbidez, mas por um temperamento "natural". Há o exemplo de um poeta de Siracusa que só era bom poeta quando estava fora de si e de outros indivíduos que se destacavam, alguns nas artes, outros nas letras, outros na vida pública. Deixo de reproduzir as considerações a respeito de quantidade, circulação, grau de aquecimento, local de depósito da bile etc. que diferenciariam os melancólicos entre si. O que pretendo apontar aqui é o modo pelo qual vão se exemplificando as mudanças de sentido da melancolia, numa dialética peculiar, vinda à tona por meio de uma arqueologia do saber praticada por Agamben, que não deixa de evocar (embora sem referência explícita) a pesquisa realizada por Walter Benjamin (2013), que encontramos em *Origem do drama trágico alemão.* Essa obra contém um exame ainda mais minucioso da melancolia e, em grande parte, cita primeiro os mesmos autores.

Dentre estudos sobre alegorias que evocam a melancolia no campo das artes plásticas, aqueles dedicados à imagem criada por Dürer têm papel fundamental. No ensaio de Agamben, este é retomado contra o lugar "escasso" que Panofsky e Saxl (citados por Benjamin, 2013, p. 156), autores de interpretação da gravura,[4] "reservaram para a literatura patrística sobre o 'demônio meridiano' em sua tentativa de reconstruir a genealogia da *Melancolia* de Dürer" (Agamben, 2006, p. 41).

Adiante, o autor acrescenta: "É curioso que esta constelação erótica tenha escapado tão tenazmente aos estudiosos que trataram de rastrear a genealogia e os significados da *Melancolia* düreniana" (Agamben, 2006, p. 49).

No texto, as objeções de Agamben aos dois autores não retomam nem mencionam a importância que lhes deu Walter Benjamin, que, ao tratar da melancolia, revê concepções errôneas que historiadores e leigos mantiveram a respeito do Renascimento e da Idade Média. Além disso, apresenta-nos momentos, nessas épocas, em que houve um "enobrecimento" da melancolia, uma visão da "melancolia sublime", que era preciso libertar "da melancolia comum e destruidora" (Benjamin, 2013, p. 158).

Ao que tudo indica, Agamben quer, para além do ensaio histórico benjaminiano, pôr em destaque a patrística, em que encontrou a valorização do temário da acédia, e chamar a atenção para o componente erótico da melancolia. Com isso, deixa de assinalar que o papel da astrologia é analisado por Benjamin e levado em consideração no elogio que ele faz dos dois autores:

> *Anuncia-se um traço dialético da concepção de Saturno que corresponde de modo surpreendente ao conceito grego de melancolia. A descoberta deste núcleo vital*

---

[4] Erwin Panofsky e Fritz Sax, *Dürers "Melancolie I" Eine quellen- und typengechichtilich Untersuchung* [A "Melancolia I" de Dürer. Um estudo de fontes e tipologia histórica], Berlim, 1922, pp. 18-19 (Studien der Bibliothek Warburg 2). Encontramos a referência em Benjamin (2013, p. 156), não em Agamben.

> *da imagem de Saturno é o grande mérito de Panofsky e Saxl" (Panofsky, citado por Benjamin, 2013, pp. 155-156).*

Benjamin nos traz vários textos que precederam a obra düreniana ou foram seus contemporâneos. Detém-se na convivência de extremos, no campo de concepções do saber e analisa o quadro:

> *O quadrado mágico que vemos desenhado num quadro por cima da cabeça da "Melancolia" de Dürer é o selo planetário de Júpiter, cuja influência se opõe às forças obscuras de Saturno. Ao lado desse quadrado está pendurada a balança, uma alusão ao signo astrológico de Júpiter (Benjamin, 2013, p. 158).*

Trazendo mais autores, mostra que, sob inspirações nefastas e benéficas, Dürer teria posto, na fisionomia do melancólico, a concentração espiritual, e dedica várias páginas aos elementos que compõem a obra.

Agamben também comenta a gravura do mestre renascentista, levando-nos de uma época histórica para outra, expõe o que garimpa nas diversas camadas arqueológicas. Suas pesquisas fundamentam a associação do humor negro com Eros, já nas conjecturas filosóficas e médicas da Idade Média. Assinalam um nexo, entre amor e melancolia, que já teria sido reconhecido por uma tradição, divulgada e mantida na medicina europeia medieval, que os tomava como enfermidades afins ou idênticas. A gravura alegórica é por ele situada na esfera do desejo erótico:

> *Toda interpretação que prescinda dessa pertença fundamental do humor negro à esfera do desejo erótico, por mais que possa decifrar uma a uma das figuras inscritas à sua volta, está condenada a passar ao largo*

> *do mistério que se plasmou emblematicamente nessa imagem (Agamben, 2006, p. 49).*

Lembremos a imagem por meio de uma mínima descrição: à direita do espectador há uma figura sentada, que seria a personificação da "melencolia" (a palavra está gravada deste modo na obra), com a cabeça apoiada na mão esquerda, segurando um compasso com a direita e rodeada por instrumentos, alguns relacionados com a geometria. À sua direita está, no chão, a seus pés, adormecido, um cão e, acima, sentada sobre a confusão de objetos, uma figura menor (que Lacan chamou de *petit ange*), também com asas, que fica mais ou menos na altura da cabeça da figura maior e que, para nós, evocaria a imagem popularizada de Eros.[5]

Para Agamben, "Só se compreende que [a gravura] se situa sob o signo de Eros, e que é possível guardar e ao mesmo tempo revelar seu segredo, cuja intenção alegórica está inteiramente subentendida no espaço entre Eros e seus fantasmas" (Agamben, 2006, p. 49).

Freud, melancolia e fantasia

No Capítulo 5 da Primeira Parte de *Estancias*, o autor introduz deste modo seus comentários a respeito de *Luto e melancolia*:

> *Freud aponta o eventual caráter fantasmático do processo melancólico, observando que a rebeldia contra a perda do objeto de amor pode chegar a um ponto tal que o sujeito se esquiva à realidade e se aferra ao objeto*

---

[5] A imagem pode ser encontrada em vários sites na Web, por exemplo, em: https://commons.wikimedia.org/wiki/File:Dürer_Melancholia_I.jpg.

> *perdido graças a uma psicose alucinatória do desejo (Agamben, 2006, p. 57).*

Em seguida, ele nos remete para o "Complemento metapsicológico da doutrina dos sonhos", frisando que esse texto devia fazer parte, junto com o ensaio sobre a melancolia, de um volume em projeto denominado *Preparação para uma metapsicologia.* Assinala a importância da relação entre os dois escritos, uma vez que é preciso consultar o segundo

> *para encontrar esboçada, paralelamente a uma análise do mecanismo do sonho, uma indagação do processo através do qual os fantasmas do desejo logram esquivar-se a essa instituição fundamental do eu, que é a prova de realidade, e a penetrar na consciência (Agamben, 2006, p. 57).*

Agamben faz-nos notar que é fundamental a relação de oposição entre fantasma e prova de realidade e ressalta que ainda ecoa em Freud a descrição do conjunto de sintomas feita na Antiguidade clássica e na Idade Média, cuja causa era atribuída à bile negra, citando: "A melancolia se caracteriza no anímico por um enfado profundamente doído, um cancelamento do interesse pelo mundo exterior, pela perda da capacidade de amar, pela inibição de toda produtividade" (Freud, 1955, p. 242).[6]

Dentre os incontáveis comentários existentes, talvez o que possa ser destacado como peculiar, no de Agamben, seja uma visão da relação do Ego com a perda, cujo foco principal não está nos

---

[6] Para a tradução dessa frase, optei pela comparação entre o texto em alemão e a tradução argentina, em vez de passar para o português a citação da obra de Agamben, traduzida para o espanhol, que foi utilizada neste trabalho.

desenvolvimentos teóricos que investigam modos de identificação com o objeto perdido, mas na perda enquanto tal.

Lembremo-nos, nós, leitores, de que para além de exemplos didáticos – Freud chega a dar, entre parênteses, o exemplo da melancolia da jovem que perdeu seu namorado –, de hipóteses sobre alterações no Ego, que perde a si mesmo. O criador da psicanálise faz uma retomada metapsicológica do narcisismo, mas somos levados, por Agamben, a nos determos no vazio que acompanha a perda. Não é o que ocorre, segundo as observações que se fazem na esteira de Strachey. Esse comentador e primeiro organizador da obra de Freud assinala, em sua introdução, que de um determinado ponto de vista, o artigo "exigiu submeter a exame toda a questão da identificação" (Freud, 1955, p. 239) e que "o mais significativo deste artigo parece ter sido para Freud sua exposição do processo através do qual o investimento [*Besetzung*][7] de objeto é substituído, na melancolia, por uma identificação" (Freud, 1955, p. 240).

Para Freud, tanto no luto como na melancolia houve perda, mas é preciso distinguir os tipos de perda que caracterizam um e outro estado. Na leitura de Agamben, não são ignoradas as semelhanças nem desqualificados os destinos das identificações. Muito menos o abatimento do Ego, na melancolia, diante da perda do suposto objeto de amor, expresso por aquela famosa formulação freudiana: "A sombra do objeto caiu sobre o ego" (Freud, 1955, p. 246). Mas somos conduzidos a valorizar a constatação de que não sabemos *que* objeto o melancólico perdeu, e a admitir que ele também não.

É verdade que depois do exemplo da noiva abandonada, no qual o amado não morreu, mas o objeto de amor idealizado foi perdido, Freud escreveu:

---

7 *Besetzung*, no original.

> *"E em outras circunstâncias cremo-nos autorizados a supor uma perda também, mas não atinamos com discernir com precisão o que se perdeu e com maior razão podemos pensar que tampouco o enfermo pode apreender em sua consciência o que perdeu" (Freud, 1955, p. 243).*

Acrescentou que, nessas condições, mesmo se a perda é evidente para o enfermo, ele não sabe "o que" perdeu naquela pessoa que ele perdeu, concluindo: "Isto nos levaria de algum modo a referir a melancolia a uma perda de objeto subtraída da consciência, à diferença do luto, no qual nada há de inconsciente no que diz respeito à perda" (Freud, 1955, p. 243).

Para desenvolver a questão do "fantasma" relacionada com a melancolia, Agamben apoia-se principalmente neste parágrafo de Freud:

> *O Ego então despedaça seu laço com a realidade e retira do sistema consciente das percepções seu próprio investimento [*Besetzung*]. É através deste esquivar-se do real que se evita a prova de realidade e os fantasmas do desejo não reprimidos, mas perfeitamente conscientes, podem penetrar na consciência e ser aceitos como realidade melhor (Freud, citado por Agamben, 2006, p. 58, tradução modificada pela autora).*

Para o autor, em nenhum de seus escritos Freud desenvolveu uma teoria explícita do "fantasma"[8] e não precisou qual é a parte

---

[8] É claro que há teorias sobre a fantasia ao longo da obra de Freud. Podemos consultar, por exemplo, Ana Carolina Soliva Soria, *Interpretação, sentido e jogo: um estudo sobre a concepção de fantasia (Phantasie) em Sigmund Freud*, tese de

deste "na dinâmica da introjeção melancólica" (Agamben, 2006, p. 58). É em seguida a essa afirmação que ele expressa sua maneira de conceber a psicanálise contemporânea e, ao mesmo tempo, de alertar para a importância que a questão tem para seu próprio desenvolvimento. Entende que a psicanálise contemporânea reavaliou o papel do fantasma nos processos psíquicos e tende a se considerar "uma teoria geral do fantasma" (Agamben, 2006, p. 59), de modo cada vez mais explícito.

Convém observar que a escolha da palavra "fantasma", sinônimo de "fantasia", segue uma tendência francesa, datada do século XX. Para Laplanche e Pontalis: "Em francês, o termo *fantasme* voltou a ser posto em uso pela psicanálise, e como tal, está mais carregado de ressonâncias psicanalíticas do que seu homólogo alemão... designa determinada formação imaginária e não o mundo de fantasias, a atividade imaginativa em geral" (Laplanche & Pontalis, 1970, p. 238). Veremos que Agamben segue a tendência francesa, mas não parece evitar referências à atividade imaginativa em geral.

Tudo leva a pensar que Agamben tem uma visão filosófica que se apoia na psicanálise lacaniana, a qual, como se sabe, influencia certos temas e concepções que permeiam filosofias contemporâneas. Não exploraremos esse campo, mas é preciso reconhecer que ele é indissociável das abordagens que autor faz da cultura, da psicanálise e de um tipo de arqueologia do saber que pratica. No movimento de seu texto, constatamos que ele estabelece uma função, na história do saber, para a associação da melancolia com a fantasia (sinônimo de fantasma), que é esquadrinhada com o auxílio de uma determinada visão da psicanálise. Desse fazer resulta algo que é ofertado à própria psicanálise contemporânea. Essa, a seu ver, "encontraria um útil ponto de referência em uma doutrina que, com muitos séculos de

doutorado apresentada ao Departamento de Filosofia da Faculdade de Filosofia, Letras e Ciências Humanas da Universidade de São Paulo (São Paulo, 2010).

antecipação, tinha concebido Eros como um processo essencialmente fantasmático e tinha dado um grande lugar ao fantasma na vida do espírito" (Agamben, 2006, p. 59).

A escrita investigativa de Agamben, que segue a fecunda erudição de Walter Benjamin,[9] executa movimentos circulares, que encaminham as questões despertadas para uma camada arqueológica mais profunda, escavando, cada vez mais no passado, os sentidos efetivos do presente. Elabora uma perspectiva a partir da qual a psicanálise beneficiar-se-ia com o conhecimento e o reconhecimento daquilo que se pensou há centenas e até há milhares de anos. Após a frase citada há pouco, o autor prossegue: "A fantasmologia medieval nascia de uma convergência da teoria da imaginação de origem aristotélica com a doutrina neoplatônica do pneuma como veículo da alma, a teoria mágica da fascinação e a teoria médica dos influxos entre espírito e corpo" (Agamben, 2006, p. 60).

A peregrinação de Agamben por intermédio do cada vez mais arcaico tem, para ele, a finalidade de elucidar os feitos da fantasia, que se liberta do princípio de realidade e se põe a serviço de Eros (ainda não visam a face de Tânatos como uma outra face). Expõe passagens do que ele denomina um "multiforme complexo doutrinal" (Agamben, 2006, p. 59), no qual a fantasia (*fantástikon pneuma, spiritus phantasticus*) é concebida como:

> *"uma espécie de corpo sutil da alma que, situado na ponta extrema da alma sensitiva, recebe as imagens dos objetos, forma os fantasmas dos sonhos, e, em determinadas circunstâncias, pode separar-se do corpo para estabelecer contatos e visões sobrenaturais" (Agamben, 2006, p. 59).*

---

[9] Encontramos pesquisas aprofundadas sobre acédia e melancolia em *Origem do drama trágico alemão* (Benjamin, 2013).

Para além do sabor dessa linguagem, extraída da *Teologia* pseudoaristotélica e de alfarrábios eruditos, Agamben integrou a figura do "nó borromeano", já utilizada por Lacan, na própria concepção de seu método filosófico. No prefácio, afirma que a perspectiva a partir da qual trata do lugar do "fantasma" é aquela na qual "se pode falar de uma topologia do irreal" (Agamben, 2006, p. 14) e, nas últimas linhas, afirma que, nos ensaios que compõem sua obra, dedica-se ao *topos outopos*.[10] E assevera: "Só uma topologia filosófica, análoga à que em matemática se define como *analysis situs*, por oposição a *analysis magnitudinis*, seria adequada ao *topos outopos* cujo nó borromeano tentamos aqui configurar" (Agamben, 2006, p. 15).

É claro que a figura composta pelo entrelaçamento de três círculos, em que a soltura de um implica a separação de todos, da qual Lacan fez uso célebre ao se referir ao real, ao simbólico e ao imaginário, traz implícita a ideia de que o fantasma vem a ser no entrelaçamento dos três registros, três "domínios", pode-se entender aqui. A mesma figura é trazida por Agamben para colocar em foco o tema de algo que *não é* e se faz com que seja, e do *lugar* em que se estabelece, que não é espacial, e, sim, "algo mais originário do que o espaço" (Agamben, 2006, p. 15). Aristóteles é citado porque teria feito menção a esse lugar, esse *topos*, "tão difícil de apanhar" e dotado de um "poder maravilhoso e anterior a qualquer outro" (Agamben, 2006, p. 14). Agamben pretende que se trata do mesmo lugar não espacial, de "um terceiro gênero" (Agamben, 2006, p. 14), talvez "uma pura diferença"[11] a que faz alusão o *Timeu* de Platão.

Para que acompanhemos esse desenvolvimento do texto agambeano é preciso que recordemos a passagem. No *Timeu*, como em

---

[10] Sugere a interpretação de Derrida, que, entre vários comentários, ressalta que *chôra*: "não pertence aos gêneros de ser conhecidos ou reconhecidos" (Derrida, 1987, p. 270). Tratei do tema em outro lugar (Gonçalves, 2003-2004).

[11] *"lugarnãolugar" > utopia.*

outros diálogos platônicos, foi posta a diferença entre o gênero de ser que compreende o mundo das Ideias, inteligível e imutável, e aquele que abrange o ser das coisas sensíveis e visíveis, em constante mudança. A personagem Timeu é levada a conceber um "terceiro gênero", quando se chega à abordagem dos elementos, água, ar, terra e fogo, e é obrigada a reconhecer que estes têm sua forma em constante mudança e que só se pode falar deles quando suas propriedades estão presentes de modo perceptível. Mas os elementos são tão necessários e essenciais quanto as Ideias. Das especulações surge então sua opinião "provável" de que é preciso conceber um terceiro gênero, que é denominado *chora*. É o lugar daquilo que vem a ser, que dá a forma, mas que permanece inalterado. É a natureza que recebe todos os corpos (*tá panta dechouménes sômata phíseos*) (Platão, 1949, p. 12).

Qual a relação desse lugar, tão difícil de apreender, com o melancólico, que vive o vazio da perda do objeto desconhecido? Nos ensaios de Agamben, em sua leitura de *Luto e melancolia*, é visado o vazio da perda, que recebe o *fantasma*, criação do imaginário inconsciente: "A perda imaginária que ocupa tão obsessivamente a intenção melancólica não tem objeto real algum, porque é à impossível captação do fantasma que dirige sua fúnebre estratégia" (Agamben, 2006, pp. 62-63).

Lacan também fez referência à gravura de Dürer em seu *Seminário 6*, no qual trata do "fantasma" e do "desejo" e diz estar lançando questões sobre "uma articulação essencial" que o "fantasma" introduz "no interior dessa *vaga determinação da não oposição do sujeito e do objeto*" (Lacan, 1958, p. 9) afirmando, mais adiante: "entendo que *o objeto imaginário do fantasma* é o próprio sujeito" (Lacan, 1958, p. 273).

Não é possível seguir todas as pistas dos fundamentos ou das inspirações das conclusões de Agamben. Mas pode-se constatar que a psicanálise é convocada enquanto teoria do fantasma, para se associar a um tipo de pensamento filosófico, em que ele situa o seu, a que dá o nome de *crítica*. O autor menciona "uma teoria da arte apontada como operação fantasmática", surgida quatro séculos antes de a psicanálise ser formulada (Agamben, 2006, p. 61), teoria com frequência incluída na história do conceito de melancolia. Tudo leva a entender que *o fantasma* que Agamben pretende recuperar está na psicanálise enquanto ligado a Eros, e é na sua confluência com um objeto inseparável do sujeito e, ao mesmo tempo indefinível, que o autor situa o *lugar sem lugar* da palavra filosófica.

Voltando-se ao início da primeira parte de *Estâncias*, é possível constatar que o próprio método de pesquisa e investigação desenvolvido por Agamben aproxima suas concepções de psicanálise e de filosofia. Isso se dá por meio da relação que se estabelece - ou, a seu ver, "restabelece" - entre filosofia e poesia. Para ele, quando se dá o surgimento da palavra "crítica" no vocabulário da filosofia ocidental, ela tem, sobretudo, o significado "de uma indagação sobre os limites da consciência" (Agamben, 2006, p. 9). Para ele, equivale a uma indagação sobre aquilo que "não é possível nem fixar nem apreender" (Agamben, 2006, p. 9). Relembra então a proposição do Grupo de Jena[12] e seu projeto de uma "poesia universal progressiva",

---

[12] Grupo de Jena - a ironia, praticada por esses poetas e filósofos, possibilitaria, "seguindo ainda o projeto romântico, redefinir um novo lugar para a filosofia. Ela estaria situada no espaço intermediário entre a ciência e a arte, entre o condicionado e o incondicionado, a liberdade e a necessidade. É um lugar que se define por uma 'proporção entre ideal e real' da qual a poesia romântica é a expressão maior. É um saber, diz Schlegel, em 'nova figura'... A ironia significa reconhecer que a harmonia experimentada entre os antigos já se perdeu, e que a filosofia, agora, antes de postular uma nova harmonia, desdobra-se sobre si mesma no ato de fazer-se e se percebe em formação, com uma fisionomia". Conforme Arlenice Almeida da Silva, "A evolução do conceito de ironia romântica na obra do jovem György Lukáks" (Silva, 2007). Cito o artigo da professora de estética e história da arte no Departamento de Filosofia da Unesp à guisa de esclarecimento, graças às sínteses que realiza com clareza em seu artigo, que não deixa de citar livros

que teria tentado abolir "a distinção entre poesia e disciplinas crítico-filológicas" (Agamben, 2006, pp. 9-10).

Essa construção de perspectivas de pensamento passa por uma certa ideia de negatividade. Em sua busca pela crítica capaz de apresentar um caráter criativo, Agamben refere-se a uma obra que seria capaz de incluir "em si mesma sua própria negação" (Agamben, 2006, p. 10), declara não considerar a ensaística europeia "deste século"[13] rica no gênero de obra designado e afirma que talvez só haja um único livro crítico, *Ursprung des deutschen Trauerspiel*[14] [Origem do drama trágico alemão], de Walter Benjamin.

Infelizmente, ele não esclarece aí os critérios de seu julgamento e passa para a camada da Antiguidade, antes de retomar a referência ao projeto, que atribui aos poetas-filósofos do século XIX, de abolir a distinção entre poesia e teorias crítico-filológicas. Menciona, então, associativamente, o poeta e filólogo alexandrino Filitas, ao qual se teria aplicado a fórmula "poeta e ao mesmo tempo crítico" (Agamben, 2006, p. 10).

Para Agamben, a "crítica" pode hoje se identificar com a obra de arte, não só por ser criativa, mas também por ser "negatividade". Nesse ponto ele faz referência a Hegel, à sua objeção à ironia autonegante ou autonadificante, praticada pelo grupo de poetas-filósofos de Jena. Hegel teria se oposto a Schlegel, Solger, Novalis e "a outros teóricos da ironia" (Agamben, 2006, p. 10), e afirmado que eles haviam "permanecido na infinita negatividade absoluta" (Agamben, 2006, p. 10), tomando o menos artístico por verdadeiro princípio da arte.

---

pertinentes ao tema, como é o caso de *O gênio romântico*, de Marcio Suzuki (São Paulo, Iluminuras, 1998).

13 Lembremos que o texto de Agamben é do século XX.

14 Cita apenas o título original em alemão.

Segundo Agamben, aqueles adeptos da ironia, da perspectiva do filósofo, não teriam podido ir adiante porque, para Hegel, "a negatividade da ironia não é o provisional da dialética" (Agamben, 2006, p. 10). Ou seja, ao não ser ultrapassada, a ironia deixaria de integrar o movimento histórico da consciência. Vê-se que Agamben, por sua vez, é irônico (no sentido usual) em relação à postura que atribui a Hegel, ao escrever que "a varinha mágica da *Aufhebung* está sempre em ato de transformar a negatividade (da ironia) em algo positivo" (Agamben, 2006, p. 10).

Para Agamben, a ironia dos poetas seria "uma negatividade absoluta e sem resgate, a qual, entretanto, não renuncia por isso ao conhecimento" (Agamben, 2016, p. 10), e da ironia romântica de um Schlegel pode brotar "uma atitude autenticamente filosófica e científica" (Agamben, 2006, p. 11).

A peculiar interpretação (redutora) de posições de Hegel é expressa por meio de algumas frases, sem indicação dos textos utilizados. Mas é evidente que Agamben se opõe à dialética de Hegel, à medida que defende uma prática filosófica que pretenderia preservar uma negatividade insuperável, jamais subsumida pelo movimento do desenvolvimento da consciência descrito na *Fenomenologia do espírito.*[15]

Os artigos que vão da *acedia* à melancolia percorrem as várias atribuições da melancolia a pensadores, escritores, poetas, e o autor não deixa de mencionar alguma semelhança com o *mal du siècle* expresso pelos escritores do século XIX, nem de tirar partido da imagem de Sören Kierkegaard (Agamben, 2006, p. 31), autor de *Tratado do desespero*, que descreve o desesperar-se consciente de si e a ambiguidade de seu eu.

---

[15] Muito posterior aos comentários de Hegel e que Agamben não cita.

A dor pelo que não há, a dor cultivada nesse inverno da desesperança, com frequência está associada com críticas feitas pelo melancólico ao mundo circundante. Temos o pessimista, o descrente, o entediado, pondo o dedo nas feridas da cultura. Por outro lado, constatamos que o vazio do perder o que não se tem, inseparável da concepção de "desejo" para a psicanálise, é, nos desenvolvimentos da escrita de Agamben, associado com a fantasia e com o lugar utópico da criação.

Depois do livro do qual comentei algumas leituras, Agamben publicou vários outros, dentre os quais tiveram repercussão no meio psicanalítico, sobretudo, os que desenvolvem o projeto *Homo sacer*, sendo o mais recente *O uso dos corpos*, em que ele "abandona" o próprio projeto, de modo explícito e justificado. Para Oswaldo Giacoia, esse livro marca "o abandono do projeto *Homo Sacer*, mas sob a condição de compreendermos abandonar como o único gesto consequente que se segue à plena realização de uma obra de poesia ou de pensamento" (Giacoia, 2015, p. 140).

Lembremos do que Agamben escreveu a respeito da obra que seria capaz de conter em si mesma sua própria negação, citada há pouco. Embora haja uma distância de décadas entre os artigos trabalhados aqui e seu último livro, é possível constatar que a concepção de "vazio", lugar não espacial, permanece nesse pensamento poético-filosófico. O título *Estância*, também inspirado em Walter Benjamin, nos é apresentado com o significado que os poetas do século XVIII teriam dado ao nome, isto é, "morada capaz e receptáculo" (Agamben, 2006, p. 11). Receberia, acolheria, "junto a todos os elementos formais da canção, aquela *joie d'amour* na qual eles confiavam como único objeto da poesia" (Agamben, 2006, p. 11).

Desde a origem de nossa cultura teria havido uma cisão "entre poesia e filosofia, entre palavra poética e palavra pensante" (Agamben, 2006, p. 12). O acesso às interrogações que mereceria, estaria barrado pelo esquecimento. No percurso do autor, aquilo que, no século passado, foi apontado como parte de um sintoma, mantendo a ressonância de textos medievais e anteriores, tendo renascido como espiritualidade em companhia de Eros, na intrigante obra de Dürer, o vazio melancólico parece convocar ainda o 'sem forma', o lugar indefinível que recebe o pensamento que vem a ser.

Referências

Agamben, G. (2006). *Estancias: la palabra y el fantasmaen la cultura occidental.* Valencia: Pre-Textos.

Benjamin, W. (2013). *Origem do drama trágico alemão.* Trad. João Barreto. Belo Horizonte: Autêntica.

Derrida, J. (1987). *Chôra.* In *Poikilia_Études offertes à Jean-Pierre Vernant.* Paris: EHESS.

Freud, S. (1955). Duelo y melancolia. In *Obras completas* (V. XIV). Buenos Aires: Amorrortu.

Giacoia, O. (2015). Por uma filosofia do abandono (*L'uso dei corpi. Homo Sacer*). In *Percurso Revista de Psicanálise, 28*(54), 138-144.

Gonçalves, C. S. (2003-2004). *Chora*, em Platão, Derrida e Fédida. *Percurso Revista de Psicanálise, 16*(31/32), pp. 55-62.

Lacan, J. (1958). *Seminaire 6, Le Désir.* In http:staferla.free.fr/.

Laplanche, J. & Pontalis, J. B. (1970). Vocabulário da Psicanálise. Lisboa: Moraes Editores.

Platão [Platon]. (1949). *Timée* (A. Rivaud, estabelecimento de texto). Paris: Les Belles Lettres.

Silva, A. A. (2007, jan./jun.). A evolução do conceito de ironia romântica na obra do jovem Györg Lukács. *Cadernos de Filosofia Alemã* (9), 49-70.

5. Política tem a ver com psicanálise?

Jassanan Amoroso Dias Pastore[1]

Seria a psicanálise exterior ao social e ao político? Quais as intersecções possíveis entre psicanálise e política? A prática psicanalítica que tem a vida humana como foco de intervenção pode ser a política? O que significa agir politicamente?

Pretendemos, inicialmente, trabalhar o tema da política no pensamento psicanalítico articulado, em especial, à problemática do convívio com o outro – semelhante e diferente – e ao processo civilizatório. A partir daí, levantaremos possíveis aproximações e eventuais distanciamentos em relação a certas noções desenvolvidas pela filósofa Hannah Arendt (1906-1975), notável pensadora política do século XX, e por outros autores, como Giorgio Agamben e Theodor W. Adorno.

O contato com a alteridade é inerente a todo e qualquer vínculo humano. As bases da vida humana e seu processo de subjetivação se dão a partir da presença fundante do Outro. Por que, então,

---

1 Psicanalista, e membro efetivo e docente da Sociedade Brasileira de Psicanalise de São Paulo (SBPSP). Membro do Departamento de Psicanalise do Instituto Sedes Sapientiae. Mestre pela PUC-SP.

experienciamos a alteridade, em muitos momentos, como uma ameaça, um perigo?

Muito cedo em sua obra, já no *Projeto*, escrito em 1895, Freud faz alusão à noção de ambivalência ao conceber o outro primordial como aquele que é "ao mesmo tempo o *primeiro objeto de satisfação*, e o *primeiro objeto hostil*, assim como o *único poder auxiliar*. Por isso, através do próximo, o homem aprende a reconhecer" (Freud, 1895/1974a, p. 44, grifos nossos). Aquele que é protetor e assistente ante o desamparo inicial pode se tornar ameaçador. O semelhante se transforma nesse próximo desconhecido e perigoso, no estrangeiro diferente de si mesmo e temido que habita o próprio ser. É a presença do outro em nós, do estranho/familiar. Portanto, vincular-se suscita não apenas satisfação, mas também, inevitavelmente, insatisfação.

Para Freud (1905/1974b) as crianças, desde cedo, são seres pulsionais, com uma sexualidade perverso-polimorfa e imperiosas em obter a gratificação de suas pulsões, rebelando-se contra suas restrições e leis. Ao se tornarem adultas, relutarão em renunciar a essa condição. Porém o laço social marca um encontro com o Outro do social que exige o refreamento das pulsões destrutivas, via trabalho da identificação.

Em uma entrevista a George Viereck, em 1926, Freud salienta que a morte, junto com o amor, rege a interação entre os homens. E é nesse movimento bascular pulsional, entre forças destrutivas e construtivas, que se dá a estruturação da psique. Em *O mal-estar na civilização* (1930/1974j), encontramos a reafirmação da conexão entre o mal inerente ao homem e a ameaça de perda do amor do outro: "Portanto, inicialmente, o mal é aquilo devido ao qual alguém é ameaçado com a perda do amor; por medo dessa perda é preciso evitá-lo" (Freud, 1930/1974j, pp. 147-148).

Freud aposta no papel da cultura e das instituições sociais para contornar a tão almejada, e inalcançável, busca de plena satisfação pulsional, o que faz com que aquelas se tornem também fontes inevitáveis de sofrimento. Daí o paradoxo incontornável da condição humana: o sujeito não consegue viver plenamente seguro e feliz na civilização, e tampouco conseguiria sobreviver sem ela.

Na introdução de seu tão conhecido texto *Psicologia de grupo e análise do eu* (1921/1974f), Freud considera que toda psicologia individual é ao mesmo tempo psicologia social, ou de massas, pelo simples fato da presença inevitável do Outro que entra em cena em nosso inconsciente como modelo, objeto ou adversário. Sobre isso, ele diz:

> *É certo que a psicologia individual se dirige ao ser humano particular, investigando os caminhos pelos quais ele busca satisfação de seus impulsos instintuais, mas ela raramente, apenas em condições excepcionais, pode se abstrair das relações deste ser particular com os outros indivíduos. Na vida psíquica do ser individual, o Outro é, via de regra, considerado enquanto modelo, objeto, auxiliar e adversário, e, portanto, a psicologia individual é também, desde o início, psicologia social, num sentido ampliado, mas inteiramente justificado (Freud, 1921/1974f, p. 91).*

Freud aponta, portanto, que a psique não se restringe ao indivíduo, mas é tecida entre o individual e o coletivo. Somos seres constituídos a partir do laço com o outro e levar em conta as dimensões sociais e políticas no nosso trabalho é fundamental. Embora a análise de um paciente possa se dar entre as quatro paredes do consultório, escutamos necessariamente a rede de relações que o constituiu e na qual ele se insere. Ao escutar o singular, o analista escuta simultaneamente algo do coletivo, pois estas são dimensões imbricadas nos seres humanos. Além disso, as transformações surgidas no interior de uma experiência clínica afetam necessariamente o sistema de relações em que o sujeito está imerso. Portanto, a psicanálise é, ao mesmo tempo, singular, social e política, na medida em que se ocupa da interação entre o intrapsíquico e o intersubjetivo.

"O sofrimento nos ameaça a partir de três direções" (Freud, 1930/1974j, p. 95): do nosso próprio corpo, do mundo exterior e das relações com os demais. Freud ainda ressalta a forte ameaça que ronda a convivência "entre" as pessoas ao considerar o próprio vínculo entre os seres humanos como a fonte mais dolorosa de todas, no sentido de ser aquela que produz mais sofrimento no homem devido à natureza indomável da nossa própria constituição psíquica.

Percorrendo um fio condutor que vai dos processos neuróticos aos fenômenos religiosos, da novela neurótica ao acontecimento histórico, do trauma da neurose à tradição de um povo, Freud entrelaça o vivenciado pelo indivíduo e o vivenciar histórico.

Ao se debruçar sobre as questões referentes às neuroses e ao inconsciente, a psicanálise se apresenta como um instrumento para análise da psique e, portanto, das posições que o sujeito adota em relação ao Outro. A prática psicanalítica, quer seja no consultório privado ou em instituições, possui uma posição ético-política no sentido de abertura para a autonomia e liberdade do sujeito enredado no tecido social.

Embora a política, no estrito senso do termo, não tenha sido objeto de reflexão para Freud, ele muito se ocupou, indiretamente, de seu funcionamento: dos mecanismos de poder, da violência individual e social, do fenômeno das massas humanas, do problema das escolhas e da liberdade, entre outros. O psicanalista José Brunner, em seu texto *Oedipus politicus*, define a política a partir do papel do poder e da autoridade: "O que torna política uma teoria das relações sociais não é sua referência ao âmbito público, aos partidos ou aos governos, mas seu interesse pelas estruturas e dinâmicas do poder e da autoridade" (Brunner, 2000, p. 78). Jacques-Alain Miller aponta que o termo política pode ter muitos sentidos na psicanálise, por exemplo, o de uma política de formação em relação aos institutos, e o de uma política em geral, referente às questões de poder (cf. Miller, 2002).

A preocupação de Freud com o campo político de seu tempo é evidenciada em todas as suas correspondências e em toda a sua obra. O fundador da psicanálise sofreu as agruras da terrível Primeira Guerra Mundial e da escalada totalitária local e global, sendo arrastado a pensar sobre a ascensão do nazismo na Europa. Freud deixa Viena em 1938, devido às perseguições nazistas das quais foi vítima, e se exila em Londres. Seus quatro irmãos que permaneceram na Áustria foram levados para os campos de concentração e mortos.

Em *Totem e tabu*, escrito em 1913, às vésperas da Primeira Grande Guerra, Freud afirma que, ancestralmente, o poder é conquistado e mantido por meio da violência. Apresenta sua pesquisa sobre diversos estudos antropológicos e discute os fundamentos da sociedade, a passagem de um estado de natureza para a civilização e a constituição das interdições sociais. O autor transpôs as características da dinâmica edipiana do terreno privado da família e do desenvolvimento infantil individual, a ontogênese, para os aspectos socioculturais e políticos do desenvolvimento da humanidade como um todo, a filogênese, conforme esclarece: "Tomei como base de toda minha posição a existência de uma mente coletiva, em que ocorrem processos mentais exatamente como acontece na mente de um indivíduo" (Freud, 1913/1974c, p. 187). Numa analogia, mostra como "os dois tabus fundamentais do totemismo correspondem aos dois desejos reprimidos do complexo de Édipo" (Freud, 1913/1974c, p. 172), sublinhando que o Édipo é constitutivo da espécie humana.

A partir da descrição de coletivos de primatas feita por Darwin, Freud introduz a perspectiva edipiana filogenética ao descrever um agrupamento inicial de humanos que denominou de horda primeva, a qual teria existido em um tempo primitivo, em que as fantasias edipianas eram supostamente realizadas na prática. Os homens viviam em pequenas hordas, cada uma submetida ao poder despótico de um líder, um pai dominador que se apropriava de todas as fêmeas, e cuja palavra e desejos eram a lei e a ordem. Esse mito das origens retrata uma sociedade/tribo governada pela força física do membro mais forte, o "pai primevo", que usava as mulheres que o cercavam para sua satisfação sexual exclusiva, castrando os filhos/irmãos da horda quando estes se atreviam a se tornar seus rivais sexuais. Apenas os filhos/irmãos sofriam interdições sexuais, que, se infringidas, implicavam em expulsões ou assassinatos. Segundo Agamben, crítico perspicaz da cultura moderna, esse é o momento da vida nua, da exceção originária, em que todos os membros eram matáveis e ao pai cabia o poder sobre a vida e a morte. Trata-se de uma relação de domínio em que apenas um é sujeito, enquanto o outro é objeto de manobra e de manipulação perversa.

Esse ato coletivo de violência teria ocorrido repetidamente nos tempos pré-históricos, ou seja, os filhos primitivos dominavam e assassinavam o pai primevo. Nesse ato canibalesco, os filhos realizavam fisicamente aquilo que todos os filhos posteriores procurarão alcançar simbolicamente pela dissolução do complexo de Édipo: internalização do pai de modo que cada um deles adquira parte de sua força. Porém, depois do assassinato, os filhos perceberam que nenhum deles poderia de fato assumir o lugar do pai porque isso implicaria a reprodução da violência originária – assassinato de qualquer um dos irmãos que ocupasse o lugar do pai e subjugasse os outros, podendo acarretar o extermínio do agrupamento pela "guerra de todos contra todos" – máxima hobbesiana. Pois, embora os irmãos tivessem se reunido em grupo para eliminar o pai, todos eram rivais entre si em relação às mulheres. A fim de poderem viver em paz uns com os outros, talvez depois de terem passado por muitas crises perigosas, "os irmãos não tiveram outra alternativa do que instituir a lei contra o incesto, pela qual todos, de igual modo, renunciavam às mulheres que desejavam e que tinham sido o motivo principal para se livrarem do pai" (Freud, 1913/1974c, p. 172). Além disso, se comprometeram a renunciar ao despotismo, declarando que nenhum deles poderia ou deveria jamais obter o poder supremo do pai: "o ato não podia dar plena satisfação a nenhum dos que o realizaram. De certo ponto de vista, fora executado em vão. Nenhum dos filhos, na realidade, pudera concretizar seu desejo original de tomar o posto do pai" (Freud, 1913/1974c, p. 121). O que os impediu de tomar o lugar do pai foi a pressão do bando de irmãos: "Cada um dos irmãos que tinham se agrupado para matar o pai estavam animados, individualmente, pelo desejo de tornar-se como o pai (...). Entretanto, em virtude da pressão que o bando de irmãos (clã fraterno) exercia sobre cada um deles, esse desejo não pode ser realizado. (...) Essa pressão fraterna consistiu na "igualdade democrática original de todos os membros individuais do clã" (Freud, 1913/1974c, p. 177). "No futuro, ninguém poderia atingir o poder supremo do pai, ainda que tenha sido este o objetivo pelo qual todos tinham se empenhado" (Freud, 1913/1974c, p. 177). Como reparação e rememoração do ato, que jamais deveria ser repetido, erigiu-se um totem que representava o pai assassinado, tornando-se seu substituto, muitas vezes na forma de um animal que se tornava sagrado para o coletivo. Assim, a renúncia às mulheres representou a não reprodução do regime de poder absoluto anterior, e nenhum membro se arrogaria a deter todas elas como o antigo pai primevo. Evitaram assim a possibilidade de repetição do destino do pai e de uma luta fratricida. Constitui-se, portanto, a interdição sobre as mulheres do mesmo clã – o tabu do incesto. Os membros de um mesmo clã deveriam procurar parceiras sexuais em outros clãs.

A necessidade sexual não une os homens, mas os divide. Cada filho desejaria, como o pai, ter todas as mulheres para si, e, "na guerra de todos contra todos", a nova organização não teria sido possível. Temos, portanto, a constituição do totemismo e, ao mesmo tempo, da exogamia. Em outras palavras, cada membro precisou renunciar ao ideal de ocupar o lugar do pai assassinado e ao desejo de possuir a mãe e as irmãs (fêmeas do agrupamento).

Verificamos, assim, uma grande transformação na organização política, pois na horda primeva tínhamos um poder centralizado, calcado nos desejos do pai. Mas o seu assassinato trouxe a emancipação do conjunto por meio de uma repartição desse poder entre os irmãos e a criação de interditos e leis comuns, de um próprio *nomos* - conjunto de leis e regras - criado coletivamente e que permitiu o advento de outra forma de gestão da vida em relação ao modelo anterior. A transição do estado de natureza para o estado civilizatório instaurou uma gestão de irmãos, horizontalizada, e criou o próprio *nomos* em um exercício de autonomia coletiva.

Segundo René Kaës, para a constituição do laço social ocorreram alianças inconscientes, que implicaram recalques e denegações no espaço partilhado da intersubjetividade e asseguraram o viver em conjunto. O "pacto denegativo" (Kaës, 2011, p. 204) entre os irmãos implicou uma renúncia mútua ao poder, à violência e à sexualidade desvairada.

Na mitologia freudiana esse foi o início da civilização, que partiu da transição de um estado originário em que a obediência era imposta de fora, pela coerção física do pai, para uma nova forma de aceitação baseada na internalização das regras. Os filhos inventaram, portanto, uma nova ordem social instaurando o totemismo baseado na proibição do assassinato do substituto do pai - o totem - e a exogamia. O totemismo atrai o interesse de Freud por sua característica de que:

> *Em todos os lugares em que encontramos totens, encontramos também uma lei contra as relações sexuais entre pessoas do mesmo totem e, consequentemente, contra o seu casamento. Trata-se então da "exogamia", uma instituição relacionada com o totemismo. Esta proibição é notável por sua severa obrigatoriedade (Freud, 1913/1974c, p. 23).*

Em seguida ao assassinato do pai, os irmãos se aliaram e promulgaram as regras do tabu que formaram o primeiro código do Direito; os irmãos se organizaram para buscar a liberdade necessária à fundação da cultura. Assim, Freud nos conta sobre o destino daquele que não tinha seus desejos interditados. Como metáfora, serve para lembrar a todos os integrantes da sociedade o que aconteceu com aquele que não renunciou ao pleno prazer, e essa constante lembrança desempenha o papel de tabu – aquilo que deve ser evitado. Na psicanálise, portanto, a origem da convivência com a alteridade, da presença da pluralidade, está ligada a um ato violento, o assassinato do pai primevo, que exercia seu domínio pela violência. Freud mantém esse pensamento até o final de sua obra, e em seu último texto, *Moisés e o monoteísmo*, retoma essa nossa herança filogenética ao reafirmar que "os homens sempre souberam que um dia tiveram um pai primevo e que o mataram" (Freud, 1939/1974m, p. 122).

Percebemos que o pai primevo não oferece liberdade, condição primeira de uma organização política que garanta o convívio entre os diferentes e, portanto, não estabelece uma relação de alteridade. O pai tirânico não respeita a singularidade dos filhos e nem mantém com eles uma convivência dialógica e dialética. Trata-se de um vínculo de dominação abusiva. Somente após a sua morte os irmãos lançam mão de uma ação política para instaurar o trânsito entre os diferentes e o respeito à alteridade. O pai tirânico também não levanta indagações que possibilitem o reconhecimento do outro como alteridade. Dessa forma, a questão da responsabilidade, que se refere à capacidade de problematizar, inexiste, pois ela depende necessariamente da colocação de indagações. A possibilidade da relação alteritária só nasce com a morte do pai totêmico, pois a partir desse momento os irmãos passam a perguntar uns aos outros sobre a responsabilidade de cada um. A irmandade representa o primeiro indício da possibilidade de reconhecimento da alteridade e, portanto, de aparição da esfera política. A função estruturante do assassinato simbólico do pai e a consequente instauração da Lei indicam que o conflito com a autoridade é intrínseco à sociedade.

Freud aponta, em *Psicologia de grupo e análise do eu* (1921/1974f), que as massas podem se identificar com o tirano, em vez de desmascará-lo. Mostra que a identificação é a exteriorização de uma ligação afetiva mais precoce com outra figura, relacionada à pré-história do complexo de Édipo. No jogo das identificações, o eu adquire as propriedades do objeto com o qual se identifica. Em certas condições, quando o indivíduo está inserido em um grupo, ele pensa, sente e age de maneira inteiramente diferente de como o faria se não estivesse sob a influência grupal. Ocorre a identificação entre os membros unidos junto ao seu líder – identificação vinculada à primitiva história da família humana formulada em *Totem e tabu*. No grupo, o ideal de ego individual pode ser substituído pelo ideal coletivo, que é corporificado pelo líder em seu apelo messiânico à horda.

Em *Psicologia de grupo e análise do eu*, evidenciamos a influência do pensamento de Schopenhauer (cf. Pastore, 2015) sobre a concepção de pulsão de morte freudiana. Freud se baseia no conhecido dilema dos porcos-espinhos de Schopenhauer para ilustrar a ameaça que ronda a convivência "entre" as pessoas:

> *Um grupo de porcos-espinhos ia perambulando num dia frio de inverno. Para não congelar, os animais chegavam mais perto uns dos outros. Mas, no momento em que ficavam suficientemente próximos para se aquecer, começavam a se espetar com seus espinhos. Para fazer cessar a dor, dispersavam-se, perdiam o benefício do convívio próximo e recomeçavam a tremer. Isso os levava a buscar novamente a companhia uns dos outros, e o ciclo se repetia, em sua luta para encontrar uma distância confortável entre o emaranhamento e o enregelamento (Schopenhauer, citado por Freud, 1921/1974f, p. 128).*

Seguindo Schopenhauer, escutemos as palavras de Freud ao elencar o vínculo entre as pessoas como a fonte, dentre outras, que produz mais sofrimento no homem:

> *Mantenhamos perante nós a natureza das relações emocionais que existem entre os homens em geral. De acordo com o famoso símile schopenhaueriano dos porcos-espinhos que se congelam, nenhum deles pode tolerar uma aproximação demasiado íntima com o próximo. Os dados da psicanálise mostram que quase toda relação afetiva íntima de certa duração entre duas pessoas – casamento, amizade, relações entre pais e filhos – contém um depósito sedimentar de sentimentos de aversão e hostilidade, que só escapa à percepção em decorrência do recalque (Freud, 1921/1974f, p. 128).*

Caminhando em seu pensamento, em *A questão da análise leiga* (1926/1974h), Freud assinala que a psicanálise "como teoria do inconsciente psíquico pode se tornar indispensável para todas as ciências que se ocupam da gênese da civilização humana e de suas grandes instituições, tais como a arte, a religião e a ordem social" (Freud, 1926/1974h, p. 280).

Freud abre seu notável escrito *O mal-estar na civilização*, em que trata dos ideais da multidão, afirmando que os seres humanos em geral desejam e "buscam, constantemente, poder, sucesso e dinheiro para si mesmos e admiram aqueles que os têm, subestimando os autênticos valores da vida" (Freud, 1930/1974j, p. 81). Acrescenta ainda a existência "de uma mútua hostilidade primária dos seres humanos" (Freud, 1930/1974j, p. 134), uma potência destrutiva do ser humano que perturba os relacionamentos com nossos próximos e ameaça o coletivo de desintegração.

A Liga das Nações, preocupada com a paz mundial após a Primeira Guerra e com a publicação, em 1925, do livro *Minha luta* (*Mein Kampf*), escrito por Adolf Hitler, e sua futura ascensão ao poder, solicita a Albert Einstein que escolha alguém com quem pudesse trocar ideias sobre a política e a guerra. Freud é o escolhido. Ao escrever para Freud, Einstein pergunta: "o que é possível fazer para livrar os homens da fatalidade da guerra?" (Freud, 1932/1974k, p. 145). Reconhecendo a impossibilidade de responder à provocação, Freud propõe: "O senhor começou com a relação entre o direito e o poder. Este é, sem dúvida, o ponto de partida correto para nossa investigação" (Freud, 1932/1974k, p. 246). E continua: "Mas, permita-me substituir a palavra 'poder' por aquela mais nua e crua que é 'violência'?" (Freud, 1932/1974k, p. 246). Freud associa poder e violência, poder e direito, ao refletir sobre as raízes psíquicas da violência. Vale ressaltar que essa carta é publicada, em 1932, com o título *Por que a guerra?*, em francês, inglês e alemão, mas proibida no Terceiro Reich. Freud coloca que a comunidade pode se proteger de atos violentos por meio do fortalecimento dos laços, já que o poder de vários é a somatória do pacto que constitui o direito. Este, por sua vez, protege o grupo dos atos violentos, opondo-se a eles e assegurando o direito de acesso do conjunto à subjetividade.

A partir de uma distinção entre o "eu" e seu "ideal", Freud elabora um pensamento sobre a origem da formação das organizações da Igreja e do Exército, refletindo acerca da centralidade do lugar do líder. O autor formula que em certas situações o líder é colocado no lugar de "ideal do eu" pelos membros do grupo que, como consequência, se identificam uns com os outros em seu eu. Assim, a massa é definida como um conjunto de indivíduos que colocaram "um único objeto no lugar de seu ideal do ego e, consequentemente, se identificaram uns com os outros em seu ego" (Freud, 1921/1974f, p. 147). Ou, ainda, "O pai primevo é o ideal do grupo, que dirige o ego no lugar do ideal do ego" (Freud, 1921/1974f, p. 161). O líder do grupo ainda é o temido pai primevo, e o grupo ainda deseja ser governado por sua força irrestrita e possui uma paixão extrema pela autoridade. Na expressão de Gustave Le Bon, o grupo tem sede de obediência.

Ao estudar os mecanismos do sintoma, Freud afirma que "um sintoma é um sinal e um substituto de uma satisfação pulsional que permaneceu em estado latente; é uma consequência do processo de repressão" (Freud, 1926/1974g, p. 112). Isso quer dizer que o sintoma está diretamente implicado na exigência da pulsão e no consequente recalque, resultado da impossibilidade de uma satisfação completa. A formulação do sintoma como aquilo que abala a bela ordem do pai primevo ilustra a resistência do inconsciente diante da autoridade do Outro. O não reconhecimento da alteridade se assenta em uma posição narcísica, fixada nos ideais do eu. O sujeito, ao agir segundo seu inconsciente, como disse Freud em 1921, age a partir das identificações com os códigos e ideais transmitidos pelas suas referências materna e paterna inscritos em uma cultura específica. Essas figuras parentais também são subjetivadas pelos ideais socioculturais e políticos de seu tempo. Assim, a subjetividade, a experiência psíquica de si, não está imune aos acontecimentos da realidade, não é alheia aos eventos produzidos pela política social. O bebê vem ao mundo humano marcado por um discurso, no qual se inscrevem as fantasias inconscientes dos progenitores, a cultura, a classe social, a língua e a época. Há, portanto, uma face sociopolítica no sofrimento psíquico.

Reflexões para os tempos de vida e morte (1915/1974d) é um dos poucos textos em que Freud utiliza a palavra Estado. Desiludido com a Primeira Guerra Mundial, nos mostra como o Estado pode ser uma instituição que impõe profundas restrições ao indivíduo: "O Estado exige o grau máximo de obediência e de sacrifício de seus cidadãos" (Freud, 1915/1974d, p. 316) e monopoliza para si todo o poder e a violência: "o Estado proíbe ao indivíduo a prática do mal, não porque deseja aboli-la, mas porque deseja monopolizá-la, como o sal e o fumo. Um Estado beligerante permite-se todos os malefícios, todos os atos de violência que desgraçariam o indivíduo" (Freud, 1915/1974d, p. 316). Ou seja, Freud está considerando o Estado como um aparelho interditor, principalmente, das satisfações pulsionais dos sujeitos. O Estado não permite a vazão dos desejos de seus cidadãos, mas sim dos desejos dos governantes. O Estado não é, necessariamente, a expressão de uma política democrática, mas pode ser um instrumento de dominação de um pequeno grupo sobre outros. O Estado não pode ser considerado uma instituição que garanta a segurança e muito menos a felicidade das pessoas:

> *A sociedade civilizada, que exige boa conduta e não se preocupa com a base pulsional dessa conduta, conquistou assim a obediência de muitas pessoas que, para tanto, deixam de seguir suas próprias naturezas. Estimulada por esse êxito, a sociedade se permitiu o*

> *engano de tornar maximamente rigoroso o padrão moral, e assim forçou os seus membros a um alheamento ainda maior de sua disposição pulsional (Freud, 1915/1974d, p. 321).*

Numa perspectiva em que a violência é monopolizada pelo Estado e é transformada em violência legal, podemos dizer que o Estado não representa o povo, mas domina-o por meio da ordenação social.

Ao consumar a potência destrutiva do ser humano em *O mal--estar na civilização*, Freud pontua que a união dos indivíduos entre si possibilita o exercício da destrutividade dirigida para aqueles fora do grupo: "Não é de menosprezar a vantagem que tem um agrupamento cultural menor, de permitir à pulsão (de morte) um escoadouro, através da hostilização dos que não pertencem a ele" (Freud, 1930/1974j, p. 136). Uma massa pode se formar ao colocar um único e mesmo objeto como destino da pulsão de morte. Seus membros se unem e se identificam entre si, pois há outro/fora a quem podem hostilizar.

A palavra civilização, para Freud, "descreve a soma integral de realizações e regulamentos que distinguem nossas vidas das de nossos antepassados animais, e que servem a dois intuitos, a saber: o de proteger os homens contra a natureza e o de ajustar os seus relacionamentos mútuos" (Freud, 1930/1974j, p. 109). Porém, a adesão à regulamentação das relações dos homens entre si não se dá com facilidade. Essa regulamentação significa que "o poder da comunidade é então estabelecido como Direito", e que a "substituição do poder do indivíduo pelo poder de uma comunidade" (Freud, 1930/1974j, p. 115) é o passo decisivo da civilização. Sua essência reside no fato "de os membros da comunidade se restringirem em suas possibilidades de satisfação, ao passo que o indivíduo desconhece tais restrições" (Freud, 1930/1974j, p. 115-116). A vida em comum só é possível com o predomínio das relações codificadas, que designam a cada um seu lugar, suas obrigações e deveres, em vez de reinarem as relações de força que fazem prevalecer o arbitrário e as pulsões em estado bruto. A primeira exigência da civilização é que o direito produza a garantia de que "uma lei, uma vez criada, não será violada em favor de um indivíduo" (Freud, 1930/1974j, p. 116). Desse modo, o direito impede a liberdade individual: "a liberdade do indivíduo não constitui um dom da civilização" (Freud, 1930/1974j, p. 116).

A civilização é decorrente da força do grupo sobre o indivíduo e exige uma organização que remete aos efeitos da Lei, que diz ao indivíduo que ele é uma pequena e frágil parte de um grupo majoritário e poderoso. Essa Lei é garantida por um grupo de pessoas que centraliza a opressão do desejo de satisfação do indivíduo, lembrando sempre que ele deve se submeter à comunidade e às suas leis. Instaura-se, então, um conflito irreconciliável na medida em que a liberdade individual é reduzida em função das reinvindicações do grupo.

Já em 1887, F. Nietzsche, para quem "o animal selvagem, trancafiado nos sótãos da cultura, urra e espuma de rancor", enfatiza o caráter traumático, violento e o custo oculto embutidos na "permuta civilizatória". Ele argumenta que a ordem social civilizada exigiu a imposição de leis severas, ameaças e punições, as quais "fizeram com que todos aqueles instintos do homem selvagem, livre e errante se voltassem para trás, contra o homem mesmo" (Nietzsche, 1887/1987, p. 90).

E recordemos as palavras de Freud em "O futuro de uma ilusão":

> *Cada indivíduo é, virtualmente, um inimigo da civilização, embora se suponha que esta constitua um objeto*

> *de interesse humano universal. Dá-se, com efeito, o fato singular de que os homens, não obstante lhes ser impossível existir isoladamente, sentem como um peso intolerável os sacrifícios que a civilização lhes impõe, a fim de tornar possível a vida comunitária. Assim, pois, a cultura deve ser defendida contra o indivíduo, e todos seus regulamentos, organizações e instituições dirigem-se a essa tarefa (Freud, 1927/1974i, p. 16).*

Alinhado não só com o pensamento de Nietzsche, verificamos que em *O mal-estar na civilização* Freud também adere à concepção de um retorno ao estado de natureza, na sociedade e no governo, formulada por Hobbes em *O Leviatã* (1651), segundo a qual "o homem é o lobo do homem", máxima também defendida por Schopenhauer. Ou seja, as relações de igualdade entre os homens não garantem a busca do bem comum, mas, ao contrário, podem conduzir a relações competitivas aguerridas – "uma guerra de todos contra todos". Se entregues às próprias paixões e movidos cegamente por suas pulsões agressivas e sexuais, os seres humanos seriam responsáveis por sua própria destruição. Mas a união a serviço de Eros pode se contrapor ao retorno à barbárie. A civilização, representada pela cultura e pelas instituições sociais – como o Estado, a família e a religião –, funcionaria como um dispositivo coercitivo para ordenar e organizar as pulsões humanas. O direito condensa o poder de uma comunidade enquanto produto do pacto entre indivíduos que se reconhecem como membros fraternos e se opõem à tirania do líder despótico, que se apropria da lei como se fosse, ele próprio, sua mais suprema encarnação.

Os seres humanos trazem consigo uma potência de destruição, uma hostilidade primária entre si, considera Freud. Com a noção de pulsão de morte, traduzida por destruição voltada para o próprio sujeito, e, quando exteriorizada, dirigida contra o objeto, Freud inscreve a violência como um forte elemento do aparelho psíquico. Pulsão de morte que inclui não só o retorno ao inorgânico como também o prazer pela destruição de si mesmo e do outro. Trata-se de uma disposição pulsional destrutiva autônoma, originária do ser humano, de caráter silencioso, e o grande obstáculo à civilização. Paradoxalmente, o próprio homem surge como o inimigo potencial da civilização.

Embora compactue com Hobbes sobre a necessidade de um Estado que assegure uma ordenação social, Freud não legitima a soberania como forma de gestão das forças sociopolíticas e pulsionais. Considera que, nesse cenário, as instâncias de autoridade e de governo se tornam fontes de intensa crueldade, como a manipulação do desejo das massas. Como considera Arendt: "a soberania, o ideal da inflexível auto-suficiência e auto-domínio, contradiz a própria condição humana de pluralidade" (Arendt, 1954/2001b, p. 246).

Agamben também ressalta que a função do Estado se torna problemática quando passa a gerir diretamente a vida e o corpo da população. Daí, a política se converte em biopolítica, e nela suas práticas têm como fim o próprio corpo dos sujeitos, a doutrinação de seus costumes e a domesticação de seus desejos.

Adentraremos a seguir em algumas noções do pensamento arendtiano.

Arendt defende a ideia de que a filosofia fracassa ao pensar a política ocupando-se apenas do Homem, e argumenta que a política se dá "entre" os homens. Para a autora, a onipotência do Homem sobre os homens constitui o totalitarismo, forma política originada na modernidade. Para Arendt, a condição humana implica sempre uma situação, que envolve a interação entre os homens e se efetiva na política: "O que quer que toque a vida humana ou entre em duradoura relação com ela, assume imediatamente o caráter de condição da existência humana" (Arendt, 1954/2001a, p. 17).

A autora menciona o hiato abissal entre os acontecimentos da Segunda Grande Guerra e o conhecimento precário que a humanidade tinha de si mesma. Em suas palavras:

> *A situação, porém, tornou-se desesperadora quando se mostrou que as velhas questões metafísicas eram desprovidas de sentido; isto é, quando o homem moderno começou a despertar para o fato de ter chegado a viver em um mundo no qual sua mentalidade e sua tradição de pensamento não eram sequer capazes de formular questões adequadas e significativas e, menos ainda, dar respostas às suas perplexidades (Arendt, 1954/2001a, pp. 34-35).*

Auschwitz torna obsoleto o pensamento daqueles que eram incapazes de se deslocar do ambiente "metafísico" para o território da ação, sugere Arendt. Como filósofa, a autora deixa clara sua posição de que a onipotência do Homem torna os homens e sua pluralidade completamente supérfluos, e que, assim como a consequência da onipotência de Deus é o monoteísmo, a consequência da onipotência do Homem sobre os homens é o totalitarismo.

A concepção arendtiana de ação política, baseada no modelo ateniense da *polis* grega, se fundamenta nas noções de pluralidade, igualdade e liberdade.

Para Arendt, o mundo político é o mundo de relações, o mundo de construção humana. E a pluralidade é a condição da ação humana. O pensamento político de Arendt sublinha a pluralidade humana, conforme considera:

> *A ação, única atividade que se exerce diretamente entre os homens sem a mediação das coisas ou da matéria, corresponde à condição humana da pluralidade, ao fato de que os homens, e não o Homem, vivem na Terra e habitam o mundo. Todos os aspectos da condição humana têm alguma relação com a política (Arendt, 1958/2001b, p. 15).*

Arendt considera que não podemos tomar a dimensão subjetiva como uma esfera autônoma em relação à política:

> *A presença de outros que veem o que vemos e ouvem o que ouvimos garante-nos a realidade do mundo e de nós mesmos; e, embora a intimidade de uma vida privada plenamente desenvolvida, tal como jamais se conheceu antes do surgimento da era moderna e do concomitante declínio da esfera pública, intensifique e enriqueça grandemente toda a escala de emoções subjetivas e sentimentos privados, esta intensificação sempre ocorre às custas da garantia da realidade do mundo e dos homens (Arendt, 1958/2001b, p. 60).*

O campo da política é o do pensamento plural, é o pensar no lugar e na posição do outro. E é o discurso que torna o homem um ser político. Trata-se de uma reflexão por meio do diálogo e da discussão com os outros. Esse debate requer um campo: o da política e o da ação que constituirão a história, processo em que se dão as relações políticas humanas, conforme diz: "A ação, na medida em que se empenha em fundar e preservar corpos políticos, cria a condição para a lembrança, ou seja, para a história" (Arendt, 1958/2001b, pp. 16-17). Campo do embate de valores, de posições.

A ação diz respeito à atividade política que implica atitudes, sua continuidade e renovação. Dessa forma, vemos que Arendt recupera a política em seu estatuto da Antiguidade.

A palavra política é de origem grega, derivada do adjetivo *politikós*, que se refere àquilo que diz respeito à *pólis*. Seguindo o pensamento de Jean-Pierre Vernant, a política surge como meio de debate que inclui necessariamente a palavra. Emergiu com o aparecimento da *polis* grega – *politeia* se refere a tudo o que está situado em torno do pensar a vida em comunidade e em sociedade –, no momento em que os cidadãos passam a questionar a orientação divina na condução de suas ações, demandando um debate sobre os problemas de interesse geral. Ou seja, sobre os rumos da cidade em que o uso da palavra prevalece sobre todos os outros instrumentos do poder. A palavra torna-se o instrumento político por excelência. Desse modo, "a arte política é essencialmente exercício da linguagem" (Vernant, 2009, p. 54), exercício do diálogo. As ações políticas são realizadas por meio de palavras. De todas as atividades presentes nas comunidades humanas, somente duas eram consideradas políticas e constituintes do que Aristóteles chamou de *bios politikos*: a ação, *praxis*, e o discurso, *lexis*, dos quais surge a esfera dos negócios humanos, que exclui estritamente tudo o que seja relativo à vida de necessidade biológica, vinculada então à esfera privada da família: "A ação e o discurso são os modos pelos quais os seres humanos se manifestam uns aos outros, não como meros objetos físicos, mas enquanto homens" (Arendt, 1954/2001a, p. 189). O surgimento da cidade-Estado significou que o homem recebera, "além de sua vida privada, uma espécie de segunda vida, o seu *bios politikos*" (Jaeger, citado por Arendt, 1958/2001b, p. 33). É com palavras e atos que nos inserimos no mundo humano, na vida coletiva, "e esta inserção é como um segundo nascimento" (Arendt, 1958/2001b, p. 189). "Agora cada cidadão pertence a duas ordens de existência; e há uma grande diferença em sua vida entre aquilo que lhe é próprio, *idion*, e o que é comum, *koinon*" (Jaeger, citado por Arendt, 1958/2001b, p. 33). O homem que vivesse unicamente uma vida privada não era considerado inteiramente humano, como era o caso do escravo e do bárbaro, tipos que não podiam participar da luz da vida pública, relegados às sombras e considerados não pessoas. A esfera pública, enquanto mundo comum que nos reúne na companhia uns dos outros, tem a ver com o artefato humano, com o produto de mãos humanas, com os negócios realizados entre os que, juntos, habitam o mundo feito pelo homem. Mas, para Arendt, na sociedade de massas surge a estranheza, pois o mundo entre as pessoas perde a força de mantê-las juntas, de relacioná-las umas com as outras e de separá-las (Arendt, 1958/2001b, p. 62).

A pluralidade, para Arendt, se refere a uma diferença constitutiva entre os homens, isto é, mesmo compartilhando um mundo em comum, os homens possuem diferentes pontos de vista. Embora o mundo comum seja o terreno comum a todos, os que nele estão presentes ocupam diferentes lugares, "e o lugar de um não pode coincidir com o de outro, da mesma forma como dois objetos não podem ocupar o mesmo lugar no espaço" (Arendt, 1958/2001b, p. 67). Na possibilidade do debate, temos o aparecimento da diferença. Assim, para haver política é necessário que haja diferença de posições e debate entre os homens. Se há linguagem, há sujeito. A psicanálise, como escuta clínica do desejo, implica o direito à singularidade na pluralidade; como prática do campo da fala e da linguagem, implica um sujeito cuja questão primordial se dá em torno de uma discordância dele consigo mesmo devido a uma problematização de suas identificações, seus pontos de apoio no Outro.

Para a autora, a política visa à organização do convívio entre os homens, mas é preciso pressupor a liberdade como condição de possibilidade de uma prática política, de uma formação de laços sociais entre os diferentes. Não se trata aqui da liberdade como uma experiência referente ao mundo interior do indivíduo, em que ele poderia superar as amarras sociais; mas sim do fato de que realizar uma ação entre indivíduos no plural implica não ser possível determinar o curso dos eventos e suas consequências, já que o impulso que desencadeia a ação terá que circular pela rede de relações, intenções, interesses, disposições e opiniões formada pelos indivíduos que agem em conjunto. É característica da ação a possibilidade de estar sempre iniciando e criando algo novo e inesperado. O que interfere no ciclo biológico de uma vida limitada entre o nascimento e a morte é a faculdade de agir. Assim, Arendt faz a advertência de que: "os homens, embora devam morrer, não nascem para morrer, mas para começar" (Arendt, 1958/2001b, p. 258). A autora destaca, porém, que o iniciador antigo da ação e o governante atual estão em posições diversas, à medida que o primeiro solicitava a ajuda de outros, enquanto o segundo impõe suas ordens a quem deve cumpri-las e reivindica para si o sucesso do feito de muitos:

> *Por meio dessa reivindicação, o governante monopoliza, por assim dizer, a força daqueles sem cujo auxílio ele jamais teria sido capaz de realizar coisa alguma. E assim surge a ilusão de força extraordinária e, com ela, a falácia do homem forte que é poderoso por estar só (Arendt, 1958/2001b, p. 203).*

Nascida na sociedade moderna, a clínica psicanalítica opera a partir de uma experiência de indeterminação que tem lugar fora da cena pública, mas que não se restringe ao solipsismo de uma liberdade privada derivada da noção de soberania.

A liberdade, para Arendt, designa não estar sujeito às necessidades da vida, ligadas apenas ao *oikós*, família, nem ao comando do outro, e, também, não comandar – nem domínio, nem submissão.

No pensamento político grego, os conceitos de começo e de origem ocupam um lugar central, como indica a palavra *arché*, que significa, ao mesmo tempo, começo e princípio. Esse conceito deriva do fato de que a ação política é sempre o começo de algo novo, e esse começo é a liberdade humana. No contexto da ideia de liberdade, a criação se encontra na própria história. Todo agir é uma inovação que imprime uma reviravolta na história. Ser livre e agir andam de mãos dadas.

A igualdade, diz Arendt, está relacionada à oportunidade para cada pessoa se manifestar. Ser igual no âmbito público implica que não haja imposição de ideias por força da hierarquia ou da violência, mas que seja a persuasão o meio pelo qual os cidadãos deliberam sobre os assuntos de interesse comum. Nesse sentido, falamos que há liberdade política na esfera pública. Ao contrário, não há liberdade nas relações em que a hierarquia do âmbito privado se impõe, como: filho e pai, aluno e professor, escravo e senhor, empregado e chefe, paciente e médico, fiel e pastor. A igualdade é condição para que a fala e a ação circulem entre os homens desiguais e não se restrinjam a interações com destinos e efeitos predefinidos por relações hierárquicas, mantendo sua capacidade de gerar resultados inesperados e colocando em jogo uma noção de liberdade que quebra em ato as cadeias do habitual. Dessa forma, tem-se que a liberdade dá testemunho da indeterminação que habita o cerne dos assuntos humanos quando os homens interagem em condições de igualdade política.

Verificamos, portanto, a extensão da noção de política abordada por Arendt, que traz como fatores fundantes: a singularidade, a pluralidade, a alteridade, o coletivo, a diversidade e a liberdade.

A liberdade entendida como ausência de servidão é cara à psicanálise, pois qualquer ação despótica é incompatível com a ética psicanalítica, que considera a posição subjetiva de responsabilidade em sua relação com o sujeito do inconsciente.

Arendt considera que a política não está associada à dominação, nem é mera violência, mas é uma ação que reflete a condição plural do homem, pois a liberdade não pode ser conquistada na solidão. Podemos falar e alcançar a liberdade apenas a partir de um agir conjunto: "O ser político, o viver numa *polis*, significava que tudo era decidido mediante palavras e persuasão, e não através de força ou violência" (Arendt, 1958/2001b, p. 35). Somente a pura violência é muda. Note-se que a esfera pública, para os gregos antigos, é reservada à individualidade; é o único lugar em que os homens podiam mostrar quem realmente e inconfundivelmente eram: "Em benefício dessa possibilidade, e por amor a um corpo político que a propiciava a todos, cada um deles estava mais ou menos disposto a compartilhar do ônus da jurisdição, da defesa e da administração dos negócios públicos" (Arendt, 1958/2001b, p. 51).

Porém, os próprios gregos, cuja cidade-Estado foi o corpo político mais individualizado e menos conformista de que temos conhecimento, tinham consciência do fato de que a *polis*, com sua ênfase na ação e no discurso, só poderia sobreviver se o número de cidadãos permanecesse restrito. Grandes números de indivíduos, agrupados numa multidão, desenvolveriam uma inclinação quase irresistível em direção ao despotismo, seja o individual ou o do governo da maioria, e em direção à padrões de comportamento, ao conformismo e ao automatismo dos negócios humanos (cf. Arendt, 1958/2001b, p. 52). Para Arendt, a sociedade de massas da era moderna substituiu a ação pelo comportamento, o governo individualizado pela burocracia, que é o governo de ninguém, e introduziu padrões de comportamento visando a reduzir o homem ao nível de um animal que se comporta de maneira padronizada e homogênea. A sociedade de massa incita a passividade conformista e a perda de identidade. Os indivíduos são destituídos de voz para debater, não são escutados em suas singularidades, ao contrário, a eles é imposta uma maneira de ser e de agir. A esfera pública é dissolvida. A massa é dominada pela propaganda ideológica solidificada pelo uso do terror: prisão, tortura, genocídio. O terror tendo como princípio de ação a ideologia. O surgimento da massa amorfa, multidão de miseráveis, propicia a adesão aos líderes que mais contribuírem para a sobrevivência. O regime totalitário é baseado exatamente na vulnerabilidade da massa. Para a autora, a atomização social e a alienação dos indivíduos, nas sociedades de massa, favorecem as formas de governo totalitário.

Para Arendt, a noção de poder também não está atrelada à violência, mas nasce sempre do acordo: "o poder corresponde à habilidade humana de não apenas agir, mas de agir em comum acordo. O poder jamais é propriedade de um indivíduo; pertence ele a um grupo e existe apenas enquanto o grupo se mantiver unido" (Arendt, 1969/1985, p. 24). Falamos que alguém está no poder quando nos referimos ao fato de esta pessoa se encontrar investida de poder por um certo número de pessoas para atuar em seu nome. Já a violência é a ruptura do acordo e, portanto, a dissolução do poder: "À violência sempre é dado destruir o poder; do cano de uma arma desponta o domínio mais eficaz, que resulta na mais perfeita e imediata obediência. O que jamais poderá florescer da violência é o poder" (Arendt, 1969/1985, p. 29).

Dessa forma, em Arendt, um regime que impeça a articulação de um mundo comum entre os indivíduos, configurador da política e do direito, que pretenda a concentração do poder em uma só pessoa está fadado a entrar em crise. Um governo que pretenda a reificação do povo, por intermédio da adoção de um ideal de uma sociedade unificada, sem conflitos, não passa de uma abstração, de um mito cujo destino está condenado ao fracasso.

Embora sua concepção de ação política esteja ligada ao modelo ateniense, distinto dos valores modernos, Arendt admite, a partir de acontecimentos de seu tempo, como a revolução popular na Hungria ocupada pelos russos em 1956, a possibilidade de que a associação dos cidadãos na esfera pública possa quebrar o automatismo dos processos sociais, provocando mudanças na cena política em curso.

Ao privilegiar uma noção libertária de política, Arendt se debruça no estudo dos regimes totalitários, que são, ao contrário, autoritários e massificantes. Judia alemã, Arendt experimentou ao vivo, assim como Freud, a ascensão do nazismo na Alemanha, do qual escapa em 1933 refugiando-se nos Estados Unidos, para nunca mais voltar como residente. Sua história foi exatamente igual à de muitos outros judeus da época: perseguição, perda de direitos políticos, fuga da Alemanha para a França, estadia em um campo de trabalho, fuga do campo de trabalho e, finalmente, a fuga para a América do Norte.

Adorno, ao se dedicar ao estudo do massacre ocorrido em Auschwitz, lança mão da psicanálise como instrumento de reflexão sobre a política totalitária. Escutemos as palavras do filósofo ao recuperar a sagaz contribuição cultural e política de Freud em que este salienta a presença da barbárie na civilização: "Dentre os conhecimentos proporcionados por Freud, efetivamente relacionados à cultura e ao social, um dos mais perspicazes parece-me ser aquele de que toda civilização, por seu turno, origina e fortalece progressivamente o que é anticivilizatório" (Adorno, 2000, pp. 119-120).

Adorno segue resgatando o pensamento freudiano como ferramenta para uma elucidação realista – a barbárie é inerente à civilização – sobre o horror de Auschwitz:

> *Justamente no que diz respeito a Auschwitz, os seus ensaios* O mal-estar na civilização, Psicologia das

> Massas e Análise do eu *mereceriam a mais ampla divulgação. Se a barbárie se encontra no próprio princípio civilizatório, então pretender se opor a isso tem algo de desesperador... . A reflexão a respeito de como evitar a repetição de Auschwitz é obscurecida pelo fato de precisarmos nos conscientizar deste elemento desesperador, se não quisermos cair presas desta retórica idealista (Adorno, 2000, pp. 119-120).*

Adorno ainda salienta que o mencionado "mal-estar na cultura tem seu lado social – o que Freud sabia" (Adorno, 2000, p. 122), acrescentando que: "a pressão civilizatória observada por Freud se multiplicou em uma escala insuportável. Por esta via as tendências à explosão a que ele atentara atingiriam uma violência que ele dificilmente poderia imaginar" (Adorno, 2000, p. 122). Adorno afirma que "o simples fato de ter ocorrido [Auschwitz] já constitui por si só expressão de uma tendência social imperativa" (Adorno, 2000, p. 120). Compromissado em enfatizar que aquilo que se passou em Auschwitz impõe o zelo e a preocupação com o que se passará, Adorno convoca a clínica psicanalítica para a nova empreitada histórica que, desde a Segunda Guerra, se anuncia: "Que Auschwitz não se repita!" (Adorno, 2000, p. 22). Relembremos a contundência de seu alerta:

> *Quero fazer uma proposta concreta: utilizar todos os métodos científicos disponíveis, em especial, psicanálises durante muitos anos, para estudar os culpados por Auschwitz, visando se possível descobrir como uma pessoa se torna assim. O que essas pessoas ainda podem fazer de bom, mesmo em contradição com sua estrutura*

> *de caráter, é contribuir no sentido de que as coisas não se repitam (Adorno, 2000, p. 131).*

É necessário reconhecer os mecanismos que tornam as pessoas capazes de cometer tais atos, insiste Adorno: "é preciso revelar tais mecanismos a eles próprios procurando impedir que se tornem novamente capazes de tais atos, na medida em se desperta neles uma consciência para tais mecanismos" (Adorno, 2000, p. 121). É preciso combater não apenas o fascismo histórico, mas, principalmente, o fascismo que está em todos nós, "que martela nossos espíritos e nossas condutas cotidianas, o fascismo que nos faz amar o poder, desejar esta coisa que nos domina e nos explora" (Foucault, 1977, p. 2). Ou, dito de outra forma:

> *Como fazer para não se tornar fascista mesmo quando (sobretudo quando) se acredita ser um militante revolucionário? Como liberar nosso discurso e nossos atos, nossos corações e nossos prazeres do fascismo? Como expulsar o fascismo que está incrustado em nosso comportamento? (Foucault, 1977, p. 3).*

Charlotte Delbo, dramaturga e militante da Resistência francesa, foi presa com o marido e deportada para Auschwitz-Birkenau em janeiro de 1943. Ela nos conta que, no *Lager*, "passávamos o tempo a contar os mortos. Tínhamos medo de contar os vivos" (Delbo, 2018, p. 345). Como sobreviver ao que se via? Como não morrer junto, sucumbindo à barbárie impetrada tão cruelmente? Como uma pessoa singular pode manter a integridade narcísica, a coesão mental necessária para ficar viva? Destituída de pensamento, Delbo declara: "Não pensava em nada. Não via nada. Não sentia nada. Era um esqueleto de frio..." (Delbo, 2018, p. 92). Uma espécie de "ver para não crer", "aquilo que vejo não pode ser real". Como considera

Hans Jonas, a experiência traumática de Auschwitz foi marcada por um excesso de realidade: "Em Auschwitz havia mais realidade do que é possível" (Jonas, citado por Seligmann-Silva, 2000, p. 91), o que instala um abismo insondável entre a realidade extrema e sua representação. A consequência dessa vivência intensa é a destruição da capacidade de discernimento entre o real e o irreal, um distúrbio entre o princípio de realidade e o princípio de prazer. A morte, devido à sua onipresença, deixa de ocupar o seu papel fundamental na organização simbólica e não orienta mais a distinção entre o aqui e o além. Delbo, como muitos outros sobreviventes, afirma que ela não está entre os vivos: "Eu morri em Auschwitz" (Delbo, 2018, p. 451).

Para Arendt, o que foi inacreditável nos campos de concentração nazistas não foi apenas o número de vítimas, mas o método, "a fabricação de cadáveres". E, então, considera a autora, já não podemos falar propriamente de morte, mas de algo infinitamente mais ultrajante do que a morte. Em Auschwitz não se morria: produziam-se cadáveres em série. O horror de um fenômeno dessa natureza é o caráter sistemático e ordenado, segundo um plano racional, do extermínio; a serialização de mecanismos técnicos para conduzir milhões de pessoas à morte; enfim, a industrialização da morte – procedimento técnico, burocrático, impessoal e silencioso. Características essas da "banalidade do mal" (Arendt, 1964/1999, p. 311), e da silenciosa pulsão de morte em Freud. Banalidade em que a esfera política se encontra totalmente desligada da dimensão moral: "Só cumpro o meu dever", respondia Eichmann, e voltava para casa para cuidar dos seus filhinhos. Para Arendt, "pura irreflexão", "ausência de pensamento" – inércia psíquica da silenciosa pulsão de morte de Freud. Os carrascos nazistas não são considerados monstros morais. Apenas "servem" ao Estado e fazem algo "banal". Esse espaço no qual se cria uma esfera de legalidade própria desprovida dos valores morais pode facilmente se tornar um espaço de terror que resvala para o Estado totalitário.

Eu pude visitar, a céu aberto, a extensão imensa do campo de Auschwitz II – Birkenau. Lá fiquei, com os olhos esbugalhados, sem encontrar palavras para descrever o que meus olhos viam, e aturdida ao evocar os milhões de corpos que lá padeceram numa primavera incomumente gélida. Mais do que isso, impactada ao imaginar a intolerável padronização da morte das pessoas e ao pensar que a morte de cada um "não fazia diferença", a morte era radicalmente "indiferente", as pessoas morriam como números e não como nomes próprios. Lá queimaram milhões... O prado encobria milhões de cadáveres enterrados e incinerados. Eu olhava para a terra e não via nada, não havia nada para ver, mas tentava ver, tentava ressuscitar os mortos jogados nas valas, tentava quantificar almas em série e imaginar corpos empilhados sobre outros corpos e prisioneiros fazendo este passo que eu fazia agora, e a imensidão do que eu sabia não cabia naquela extensão de terra. Milhões de almas não cabiam na câmara de gás que eu tentava medir obsessivamente, e nem os milhões de corpos esquálidos vistos em fotos e filmes cabiam naquele espaço exíguo que é o forno crematório. Tudo em vão, tudo era incontornável. A morte irrepresentável.

Sabemos que todas as formas de dogmatismos inviabilizam o pensamento, a tolerância e a hospitalidade. O pensamento único impossibilita o pensamento crítico, o pensamento aberto à elaboração da história e ao contato com o outro não idêntico, o diferente. Se não há tolerância entre as pessoas, os sujeitos não admitem o que é diferente de si, os sujeitos não fazem laços com o Outro. Além do Estado nazista e da emblemática catástrofe do Holocausto – paradigma do horror inominável e da "banalidade do mal" (Arendt, 1964/1999, p. 311) –, muitos outros genocídios, diversas formas de campos de concentração e crimes contra humanidade continuam em curso hoje, e tendem a ficar embaçados. O que dizer das atuais políticas de imigração e suas práticas de enclausuramento dos imigrantes estrangeiros retidos em acampamentos/campos em países que pregam os direitos humanos e a tradição democrática, mas que, ao mesmo tempo, ferem esses princípios com tanta eficácia? Esse *no man's land* retrata o mundo contemporâneo com seus imigrantes, apátridas e foragidos, todos em situação de insegurança política, social e jurídica. Esse estado corresponde ao sentimento de não lugar na sociedade e no mundo – o "acosmismo" de que fala Arendt em *Origens do totalitarismo* (1950/2012), escrito no verão de 1950. Nesse mundo se inscreve a condição do homem contemporâneo.

Uma ideia central, recuperada de Carl Schmitt, na obra de Giorgio Agamben, é o "estado de exceção", ou seja, a declaração pela qual um governo se atribui mais poderes sobre seus sujeitos em nome de circunstâncias excepcionais, como guerra, pandemia, imigrações, catástrofe natural etc. Para Agamben, todo poder sempre tende a querer uma dominação cada vez mais profunda da nossa existência. O Estado é o senhor da biopolítica, é poder sobre a vida nua, biológica, fora do campo dos direitos da lei; ele é o gestor do "estado de exceção". O autor alerta que a pandemia de covid-19, assim como o terrorismo, é uma ameaça real, mas considera que pode funcionar como pretexto para os poderosos reduzirem a liberdade do cidadão e satisfazerem a sua sede de extremo domínio.

Assim, Agamben considera que o totalitarismo moderno pode ser definido:

> *como a instauração, por meio do estado de exceção, de uma guerra civil legal que permite a eliminação física não só dos adversários políticos, mas também de categorias inteiras de cidadãos que, por qualquer razão, pareçam não integráveis ao sistema político. Desde*

> *então, a criação voluntária de um estado de emergência permanente (ainda que, eventualmente, não declarado no sentido técnico) tornou-se uma das práticas essenciais dos Estados contemporâneos, inclusive dos chamados democráticos (Agamben, 2007, p. 13).*

O estado de exceção se apresenta "como a forma legal daquilo que não pode ter forma legal" (Agamben, 2007, p. 12); isto é, não é um direito especial, como o direito da guerra, mas opera uma suspensão da própria ordem jurídica, não sendo, portanto, nem exterior nem interior ao ordenamento jurídico. Nessa perspectiva, o estado de exceção funciona como um patamar de indeterminação entre democracia e absolutismo. O estado de exceção é um dispositivo que institui um limiar de indecidibilidade entre anomia e *nomos*, entre vida e direito. Os judeus, nos *Lager* nazistas, perderam, junto com a cidadania, toda identidade jurídica, e só conseguiram conservar a identidade de judeus.

Décadas de luta incansável dos familiares de mortos e desaparecidos exigindo o esclarecimento dos crimes ocorridos durante os governos totalitários da ditadura militar no Brasil foram necessárias para que a Comissão Nacional da Verdade (CNV) fosse finalmente criada pelo Estado, em 2011, quatro décadas após o golpe militar. Trata-se de políticas de memória e de esquecimento. Sabemos da impossibilidade e, ao mesmo tempo, da necessidade fundamental de representação que acompanha a experiência traumática. O que faz a tortura exitosa é conseguir matar um ser por dentro. Calar suas entranhas, fazer com que deixe de ser alguém. Abolir sua palavra, aniquilar seu desejo, destituí-lo como sujeito. Abolir sua história e impor esquecimento à força. Buracos de memória forçados. Ser interditado do relato das experiências vividas/imaginadas no limite do humano exclui o sujeito do universo simbólico que integra a humanidade, e assim se produzem subjetividades condenadas a um silenciamento. A CNV tinha o direito de convocar vítimas e familiares para darem seus "testemunhos" – darem "voz" –, deporem ou prestarem esclarecimentos sobre fatos e casos ocorridos naquele período. Além disso, convocar responsáveis e acusados de práticas extremamente repressivas e criminosas. Um trabalho potente sobre a memória. Apesar de tardia, a "escuta" e o registro dessas experiências imprimiu um novo sentido à nossa história. Podemos dizer que são essas testemunhas que "fazem" a história.

Para os sujeitos mergulhados no horror, em extrema angústia, a escuta sensível do "trauma" é o início da construção de um lugar para a alteridade e para a diferença. A saída subjetiva é possibilitar que o sujeito crie sentidos a isso que lhe é inominável, direcionando toda a ambivalência de sentimentos, primordialmente os odiosos, para um trabalho de criação. A análise pessoal contribui para o reconhecimento dos efeitos nefastos da violência de que não podemos nos livrar. A escuta do inconsciente, nesses casos, é uma atividade de testemunho, que leva em consideração os efeitos psíquicos devastadores da desumanização a que as pessoas com as quais trabalhamos estão submetidas. A psicanálise pode operar, portanto, como uma prática potente e implicada social e politicamente.

A noção de trauma, desde seu aparecimento no pensamento de Freud e de Pierre Janet, nos confronta com um enigma fundamental que diz respeito à relação da psique com a realidade. Em sua definição genérica, o trauma é descrito como a resposta a um evento violento, inesperado ou arrebatador que não é inteiramente compreendido quando acontece, mas retorna mais tarde, *a posteriori*, em *flashbacks*, pesadelos e outros fenômenos repetitivos. A experiência traumática sugere um paradoxo: a visão mais direta de um evento violento pode ocorrer como uma inabilidade para conhecê-lo; a imediatez pode, paradoxalmente, tomar a forma de um atraso. O evento traumático não permanece disponível para a consciência e se estende para além do que pode ser conhecido, e está intrinsicamente ligado ao atraso e à incompreensão.

Viver é mais do que sobreviver. O conceito grego de vida, em Aristóteles, envolve duas noções: *zoé* e *biós*. *Zoé* exprime a mera vida biológica, o simples fato de viver; é o que Agamben chama de "vida nua". *Biós*, que dá origem a biografia, é a dimensão em que a vida humana é distinguida da do animal pela linguagem; indica a forma e a maneira de viver própria de um indivíduo, com seus desejos (daí biografia), ou de um grupo (cultura); é a vida como laço social; é a vida política. Na ausência de narrativas sobre a própria existência, ficamos impedidos de repousar, sonhar e pensar. A nossa vida fica reduzida à *zoé*, vida nua. Dessa forma, Agamben retoma a oposição entre vida nua – uma vida sem qualidades – e vida qualificada. Nós nos transformamos em subjetividades sem qualidades, reduzidas à vida nua.

Tolerare significa "levar", suportar, mas também, combater. Tolerar é esforço para desfazer ortodoxias, revelar a dessemelhança no que parece homogêneo, a fim de se ir ao encontro do Outro. A tolerância e a autonomia do pensamento podem reverter dogmas que geram preconceitos, se a estes se contrapuser a prática do diálogo, que supõe movimentar-se num campo semântico e conceitual que leva em conta a distinção, a diferença. O prefixo *dia* justaposto ao *logos* indica, ao mesmo tempo, o que une e o que distingue os contrários. Para ocorrer diálogo na sociedade, na política e entre culturas, é preciso haver encontro, o que só se concretiza com a condição "de que duas culturas tenham esquecido a própria origem, e isto depende de que cada uma já tenha se tornado dupla com respeito a si mesma" (Perniola, 1985, p. 145).

Interrogar a (in)tolerância é questionar as relações do eu ao outro, mas, sobretudo, de nós a nós mesmos. Como diz Freud, esse eu que nos é tão íntimo é, também, inquietantemente estranho.

A partir do estudo semântico do adjetivo *heimlich* – familiar – e a de seu antônimo, *unheimlich* – secreto, escondido –, Freud indica a coincidência entre conhecido e desconhecido. Na própria palavra inverte-se o mais conhecido em seu contrário, nesta enigmática presença do estranho no mais familiar, que, em certas condições, se manifesta como estranho. O medo desloca o estranho para fora de nós, revelando naquilo que um dia foi familiar algo potencialmente impregnado do estranho, no caso, o inconsciente. Face ao estrangeiro que recusamos sem consciência da recusa – e com o qual nos identificamos sem o saber –, perdem-se os limites entre o real e o imaginário, de forma a se estabelecer o conflito entre a necessidade de identificação com o outro, para que não permaneça desconhecido e ameaçador, e o medo de consegui-lo e perder-se na alteridade. Reconhecer o estrangeiro em nós mesmos revela um país desconhecido em que fronteiras e alteridades são, permanentemente, construídas e desfeitas. Instala-se em nós a "diferença" como condição de nosso estar com os outros. Conhecer o Outro é conhecer mais profundamente a si mesmo.

Se o Outro é um, nós mesmos invertidos, podemos dele nos aproximar pelos laços da confiança, da fraternidade e da amizade. Etienne de la Boétie, no século XVI, escreveu que: "Não pode haver amizade onde há crueldade, deslealdade e injustiça. Entre os maus, quando se reúnem, há uma conspiração, não uma companhia. Eles não se entretêm, mas se entre-temem. Não são amigos, mas cúmplices" (La Boétie, 1982, p. 106). Sociedade que não se funda nos laços de amizade e fraternidade é, também, sem compaixão, sem solidariedade. Jacques Derrida ao considerar a amizade refere-se à hospitalidade, que é incondicional, pois diz respeito ao estrangeiro que chega sem ter avisado, àquele que entra na nossa vida sem dizer que vinha. A hospitalidade ultrapassa as noções ligadas a formas jurídicas e políticas, é um salto para além da norma e da regra, e é a condição de possibilidade do mundo ético e político (cf. Derrida, 2003).

Antes de terminar, retornemos a Agamben. O autor compara sua obra com a imagem de um canteiro de obras, terreno em curso, em processo de realização, em que são lançadas muitas questões com certa desordem para depois constituir uma unidade. Ao refletir sobre *O que é o contemporâneo?*, indagação que se mantém aberta e inacabada, o autor problematiza a questão do tempo como uma de suas características. Agamben pensa o ser contemporâneo como um modo singular em que num presente qualquer nos conectamos com o passado e com o futuro, ao mesmo tempo que desse presente nos distanciamos. É uma atitude de não estar de acordo consigo mesmo e nem com seu próprio tempo. É um ser fora de si. É o homem aberto para o ser, sem determinação fixa, mas potência de ser e de não ser mais.

> *Pertence verdadeiramente ao seu tempo, é verdadeiramente contemporâneo, aquele que não coincide perfeitamente com este, nem está adequado às suas pretensões...; mas, exatamente por isso, exatamente através desse deslocamento e desse anacronismo, ele é capaz, mais do que os outros, de perceber e apreender o seu tempo (Agamben, 2009, pp. 58-59).*

Agamben assinala que essa não coincidência – aliás, inspirada na noção de extemporâneo de Nietzsche – não significa viver num outro tempo e nem ser um nostálgico, pois homem algum pode fugir de seu tempo. O que o autor propõe é um olhar crítico e resistente ao próprio tempo em que se vive e ao que nele se é, o que requer um recuo para que ambas as esferas possam ser observadas e conhecidas por meio de uma visão reflexiva e questionadora.

A experiência de contemporaneidade é, portanto, uma singular relação do sujeito com o próprio século que a ele se adere, ao mesmo tempo que dele se descola e se desloca, a fim de poder enxergar a si próprio e o tempo em que vive. Parece-me uma proposta ética que diz respeito à maneira de se habitar uma época, e não simplesmente ao fato de se estar nela. A meu ver, é um convite para uma relação dinâmica com o tempo e com o processo de identificações.

Considerando a política como expressão de forças coletivas que, permeando a vida, interferem na construção de seres humanos desta ou daquela maneira, a prática psicanalítica contribui como uma forma de mobilizar no humano sua potência crítico-inventiva de criação de muitas maneiras de existir, pensar, agir, perceber, sentir, enfim, viver. A razão para entender a origem da política é buscar sofrer menos com as causas que geram a política enquanto tal. É sofrer menos violência, qualquer que seja forma em que ela se apresente na experiência concreta do cotidiano social e individual. A violência é um conflito insolúvel para os seres humanos, e o surgimento das formas políticas seria um modo de lidar com essa violência, tentando organizá-la, com maior ou menor sucesso. Na longa duração da história, não encontramos um processo acumulativo e linear de sucessos na gestão da violência. Dos grupos organizados por parentesco à corrupção no coração dos Estados, às teocracias, à tentativa de uma organização impessoal e mais transparente, tudo é efêmero e pode degenerar em violência desorganizada. O que nos leva à vida política é a condição humana determinada pelas contingências de um ambiente aberto à violência contínua. A violência sempre fez parte do cenário humano. Reconhecer que a violência é parte da condição humana não significa que sejamos apenas capazes de violência. Mas negar essa disposição, e diferentes capacidades para o seu exercício, implica não compreender a política real. Organizar a violência no cotidiano de um grupo é, basicamente, atenuá-la.

O alcance político da obra de Freud não pode ser ignorado, tampouco as consequências críticas e ideológicas que ela produz no caminhar da humanidade. Como psicanalistas/cidadãos, não há como nos eximirmos de questionar e intervir no entendimento dos processos políticos, nos quais estamos imersos. Encontramos em toda obra freudiana, uma preocupação com a ação política de seu tempo. E ainda hoje precisamos pensar a noção de política em suas consequências devastadoras para o sujeito, em sua concepção de desejo, de produção de laço social e de destituição subjetiva.

De muitos lados do mundo, ouvimos a hipótese de que, na realidade, estamos vivendo o fim das democracias fundadas em direitos, parlamentos e na divisão de poderes, o que estaria dando lugar a um novo despotismo que, em relação à difusão de controles e à cessação de toda atividade política, poderá se aproximar ou até mesmo superar os totalitarismos que conhecemos até agora. Os cientistas políticos americanos dão a isso o nome de *Security State*, isto é, "por razões de segurança", de "saúde pública" – termo que sugere os notórios "comitês de saúde pública" ou a "política eugênica" durante o Holocausto –, qualquer limite pode ser imposto às liberdades individuais. É o controle exercido a todo tempo e em todo o espaço por meio de câmeras de vídeo, de telefones celulares, redes sociais etc. Cabe também nos indagarmos, agora, até que ponto estaríamos vivendo, por ocasião da pandemia de covid-19, um novo totalitarismo.

Finalizo com um precioso legado do psicanalista Contardo Calligaris: "Confinamento e quarentena são bem-vindos hoje, e esperemos que funcionem, mas sem perder a desconfiança que o poder sempre deveria inspirar – sobretudo, quando ele emana de um governo que não precisou da pandemia para flertar abertamente com a ditadura, a supressão das liberdades e o fechamento do Congresso" (Calligaris, 2020).

Referências

Adorno, T. W. (2000). *Educação e emancipação.* São Paulo: Paz e Terra.

Agamben, G. (2002). *Homo sacer: o poder soberano e a vida nua I.* Belo Horizonte: Editora UFMG.

Agamben, G. (2007). *Estado de exceção.* Trad. Iraci D. Poleti. São Paulo: Boitempo.

Agamben, G. (2009). *O que é o contemporâneo? e outros ensaios.* Chapecó: Editora Argos.

Arendt, H. (1985). *Da violência* (M. C. D. Trindade, Trad.). Brasília: Editora UnB. (Livro original publicado em 1969).

Arendt, H. (1999). *Eichmann em Jerusalém: um relato sobre a banalidade do mal* (J. R. Siqueira, Trad.). São Paulo: Companhia das Letras. (Trabalho original publicado em 1964).

Arendt, H. (2001a). *Entre o passado e o futuro.* São Paulo: Perspectiva. (Livro original publicado em 1954).

Arendt, H. (2001b). *A condição humana.* Rio de Janeiro: Forense Universitária. (Livro original publicado em 1958).

Arendt, H. (2008). *Compreender: formação, exílio e totalitarismo (ensaios)* (D. Bottman, Trad.). São Paulo: Companhia das Letras. (Livro original publicado em 1958).

Arendt, H. (2012). *Origens do totalitarismo.* São Paulo: Companhia das Letras. (Livro original publicado em 1950).

Brunner, J. (2000). *Oedipus politicus*: o paradigma freudiano das relações sociais. In M. S. Roth (Org.), *Freud: conflito e cultura: ensaios sobre sua vida, obra e legado.* (V. Ribeiro, Trad.). Rio de Janeiro: Jorge Zahar.

Calligaris, C. (2020). *Para Agamben, pandemia funciona como pretexto para o poder satisfazer sua sede de mais domínio. Folha de S. Paulo*, 26 mar. 2020.

Delbo, C. (2018). *Auschwitz e depois* (J. M. Varela, Trad.). Lisboa: BCF Editores.

Derrida, J. (2003). *Le concept du 11 septembre*. Paris: Galilée.

Foucault, M. (1977). Preface. In G. Deleuze e F. Guattari, *Anti-Oedipus: capitalism and schizophrenia* (pp. XI-XIV; W. F. do Nascimento, Trad.). New York, Viking Press.

Freud, S. (1974a). Projeto para uma psicologia científica. In *Edição standard brasileira das obras psicológicas completas de Sigmund Freud* (V. 1; J. Salomão, Trad.). Rio de Janeiro: Imago. (Trabalho original publicado em 1895).

Freud, S. (1974b). Três ensaios sobre a teoria da sexualidade. In *Edição standard brasileira das obras psicológicas completas de Sigmund Freud* (V. 7; J. Salomão, Trad.). Rio de Janeiro: Imago. (Trabalho original publicado em 1905).

Freud, S. (1974c). Totem e tabu. In *Edição standard brasileira das obras psicológicas completas de Sigmund Freud* (V. 13; J. Salomão, Trad.). Rio de Janeiro: Imago. (Trabalho original publicado em 1913).

Freud, S. (1974d). Reflexões para os tempos de guerra e morte. In *Edição standard brasileira das obras psicológicas completas de Sigmund Freud* (V. 14; J. Salomão, Trad.). Rio de Janeiro: Imago. (Trabalho original publicado em 1915).

Freud, S. (1974e). Além do princípio de prazer. In *Edição standard brasileira das obras psicológicas completas de Sigmund Freud* (V. 18; J. Salomão, Trad.). Rio de Janeiro: Imago. (Trabalho original publicado em 1920).

Freud, S. (1974f). Psicologia de grupo e a análise do ego. In *Edição standard brasileira das obras psicológicas completas de Sigmund Freud* (V. 18; J. Salomão, Trad.). Rio de Janeiro: Imago. (Trabalho original publicado em 1921).

Freud, S. (1974g). Inibições, sintomas e ansiedade. In: *Edição standard brasileira das obras psicológicas completas de Sigmund Freud* (V. 20; J. Salomão, Trad.). Rio de Janeiro: Imago. (Trabalho original publicado em 1926).

Freud, S. (1974h). A questão da análise leiga. In: *Edição standard brasileira das obras psicológicas completas de Sigmund Freud* (V. 20; J. Salomão, Trad.). Rio de Janeiro: Imago. (Trabalho original publicado em 1926).

Freud, S. (1974i). O futuro de uma ilusão. In *Edição standard brasileira das obras psicológicas completas de Sigmund Freud* (V. 21; J. Salomão, Trad.). Rio de Janeiro: Imago. (Trabalho original publicado em 1927).

Freud, S. (1974j). O mal-estar na civilização. In *Edição standard brasileira das obras psicológicas completas de Sigmund Freud* (V. 21; J. Salomão, Trad.). Rio de Janeiro: Imago. (Trabalho original publicado em 1930).

Freud, S. (1974k). Por que a guerra? In *Edição standard brasileira das obras psicológicas completas de Sigmund Freud* (V. 22; J. Salomão, Trad.). Rio de Janeiro: Imago. (Trabalho original publicado em 1932).

Freud, S. (1974l). Análise terminável e interminável. In *Edição standard brasileira das obras psicológicas completas de Sigmund Freud* (V. 23; J. Salomão, Trad.). Rio de Janeiro: Imago. (Trabalho original publicado em 1937).

Freud, S. (1974m). Moisés e o monoteísmo. In *Edição standard brasileira das obras psicológicas completas de Sigmund Freud* (V. 23; J. Salomão, Trad.). Rio de Janeiro: Imago. (Trabalho original publicado em 1939).

Goldenberg, R. D. (2006). *Política e psicanálise*. Rio de Janeiro: Jorge Zahar.

Kaës, R. (2005). *Espaços psíquicos comuns e partilhados: Transmissão e negatividade*. São Paulo: Casa do psicólogo.

Kaës, R. (2011). *Um singular plural: a psicanálise à prova do grupo* (L. P. Rouanet, Trad.). São Paulo: Loyola.

La Boétie. (1982). *Discurso da servidão voluntária*. São Paulo: Brasiliense.

Levi, P. (1997). *A trégua* (M. Lucchesi, Trad.). São Paulo: Companhia das Letras.

Levi, P. (1988). *É isto um homem?* (L. Del Re, Trad.). Rio de Janeiro: Rocco.

Matos, O. (2006). *Discretas esperanças*. São Paulo: Nova Alexandria.

Miller, J.-A. (2002). *Política lacaniana*. Buenos Aires: Diva.

Nietzsche, F. (1987). *Genealogia da moral: um escrito polêmico*. São Paulo: Brasiliense. (Trabalho original publicado em 1887).

Pastore, J. A. D. (2012). *Homo sacer* e cidadania. In J. A. D. Pastore & S. S. G. Soares (Ogs.), *O psicanalista na comunidade*. São Paulo: Sociedade Brasileira de Psicanálise de São Paulo.

Pastore, J. A. D. (2015). *O trágico: Schopenhauer e Freud*. São Paulo: Primavera Editorial.

Perniola, M. (1985). *Transiti. Filosofia e perversione*. Roma: Editora Castelvecchi.

Schopenhauer, A. (2001). *Sobre o fundamento da moral* (M. L. M. e O. Cacciola, Trad.). São Paulo: Martins Fontes.

Schopenhauer, A. (2005). *O mundo como vontade e como representação* (J. Barboza, Trad.). São Paulo: Unesp.

Seligmann-Silva, M. (2000). A História como trauma. In A. Nestrovski & M. Seligmann-Silva (Orgs.). *Catástrofe e representação.* São Paulo: Escuta.

Vernant, J.-P. (2009). *As origens do pensamento grego.* Rio de Janeiro: Difel.

Viereck, G. S. (2020). O valor da vida. In *Ide*, vol. 42, n. 69. São Paulo: Sociedade Brasileira de Psicanálise de São Paulo.

6. Como criar novas estruturas de mundo?

Marilsa Taffarel[1]

O pensamento de Giorgio Agamben, filósofo italiano, soa cada vez mais atual na medida em que reflete sobre a urgência do tempo em que vivemos: um tempo em que o estado de exceção se transformou em Estado de exceção.

A partir do início da década de 1970, Agamben começa a entrar na cena mundial com seu primeiro livro, *O homem sem conteúdo*, publicado no Brasil em 2012. Nele, esse filósofo trabalha sobre o isolamento da obra de arte em relação à vida, nas suas dimensões religiosa e política. A arte relegada, isolada no museu, onde é observada pelos que têm "bom gosto". Para pensar a condição da arte, Agamben faz um percurso pela filosofia, pela literatura, pela história. Contudo, sua obra ganha destaque com o chamado projeto *Homo sacer*, uma tetralogia sobre as condições em que a vida de uma parte da humanidade se torna eliminável, matável.

---

[1] Psiquiatra e psicanalista. Docente da SBPSP. Doutora em psicanálise pela PUC-SP.

Como ele mesmo escreve, as investigações, as reflexões a que se dedica constituem uma "arqueologia da política ocidental" (Agamben, 2017, p. 307). Seu pensamento está em diálogo e revisitação contínua a Michel Foucault, Franz Kafka, Walter Benjamin, Hanna Arendt, entre outros.

A linguagem perpassa toda sua obra, pondo-se como essencial, para além da literatura e da poesia, nas artes em geral e na política.

Vamos nos deter na conferência/ensaio "O ato da criação", aparecido recentemente entre nós no livro *O fogo e o relato*, que reúne dez conferências proferidas no início da década de 2010 (Agamben, 2018).

Irei destacar muito brevemente a retomada, nessa conferência, da relação entre potência e ato, a qual também faz parte de escritos anteriores. Em "O uso dos corpos", por exemplo, Agamben (2017) trata da instituição e da destituição do par potência/ato.

Suas articulações de alguns conceitos, sobretudo o citado anteriormente, podem dialogar com o ensaio de Fabio Herrmann – psicanalista e autor original paulistano – intitulado "O ato".

Freud encerra *Totem e tabu* e Herrmann inicia seu ensaio "O ato" com a mesma máxima: "No princípio foi o ato" (Freud, 1980, p. 162; Herrmann, 1977, p. 162).

Fausto, personagem central de Goethe em uma das obras mais importantes da literatura de todos os tempos, decide-se por fazer uma "tradução" para a língua alemã do Novo Testamento.

O tempo verbal usado na frase de Fausto não é de um passado datado. Não se trata de "foi o ato", mas "era o ato." O que, considera-se, lhe configura permanência:

> *Escrito está: Era no início o Verbo!*
> *Já paro e me critico, acerbo!*

> *Como hei de ao verbo dar tão alto apreço?*
> *De outra interpretação careço;*
> *Se pelo espírito ora estou movido,*
> *Escrito está: No começo era o Sentido!*
> *Pesa a linha inicial com calma plena,*
> *Não se apressure a tua pena!*
> *É o sentido então que tudo opera e cria?*
> *Devera apor: No início era a Energia!*
> *Mas, já, enquanto assim o retifico,*
> *Diz-me algo que tão pouco nisso fico.*
> *O espírito me ajuda! E vendo a direção,*
> *Sereno escrevo: Era no início a ação (Goethe, 1832, p. 71).*

Fábio Herrmann identificou, no início da década de 1980, uma patologia social que chamou de ato puro, aquele que perde qualquer conexão significante, em que não há mais o pensamento como potência.

Justamente no livro *Psicanálise do quotidiano*, Herrmann precede o capítulo sobre o ato com o capítulo "O pensamento". Encontramos a relação entre o ato, como ato puro, e o abandono do pensamento. Pensar tornou-se uma tarefa difícil, resultando na ineficácia do pensamento para atingir os objetivos visados, explica Herrmann.

Dentre os fatores determinantes do abandono do pensamento reflexivo está, para o autor, a cesura entre o homem e os acontecimentos, entre o homem e os fatos, entre o homem e o mundo das coisas.

Herrmann situa historicamente – na segunda metade do século XIX – o surgimento das condições para o avanço da mediação humana na relação com o mundo, "os fatos" (Herrmann, 1977, p. 154). Entre o mundo das coisas e o homem interpõem-se diferentes tipos de interpretações que, mais do que nos darem um acesso a ele, nos distanciam. Herrmann dá especial destaque à intensificação da crise da representação, isto é, à interrogação do que a representação caracteriza. Aliás, como longamente mostra Foucault, a crise que se inicia quando a linguagem rompe seu parentesco com as coisas, no início do século XVII.

Herrmann atribui importância decisiva também à intensificação da comunicação de massas. Depois de um período de imposição extensiva de uma moralidade chamada por Herrmann de processo autoritário, um novo tempo histórico ganha hegemonia, o da farsa generalizada. Em que consiste ela? A representação conveniente a certa fatia do poder é desmascarada pelo seu opositor e denunciada como falsa e vice-versa. Toda representação é comprometida com a "mentira intrínseca" (Herrmann, 1977, p. 154) a ela e consequentemente perde qualquer possível caráter de objetividade.

Em vez de um mundo onde vigorariam as ideias dos dominantes de forma clara e ordenada, estamos, na farsa, imersos em um mundo de denúncias contraditórias e em cadeia que tornam o pensar uma tarefa muito difícil.

Para se colocar em uma posição reflexiva, pensa Herrmann, "seria necessário ter em mente o sistema inteiro de imposição ideológica da cultura de massas" (Herrmann, 1977, p. 152). Disso decorre a aderência a fórmulas, a opiniões defendidas com argumentos parcos, configurando o que Herrmann chama de "ato paralítico" (Herrmann, 1977, p. 159): emito uma opinião que me é inculcada e minha veemência figura imaginariamente como um ato.

Esse seria o regime da farsa ao qual responderia o regime do atentado, em que o ato humano se realiza sob a forma de "ato puro", desfecho da impotência que pesa sobre o pensar. O ato puro foi concebido por Herrmann por meio do modelo do atentado: onde se obteria o máximo de efeito com um alvo mínimo. Os exemplos são hoje abundantes, do atentado ao papa João Paulo II, em 1981, às bombas que explodem corpos em boates, em aeroportos etc.

No final de seu ensaio sobre o ato, Herrmann faz uma nova "tradução" das escrituras: "no princípio e no fim está o ato" (Herrmann, 1977, p. 177).

Para Herrmann, o ato, em nossos tempos, conota-se como ato puro, não só sob a forma do ato terrorista, mas na forma do imediatismo: adesão a slogans, a fórmulas simplistas de caráter niilista ou negativista. O acerto na análise permite a Herrmann fazer um prognóstico que tem se cumprido de forma assustadora:

> *As guerras convertem-se em conflitos étnicos, religiosos, já que na etnia e na religião refugia-se o sentido de identidade nacional desmantelado. Aos poucos as ações militares, quando lhes falta base nacional, transformam-se numa espécie de controle policial em escala mundial, as potências encarando os grupos mais fracos como delinquentes, não como inimigos. A resposta, presumivelmente, será um acréscimo de atos terroristas, em magnitude incalculável, tentando dissolver os grandes centros de poder, de forma análoga à ação deste que busca aniquilar uma oposição a seus projetos pela dissolução material ou ideológica dos contrários (Herrmann, 1977, p. 154).*

O ato puro, como foi reconceituado por Herrmann, seguramente a partir de Aristóteles e dos filósofos medievais, se dá na ruptura da relação entre ato e potência. Como podemos entender essa relação?

O ato criativo

Agamben, em "O que é o ato de criação?", tem como preocupação central pensar as condições para a força de emancipação que a palavra contém e que está solapada pelo declínio do pensamento crítico. Observa ele que a arte, a filosofia, a poesia, a religião foram transformadas em espetáculos culturais.

Agamben em suas obras articula a política com a arte – literatura e, sobretudo, poesia – e com a filosofia. Articulação presente nesse texto.

Onde poderemos encontrar alguma resposta para questões absolutamente urgentes que nos atravessam? Essa é sua principal questão, que ecoa profundamente em nós. Sua resposta estará, como tentaremos mostrar, na superação de relações fixas que assim poderiam se abrir para um vazio de onde o inédito pode brotar. Isso, que se dá na poesia, pode se dar na política, na qual em dado momento uma força libertária pode brotar, como algumas vezes já brotou na história da humanidade.

Nesses textos, que retomam, em parte, seu trabalho de articulação realizado em outro texto, *O uso dos corpos*, Agamben irá novamente, a partir da sua leitura de Aristóteles, tratar da relação estabelecida entre ato e potência.

Agamben volta aos antigos gregos para recuperar sentidos e mesmo palavras que a língua perdeu no decorrer dos séculos, e uma dessas recuperações se faz no conceito de vida relacionado com o de potência. Daí decorre seu conceito de forma-de-vida: a vida como vida inteiramente humana não pode ser separada de sua forma, da prática de vida. Nela,

> *cada um dos modos, dos atos e dos processos de viver nunca são simplesmente fatos, mas sempre e, sobretudo,*

> *são* possibilidades *de vida, sempre e, sobretudo, potência. E a potência, enquanto nada mais é do que a natureza de cada ser, pode ser suspensa e contemplada, mas nunca absolutamente dividida em relação ao ato (Agamben, 2017, p. 233).*

Em sua busca "arqueológica", Agamben encontra em Aristóteles o que ele chama de esquema ou dispositivo potência/ato. Nesse dispositivo, Aristóteles poria em relação dois elementos antagônicos. "A potência como existente em si, como potência do não ou impotência e o ato como ontologicamente superior e anterior à potência" (Agamben, 2017, p. 308). A potência para passar ao ato necessita da vontade (um impulso racional, para Aristóteles). Ela é o elemento necessário, enquanto o ato é contingente, isto é, pode se dar ou não.

Esse dispositivo pode ser desativado. E o que importa para Agamben é essa possibilidade. Uma operação de superação do dispositivo que estaria no fato de que ter uma potência significa, na realidade, estar em contato com a impotência. Na experiência poética, a desativação da relação potência/ato dá origem a um contato íntimo entre os dois elementos. Agamben dá um exemplo interessante. Trata-se do genial pianista canadense Glenn Gould, que, entende Agamben, toca a partir da sua impotência para tocar. Aí estaria para ele a diferença entre o talento e a habilidade do executante de uma peça musical. Posso entender que Gould, que canta quase em surdina cada nota de Bach que executa, está na experiência de produção, de levar o que está na esfera da "ocultação e do não ser à luz da presença" (Agamben, 2012, p. 104).

A capacidade de desativar e tornar inoperante um dispositivo, ou seja, um "poder, uma função, uma operação" (Agamben, 2017, p. 305), sem destruir esse dispositivo, libera possibilidades latentes e permite assim, um uso diferente. A passagem da potência ao ato não implica assim sua destruição, "potência e ato se assimilam" (Agamben, 2017, p. 308).

Em *O fogo e o relato* Agamben irá desenvolver o conceito de inoperosidade opondo-o, em certo momento, à preguiça como foi pensada por Paul Lafarge, genro de Marx, em seu manifesto "Direito à preguiça". A preguiça se opõe ao trabalho, temos aí também um dispositivo. Sua destituição está, para Agamben, na inoperosidade, que é um estado do ser em conexão com a potência. Trata-se de mostrar novamente a possibilidade de desfazer a díade potência/ato, assim como a divisão estanque sujeito/objeto. A partir da inoperância é possível "o pensamento do pensamento, a pintura da pintura, a poesia da poesia" (Agamben, 2017, p. 75). Agamben propõe o pensar como resultado possível de uma desativação do pensamento.

Encontro apenas uma frase sobre o que é o pensar no texto "O pensamento", de Herrmann. Para ele, o pensar se dá num momento de ócio: pensar sem objetivo pragmático, numa postura de "inconsequência provisória, lugar de uma eventual irrupção criativa" (Herrmann, 1997, p. 132).

Agamben escreve que para pensar, para ser poeta, para pintar é preciso abrir em si um espaço para a impotência, para a inoperosidade. Inoperosidade interna à própria operação que ao mesmo tempo mostra e contempla a potência.

Para Agamben, tornar inoperantes as operações econômicas, sociais, a função comunicativa e informativa da palavra é a radical condição para a abertura de novos usos, "uma vez que nenhuma resposta virá de um saber parcial" (Agamben, 2017, p. 81).

Talvez, pensa o autor, seja a poesia o modelo por excelência da inoperosidade, do abandono de todas as obras humanas para abrir-se a novas possibilidades em todos os campos.

O poeta tem a coragem de largar as amarras da língua comunicacional, de se defrontar com o vazio, de transmutar o significado usual da palavra. A poesia, para ele, a grande poesia, realiza a potência do dizer mantendo a impotência do dizer. Para Agamben, sem o arriscar-se que se põe exemplarmente na poesia haverá falha nas outras esferas de atuação do homem.

Voltando à psicanálise, lemos em Serge André, psicanalista francês, que a poesia é o modelo para abordar o *non sense* do inconsciente. Escreve esse psicanalista francês:

> *À trapaça do sentido, ele [Lacan] opõe a referência à* poesia*: "como o poeta pode realizar esse esforço de fazer com que um sentido esteja ausente?", pergunta ele. Na escritura poética, para Lacan, estaria a dimensão do que poderia ser a interpretação psicanalítica (Serge André, 1987, p. 288).*

À falta de asseguramento da verdade, um Outro do Outro que tenha a resposta e que tampone o furo, ensina Lacan:

> *o analista deveria responder por uma "palavra vazia", modelada sobre a poesia.... Só há a poesia, já lhes disse, que permite a interpretação. É por isso que não atinjo, em minha técnica, o que ela sustenta. Não sou bastante poeta (André, 1987, pp. 288-289).*

Em Lacan, a palavra poética diz mantendo o vazio, mantendo a indizibilidade.

Para Agamben, a poesia, que demanda a coragem de suportar o vórtice originário para exercer a verdadeira potência de dizer, é o modelo privilegiado para a política e para a filosofia recuperarem a potência de agir.

Referências

Agamben, G. (2012). *O homem sem conteúdo*. São Paulo: Autêntica.

Agamben, G. (2017). O uso dos corpos. In G. Agamben, *Homo sacer* (IV, 2). São Paulo: Boitempo.

Agamben, G. (2018). *O fogo e o relato*. São Paulo: Boitempo.

André, S. (1987). *O que quer uma mulher*? Rio de Janeiro: Jorge Zahar.

Freud, S. (1980). *Totem e tabu* (V. XIII). Buenos Aires: Amorrortu.

Herrmann, F. (1997). *Psicanálise do Quotidiano*. Porto Alegre: Artes Médicas.

Lafarge, P. (2003). *Direito à preguiça*. São Paulo: Claridade.

7. *Let it be – Gelassenheit*[1]

Alan Victor Meyer[2]

A dimensão poética da linguagem como criadora de Mundo e como antídoto ao Imundo da usura sofrida pela língua e suas consequências no laço social e na política é atroz, como estamos experimentando nos últimos anos. Chamar atenção para a questão do poético e sua relevância para a dimensão criativa da psicanálise é a finalidade do presente trabalho. É uma questão presente ao longo da obra de Jaques Lacan, com referência tanto ao fundador da psicanálise, Sigmund Freud, como aos pensadores da linguagem e do estruturalismo do século XX. Entre esses, já em "O discurso de Roma: função e campo da linguagem na psicanálise" (Lacan, 1998), de 1953, temos uma profunda influência do pensamento de Martin Heidegger. É sobre essa influência exercida de modo explícito e implícito do pensador da Floresta Negra sobre o pensamento de Lacan que procuraremos abordar algumas considerações sobre a

---

1 Este trabalho é uma versão modificada do texto *O Mundo e o Imundo, a psicanálise diante do horror*, apresentado no Encontro Nacional e Colóquio Internacional do Corpo Freudiano, Rio de Janeiro, nov. 2019.

2 Psicanalista e membro da Sociedade Brasileira de Psicanálise de São Paulo (SBPSP).

poesia e o poético na obra mais tardia de Heidegger. É dessa época a sua famosa frase "A língua fala" (*Die Sprache spricht*), sendo de extrema relevância para psicanálise o termo *Gelassenheit*, que ousei aqui traduzir por *Let it be*, expressão imortalizada pelos Beatles.

Na convocatória para o Congresso mencionado, após inúmeras considerações sobre os horrores hodiernos, os organizadores afirmam: "Eis o modo pelo qual as invasões bárbaras, manifestadas sob a forma do ódio, anulam o poder da palavra". O poder da palavra, ou melhor, a sua potência é ameaçada pela violência física. Auschwitz é o significante mais forte para essa forma de destruição na modernidade. Os *musselmans*, como eram chamados aqueles seres humanos que já tinham perdido a fala e apenas balançavam a cabeça incessantemente, foi relatado que causaram mais horror às forças libertadoras do que a visão dos cadáveres e ossadas espalhados pelo campo. Eram mortos-vivos, o humano degradado ao extremo, o que Giorgio Agamben denominou "vida nua" (Agamben, 2007). Hoje sabemos que Hitler e a máquina nazista não apenas queria eliminar os judeus, ciganos, homossexuais e alemães dissidentes, mas a própria noção de humanidade como a conhecemos. Até o significante mãe deveria sofrer transformações, tornando-se a unidade produtora de soldados para servir ao glorioso exército do Terceiro Reich. A língua perderia toda sua flexibilidade e criatividade, como no livro icônico *1984*, de George Orwell. A língua seria só uma e unívoca, como em toda ditadura, seja política, seja religiosa, impondo uma radical repressão ao inconsciente, ao menos quanto às possibilidades de sua expressão. No limite, se isso fosse de fato possível, seria a total robotização de todo um povo ou de toda a humanidade para os nazistas.

Nas democracias capitalistas temos outras formas de ameaça. Sem os horrores da destruição física e com liberdade de expressão, a palavra continua a ser ameaçada pelos modernos meios de comunicação. O consumo é libidinizado pela propaganda, que acaba criando a exigência de um gozo superegoico. A realização pessoal depositada no consumo da moda. Mas a questão não para aí. Há uma dimensão mais preocupante que pode ser sintetizada na famosa frase de Joseph Goebbels, ministro da propaganda nazista e criador da moderna propaganda, quando afirmava: "mil repetições criam uma verdade". Hoje, os algoritmos da inteligência artificial e sua capacidade de repetição ilimitada de ditos e frases dirigidos a públicos específicos podem ser usados para criar as "verdades" mais estapafúrdias e perigosas. Se essas técnicas influenciam eleições nos países desenvolvidos, imaginem do que são capazes em países de médio ou baixo desenvolvimento, onde o grau de educação e a capacidade crítica são bem mais reduzidos. Nos anos 1950 Lacan falava do esmagamento da língua ao falar da palavra plena e da palavra vazia, esta última referida à noção heideggeriana de *Gerede*, que pode ser traduzida por algo como conversa fiada ou blá-blá-blá! Quando dominantes, tais formas de discurso destroem a capacidade criativa da língua. Para essas formas de destrutividade o poético e a poesia são o melhor antídoto ao imundo, por nos abrirem para o amor da língua.

É nessa dimensão original da poesia como instituidora do significante e da linguagem que ela é tão importante para a psicanálise. Ela não tem interesse enquanto estética dentro do âmbito da metafísica, que permitiria transformá-la em objeto do conhecimento. A poesia tanto para Heidegger como para Lacan não é uma mera atividade de versejar, mas uma forma de experiência que aponta para uma situação limite, poderíamos dizer transcendente ou *Unheimlich* (estranho familiar), mas sem perder a âncora da finitude, da mortalidade e da temporalidade. Assim, a escuta do poeta, como a do analista, volta-se ao inusitado e ao inefável diante do dito.

Esse modo de ver o poético e a poesia visa à exterioridade do Outro e se inscreve numa dimensão topológica do aberto onde pode surgir a "outra cena", referida por Freud originalmente aos sonhos. Os termos condensação (*Verdichtung*) e deslocamento (*Verschiebung*) indicam os processos que caracterizam o trabalho do sonho e outras formações inconscientes. Esses termos serão apropriados por Lacan, de modo não homogêneo ao uso feito por Freud, mediante os termos clássicos de metáfora e metonímia. O poeta em alemão é *Dichter*, e poema é *Dichtung*. Cito Lacan:

> *A* Verdichtung, *condensação, é a estrutura da superposição dos significantes em que ganha campo a metáfora, e cujo nome, por condensar em si mesmo a* Dichtung, *indica a conaturalidade desse mecanismo com a poesia, a ponto de envolver a função propriamente tradicional desta (Lacan, 1957).*

Esse aberto do poético como experiência própria a cada singularidade subjetiva na língua que o constitui é um processo sem fim, um tecer e des-tecer, um ir além, que poderíamos chamar de liberdade. Liberdade da clausura do sentido imposto, da identidade impingida a partir do *infans* e de toda e qualquer forma de totalização. O sucesso da canção dos Beatles *Let it be* remete a esse senso de liberdade que espelha magnificamente o termo heideggeriano *Gelassenheit*. O termo é normalmente traduzido por serenidade, sentido utilizado pelos místicos, como Meister Eckhart, para denotar a "paz que podemos encontrar na devoção a Deus ao nos distanciarmos das coisas mundanas" (Inwood, 1999, p. 117). O sentido laico de calma, descontração, tranquilidade continua presente em Heidegger, e *Gelassenheit* nomeia um texto por ele pronunciado numa comemoração em Messerkirch, local de sua infância. Em outro texto, *Caminho do Campo*, *Feldweg*, também nos encontramos num ambiente de serenidade e nele se dá a conversa, ao caminhar, sobre o pensar e a linguagem entre três personagens, o professor, o cientista e um estudioso (*scholar*). O termo *Weg*, caminho, é constante em Heidegger – lembro os seguintes títulos: *Wegmarken*, "Marcas no caminho" e *Holzwege*, "Caminhos na floresta". Digo isso, pois caminho e não obra é o *leitmotiv* heideggeriano, e é sem dúvida o que experimentamos ao percorrer os textos que Freud e Lacan nos legaram. Caminhamos pelas sendas que eles abriram, o que está tematizado no termo *Gelassenheit*, que tem o sentido literal de deixar-se levar pelo caminho, abandonar toda forma de intencionalidade, num modo de entrega sem precondição. O verbo *lassen* quer dizer deixar e *Gelassenheit* é particípio perfeito substantivado. E o *Let it be* está no mesmo espírito. A expressão inglesa não afirma a prevalência do ser, mas o deixar ser como liberdade de seguir caminho.

As considerações da poesia no âmbito da *Gelassenheit* têm no seu livro *A caminho da fala* um dos textos mais fascinantes. Na revista *ide* publiquei um artigo com o título *A língua na leitura de Trakl por Heidegger* (Meyer, 2012, pp. 99-108), em que faço um resumo da leitura que Heidegger faz de Georg Trakl no primeiro capítulo do livro intitulado *De Sparache*. Na ocasião não havia saído a tradução da Editora Vozes de 2012, assim mantenho a minha tradução. A escolha da tradução para *Sprache* traz uma certa dificuldade, pois essa palavra pode ser traduzida por linguagem, língua ou fala. A edição em português optou por *A caminho da linguagem*, como a espanhola *En camino hacia el lenguaje* e a inglesa *On the way to language*. Já a francesa optou por *Acheminement vers la parole*. O prof. dr. Oswaldo Giacoia Jr., a quem consultei a esse respeito, me comunicou por e-mail que considera linguagem como a melhor opção, pois o que é pensado no título é o percurso do pensamento em direção à essência do logos. Mas, também lembrou as associações com *die Sage*, *das Sagen*, que para ele são inarredáveis. Para tanto, Giacoia lembrou que temos uma certa correspondência com Saga, na qual vige um dizer e um dito dotados de imensa força expressiva. Ele ainda lembra o livro *Sagarana*, de Guimarães Rosa, que apresenta a combinação entre "saga" e "rana", que em tupi significa dizer "narrar a modo de", "contar". A experiência de traduzir trechos desse texto foi fascinante, justamente pelas dificuldades que acarretam. Ir de uma língua para outra é como dar um salto mortal no abismo antes de cair na terra firme da outra língua, como dizia o prof. Vilém Flusser, que chegou a trabalhar numa filosofia da tradução. A tradução em si pode ser considerada uma forma poética, especialmente quando consideramos os termos em alemão *ubersetzen* (traduzir), sua proximidade com *ubertragen* (transferência) e metáfora, que no grego significa transporte, pois em todos temos a passagem de um *topos* para outro, conduzindo à mutua fecundação entre as línguas. Vejamos o poema de Trakl analisado por Heidegger no primeiro capítulo de *A caminho da fala*:

Uma noite de inverno
Quando a neve cai na janela,[3]
Longamente soa o sino das vésperas
A casa está bem provida,
A mesa para muitos posta
Mais que um errante,
Chega à porta por caminhos obscuros.
Dourada floresce a árvore das graças
Da seiva fresca da terra

---

[3] *Wenn der Schnee ans Fenster fält, / Lang die Abendlocke läutet, / Vielen ist der Tisch bereitet / Und das Haus ist wohlbestelt.*
Mancher auf der Wandershaft / Kommt ans Tor auf dunklen Pfaden / Golden blüht der Baum der Gnaden / Aus der Erde kühlem Saft.
Wanderer tritt still herein; / Schmerz versteinerte de Schwelle. / Da erglänzt in reiner Helle / Auf dem Tische Brot und Wein.

O errante adentra em silêncio;
A dor petrificou a soleira.
Lá resplandece em claridade pura
Sobre a mesa pão e vinho.

A maneira habitual de ler o poema seria seguir alguma forma estabelecida pela crítica literária, pela análise filológica, ou seguir a ideia romântica da linguagem como expressão de sentimentos e de visões do mundo. A questão que Heidegger se coloca é justamente como quebrar essas determinações. Para ele, o poema é um falar do qual nos aproximamos e escutamos deixando-nos levar por sendas inesperadas. Ele diz: "A Língua fala". O que ela pode dizer quando não há ninguém falando? Ele dirá: "escute o poema de Trakl!". Em outros textos ele se dedica a Hölderlin, Rilke, Stefan George e outros poetas. Vejamos o poema de Trakl analisado no Capítulo 1 de *A caminho da fala*:

Quando a neve cai na janela,
Longamente soa o sino das vésperas.

Este falar "nomeia [*nennt*] a neve que silenciosamente atinge a janela na tarde do dia que se esvai, enquanto ressoam os sinos das vésperas" (Heidegger, 1971, p. 198)[4]. Não é o conteúdo do que é dito que interessa a Heidegger, mas o nomear que ocorre no poema. E ele pergunta: "O que é nomear?". "Este nomear", diz ele, "não distribui títulos. Não aplica termos, mas chama para dentro da palavra. O nomear chama. O chamamento torna mais próximo o que é chamado" (Heidegger, 1971, p. 198). Com essa colocação nosso autor renuncia a toda forma de determinação da palavra. Dessa renúncia ele trata na sua conferência sobre o poema de Stefan Georg *Das Wort* ("A palavra") (Heidegger, 1982, p. 139), cujas duas

[4] As traduções de textos em inglês e alemão são da responsabilidade do autor.

linhas finais dizem: *So lernt ich traurig den verzicht: Kein ding sei wo das wort gebricht.*

> *Assim aprendi triste a renúncia:*
> *Nenhuma coisa seja onde se rompe a palavra.*

O sentido forte da renúncia à qual Heidegger se refere é o abandono de todas as formas habituais de tratar a linguagem, seja ela gramatical, lógica ou performativa. Na renúncia há um luto, caracterizado pela tristeza, que acompanha a descoberta da perda, mas, ao mesmo tempo, abre a disponibilidade para outras dimensões da língua.

"O nomear chama" (*Das Nennen ruft*): este termo *ruft* situa a linguagem não no âmbito da assertividade, mas do chamamento diante do qual é o que se põe e tem prevalência, e não o retorno àquele que chama. Aquele que chama é sempre o Outro inacessível. O toque aqui é de estranhamento, de *unheimlich*.

> *A casa está bem provida,*
> *A mesa para muitos posta.*

Esses versos parecem afirmações no presente, mas não, diz Heidegger, eles falam no modo do chamamento. "Trazem a casa bem provida e a mesa posta para a presença em relação a algo ausente" (Heidegger, 1971, p. 199). Trata-se de uma presença abrigada no coração da ausência. O que é assim trazido pelo dito é um convite. Convida as coisas a chegarem para poderem se voltar em direção aos homens:

> *A neve que cai traz os homens sob o céu escurecendo ao anoitecer. O ressoar do sino traz os homens diante do divino. Casa e mesa juntam os mortais à terra. Essas*

> *coisas nomeadas-chamadas reúnem a si céu e terra, mortais e divindades. Os Quatro estão numa primordial unidade, uns em relação aos outros constituindo o quaterno*[5] *[*das Gevierte*] (Heidegger, 1971, p. 199).*

Heidegger fala aqui da estada no recolher, no reunir que permite o ser coisa das coisas, *Das Dingen der Dinge,* e é isso que ele chama de gestação do mundo. Assim, essa primeira estrofe não só nomeia as coisas, mas também chama "os muitos" que são os mortais que pertencem ao quaterno do mundo.

A segunda estrofe fala de outra maneira ao chamar e nomear os mortais:

> *Mais que um errante,*
> *Chega à porta por caminhos obscuros.*

"Aqui nem todos são chamados, apenas alguns que viajam por caminhos obscuros. Estes mortais podem suportar o morrer, *das Sterben*, na errância até a morte" (Heidegger, 1971, p. 200). Esses devem antes procurar casa e mesa, não primariamente para si mesmos, mas para os muitos, "pois estes creem que, meramente instalados em suas casas e sentados à suas mesas, estão já aprovisionados e condicionados pelas coisas, *Schon Von den Dingen be-dingt*, e que alcançaram sua morada" (Heidegger, 1971, p. 200).

Os dois versos seguintes da segunda estrofe nomeiam algo totalmente distinto:

---

[5] Quaterno vem do latim *quadrum* e se refere ao quatro. Heidegger usa um termo mais falante: *das Gevierte*, que se entende certamente por quatro – mas em que os quatro de imediato são reunidos sobre aquilo que os mantém unidos (*Ge-*), o céu, a terra, os homens e os deuses.

Dourada floresce a árvore das graças
Da seiva fresca da terra.

A árvore firmemente enraizada no solo cresce e abre-se em flor na graça do céu. Ela vai do êxtase da florescência à sobriedade da seiva nutriente. "O poema nomeia a árvore das graças. Sua florescência resguarda o fruto imerecido: o sagrado que salva e que é favorável aos mortais" (Heidegger, 1971, p. 201). Aqui também reinam céu e terra, divinos e mortais na sua unidade do quaterno (*Das Gevierte*) que é o mundo. "Mundo aqui não tem o sentido metafísico, não nomeia nem a representação secularizada do universo da natureza e da história, nem a representação teológica da criação e nem a totalidade do presente (cosmos)" (Heidegger, 1971, p. 201).

O ser mundo do mundo não é um sistema de identidades, mas um jogo de diferenças em que cada elemento do quaterno chega a si como algo singular e estranho. "A língua fala" (*die Sprache spricht*) tem um paralelo na formulação "*Das Dingen der Dinge*", algo como "o coisar da coisa",[6] – esbarramos aqui na dificuldade da tradução. O que nosso autor visa com isso é privar a coisa de sua substância como uma entidade subsistente.

Heidegger lembra Píndaro para dar conta do dourado com que começa esses dois últimos versos. Ele o resume na seguinte frase: "O resplandecer do ouro resguarda toda presença no desvelamento de seu aparecer" (Heidegger, 1971, p. 201). "O chamar confia o mundo às coisas e simultaneamente sustenta as coisas no esplendor do mundo" (Heidegger, 1971, p. 202). É uma dádiva da árvore das graças. Assim, essas duas estrofes solicitam às coisas que venham ao mundo, e ao mundo, que venham às coisas.

---

[6] A verbalização do substantivo é usada frequentemente por Heidegger, mas isso em português fica estranho. Uma paráfrase talvez seja "o incessante tornar-se coisa na sua coisidade".

A seguir o autor prossegue na complexa relação entre mundo e coisa, pois

> *...estes não subsistem um ao lado do outro. Atravessam-se mutuamente. E assim atravessam um Meio,* Mitte. *Nesse Meio eles são um. No um, eles são íntimos. O meio entre eles é a intimidade. O Meio, entre dois, é referido no idioma alemão por* zwichen, *entre. Mas a intimidade entre mundo e coisa não é fusão... no entre mundo e coisa, no seu inter, a divisão prevalece: uma dif-ferença,* Unter-schied *(Heidegger, 1971, p. 202).*

Esse termo tem uma longa história na filosofia moderna, especialmente em Jacques Derrida, no que veio a ser conhecido como desconstrucionismo. Mas, para Heidegger, a dif-ferença está relacionada nessa conferência sobre a linguagem – mundo e coisa – ambos os quais devem ser entendidos como acontecimentos, *Ereignis*, e não como entidades. Aqui o termo dif-ferença tem um uso único e que não pode ser conceituado de modo habitual. O seu uso é extremamente complexo e é utilizado numa variedade de contextos. Assim fazendo, Heidegger bloqueia qualquer possibilidade de reduzir a dif-ferença a uma unidade conceitual. A própria maneira pela qual o autor procede é caracterizada por uma errância que o pensamento metódico suprime. Seria vão querer dizer qual o sentido do termo, pois ele só o tem no próprio texto que nosso autor nos convida a acompanhar:

> *A primeira estrofe do poema convida as coisas a virem, ao "coisar" sustenta o mundo. A segunda estrofe convida o mundo a vir, ao "mundear" que consente as coisas. A terceira estrofe convida o meio a vir para mundo e coisa: o realizar da intimidade. Assim a terceira*

> *estrofe começa com o chamamento enfático (Heidegger, 1971, p. 203).*

> *O errante adentra em silêncio;*

"O verso chama o errante que se adentra no silêncio.[7] É o silêncio que domina a porta. Repentina e estranhamente o chamado ressoa" (Heidegger, 1971, p. 203).

> *A dor petrificou a soleira.*

"Esse verso fala solitariamente no que é dito em todo o poema. Ele nomeia dor, *Schmerz*. Que dor? O verso só diz dor. De onde e em que medida é a dor chamada?" (Heidegger, 1971, p. 203).

Só esse verso está no passado e nomeia algo que persiste e já persistiu:

> *É apenas transformando-se em pedra que a soleira pode se presentificar. A soleira consiste na viga que sustenta o portal como um todo. Ela sustenta o meio no qual os dois, o fora e o dentro, penetram um ao outro. A soleira sustenta o entre,* Zwischen. *A confiabilidade do meio não deve ceder em nenhuma direção. Para tanto precisa resistir e nesse sentido é dura. A soleira que sustenta o entre, é dura porque a dor a petrificou... . A dor se faz presente de modo inquebrantável na soleira, como dor (Heidegger, 1971, p. 204).*

"Mas o que é a dor? A dor dilacera. Ela é a fenda. (*Der Schmerz reisst. Er ist der Riss*)" (Heidegger, 1971, p. 204). Ao mesmo tempo que separa ela reúne. O termo alemão *Riss*, aqui traduzido por

---

7 O termo alemão *still*, além de silêncio, também significa quietude.

fenda, poderia ser hiato, abismo, e também a conotação de esboço, desenho (*Aufriss*) que mantém junto o que é mantido separado. A dor é a juntura da fenda. E a juntura é a soleira. E a dor junta a fenda da dif-ferença. "A dor é a própria dif-ferença (*Der Schmez is der Unter-Schied selbst*)" (Heidegger, 1971, p. 204). Heidegger faz questão de lembrar que não devemos imaginar a dor antropologicamente, como uma sensação que causa aflição, nem devemos pensar a intimidade psicologicamente como sentimentalidade que cria um ninho para si.

"A dif-ferença presencia já como a presença recolhida, a partir da qual apropriativamente acontecem mundo e coisa. Mas como?" (Heidegger, 1971, p. 205).

> *Lá resplandece em claridade pura.*
> *Sobre a mesa pão e vinho.*

A pura luz resplandece na soleira ao acomodar a dor:

> *A fenda (*Riss*) da dif-ferença (*Unter-Scheid*) faz a claridade pura brilhar. A juntura luminosa decide pelo iluminar do mundo no que tem de próprio. O dilacerar da dif-ferença libera o mundo para o "mundear" que concede as coisas. Ao clarear o mundo no resplandecer dourado, pão e vinho ao mesmo tempo alcançam seu próprio brilhar... . Pão e vinho são os frutos do céu e da terra, oferendas dos deuses aos mortais. Pão e vinho reúnem esses quatro na unidade simples do quaterno (*das Gevierte*) (Heidegger, 1971, p. 205).*

Heidegger então resume essa terceira estrofe: "Chama mundo e coisa ao meio de sua intimidade. A sutura que junta sua mutua pertinência é a dor" (Heidegger, 1971, p. 205). Feito todo esse acompanhamento, dedicará a escuta do poema ao aprofundamento do tema dessa conferência "A linguagem" (*Die Sprache*):

> *O chamamento primordial, que invoca a intimidade do mundo e coisas a virem é a autêntica invocação. A invocação é a essência*[8] *da fala. O falar ocorre no que é dito no poema. A língua fala (*Die Sprache spricht*). Fala invocando o invocado, coisa-mundo e mundo--coisa, a virem para o entre da dif-ferença (Heidegger, 1971, p. 206).*

A seguir, Heidegger se pergunta pelo silêncio e quietude (*Still*) e aponta que não estes não são meramente a ausência de som ou movimento. O termo que ele introduz é *Ruhe*, repouso e salienta que a dif-ferença deixa o "coisar" das coisas repousarem no "mundear" do mundo. Salienta que no repouso há mais movimento que em qualquer movimento. E a seguir diz que o soar (*Lauten*) é o que reúne e que esse soar é mais do que a propagação de uma onda sonora. Podemos pensar no soar do sino das vésperas do poema que, mesmo produzindo som, faz o silêncio soar de modo audível ao ponto de podermos escutá-lo.

"A língua fala como o soar do silêncio... a língua, o soar do silêncio, é na medida em que ocorre a dif-ferença" (Heidegger, 1971, p. 207). E, mais adiante: "Esse soar do silêncio não é nada humano. Pelo contrario, o ser humano é falante. E falante significa aqui: levado à sua propriedade pelo falar da língua" (Heidegger, 1971, p. 208). "O ser humano é assim entregue à língua e tal apropriação torna-se propriedade na medida em que o sendo da fala – o som do

---

8 "Essência" para Heidegger nunca é *quiditas*, mas *wesen*, particípio passado de *sein*, sendo.

silêncio – necessita e põe em uso a fala dos mortais para poder soar como o som do silêncio a seus ouvidos" (Heidegger, 1971, p. 208).

Heidegger, ao dizer que o soar do silêncio não é humano, está afirmando também que a língua é algo de totalmente estranho ao humano. Com isso, podemos supor que a língua é de fato um outro, uma alteridade radical. Mas enquanto mortais somos algo linguístico, *sprachlich*, no sentido de sermos conduzidos ao que nos é próprio pelo falar da língua. O próprio humano é algo estranho devido a um estranho anterior que é essa alteridade da própria língua ao qual somos apropriados, *Ereignis*. Mas o que é a poesia? Ele diz:

> *O que é invocado na fala dos mortais é o que é falado no poema. A poesia, propriamente dita, não é nunca meramente algo mais elevado do que a fala quotidiana. Pelo contrário, é antes a fala quotidiana um poema esquecido e esgotado pela usura, do qual mal se consegue ouvir um chamado (Heidegger, 1971, p. 209).*

Podemos concluir que não há nenhuma diferença formal entre a fala cotidiana e a poesia, já que é apenas o resultado do desgaste sofrido. A poesia também não pode ser vista como expressão do interior do homem, pois a fala dos mortais não repousa em si mesma. A questão da poesia tem a ver com o falar da língua, *Die Sprache spricht*.

Para terminar esse pensar, nosso autor salienta que nossa relação com a língua é uma relação de escuta, *Hören*:

> *Os mortais falam na medida em que escutam. Estão atentos à invocação do mandato do silêncio da dif-ferença, mesmo que não o conheçam. A escuta depreende-se da injunção da dif-ferença que conduz à*

> *sonoridade da palavra (*lautende Wort*). Este falar que escuta e aceita é responder (*Ent- sprechen*) (Heidegger, 1971, p. 209).*

Com esse dizer vemos que não há separação possível entre o falar e o escutar, não podem ser separados analiticamente como atos de um sujeito.

"O homem fala na medida em que responde à língua. Esse responder é um escutar. Ele ouve porque escuta a injunção do silêncio" (Heidegger, 1971, p. 210). Aqui chegamos ao fim do texto, e Heidegger propõe mais uma vez a leitura de "Uma noite de inverno", de Trakl, pois é no poema que a língua fala. Terminado esse percurso, talvez possamos pensar a poesia, *Dichten*, como nosso pertencimento à língua e à sua escuta, abrindo-nos ao mistério do aberto.

Nada do que aqui foi dito fica claro em termos explicativos, pois nosso autor foge de explicações, e o essencial é a escuta e uma experiência (*Erfahrung*) com a língua. Esse é o primeiro de seis textos que compõem seu livro *A caminho da fala* (*Unterwegs zur Sprache*) e é o mais curto. É preciso percorrer todos os textos do livro para aos poucos ir apreendendo para onde nos conduzem. Foi preciso acompanhar de perto esse texto, motivo de tantas citações, para que estivesse presente a experiência do estranhamento que provoca, transformando nossa maneira habitual de lidar com a língua e o pensar.

Enquanto analistas temos muito em que nos inspirar nesses textos, pois estes vão na contramão de tudo o que caracteriza a nossa época. Lacan tem posição próxima à de Heidegger no sentido de recuperar a escuta no interior da fala, afastando-se dos modos objetivantes da língua, cuja dominância seria trágica, por impedir uma experiência fundamental com a palavra e a fala poética. Entre nós, num curso memorável sobre linguagem e psicanálise, Pierre

Fédida, psicanalista pós-lacaniano, tomou como base, para suas considerações, além de Lacan, esse mesmo texto de Heidegger. Ele terminou seu curso falando a respeito da importância de os psicanalistas frequentarem os poetas. Num texto seu, *O sítio do estrangeiro* (Fédida, 1992, p. 61), ao falar da situação analítica como um lugar, nomeia-o como o sítio do estrangeiro:

> *que nela descobre a fala quando esta se surpreende escutando aquilo que diz. Considerando-se que Heidegger fala de um sítio do Dito Poético (*Die Sprache im Gedicht*), é possível conceber esse sítio do estrangeiro como a "ponta de lança" onde "tudo vem se encontrar" em recolhimento "e mantém em guarda aquilo que ele traz" para animar "de transparência e de trans-sonância o que é recolhido e somente através disso liberá-lo em seu ser próprio (Fédida, 1992, p. 61).*

A análise de Heidegger nos diz que enquanto mortais somos algo linguístico, *sprachlich*, como Lacan cria o termo *parlêtre*, no sentido de sermos conduzidos ao que nos é próprio pelo falar da língua e pela determinação do significante. A poesia, propriamente dita, não é nunca meramente algo mais elevado do que a fala cotidiana, pois esta é um poema esquecido e esgotado pela usura. A poesia é remetida ao falar da língua, *Die Sprache spricht*.

Lacan nos diz no *Seminário IV*: "O Espírito Santo é a entrada do significante no mundo" (Lacan, 1995, p. 47). E continua:

> *Foi isso, com toda certeza, que Freud nos trouxe sob o termo instinto de morte. Trata-se desse limite do significado que jamais é atingido por algum ser vivo, ou mesmo que jamais é atingido de modo algum, a não ser*

> *num caso excepcional, provavelmente mítico, pois só o encontramos nos escritos últimos de uma experiência filosófica (Lacan, 1995, p. 47).*

Essa experiência filosófica ao qual se refere Lacan é a do *A caminho da linguagem* de Heidegger que é anterior ao seminário de Lacan. Nesse livro de Heidegger aparece uma frase de enorme consequência para o pensamento de Lacan: "A relação entre morte e linguagem surge num lampejo, mas permanece impensada" (Heidegger, 1971, p. 170). Morte e linguagem estão no próprio fundamento do poético, que permite estabelecer a linguagem como "a casa do ser" porque, "como saga do dizer, ela é o acontecimento apropriador" (Heidegger, 1971, p. 170).

Referências

Agamben, G. (2007). *Homo sacer: o poder soberano e a vida nua I*. Belo Horizonte: Editora UFMG.

Fédida, P. (1992). O sítio do estrangeiro. In L. C. Menezes (Org.), *Nome, figura e memória* (M. Gambini & C. Berliner, Trad.). São Paulo: Escuta.

Heidegger, M. (1971). Language. In M. Heidegger, *Poetry, language, thought*. New York: Harper & Row.

Heidegger, M. (1982). Words. In M. Heidegger, *On the way to language*. New York: Harper & Row.

Inwood, M. (1999). *Heidegger Dictionary*. Oxford: Blackwell.

Lacan, J. (1995). *O seminário* (Livro 4: *A relação de objeto*). Texto estabelecido por Jacques-Alain Miller. Rio de Janeiro: Jorge Zahar.

Lacan, J. (1998). O discurso de Roma: função e campo da fala e da linguagem em psicanálise. In J. Lacan, *Escritos* (pp. 238-324). Rio de Janeiro: Jorge Zahar.

Meyer, A. V. (2012). A língua na leitura de Trakl por Heidegger. *ide, 34*(53), pp. 99-108. (São Paulo, SBPSP).

Orwell, G. (1957). *1984*. São Paulo: Nacional.

8. Vida nua e pulsão de morte[1]

Jassanan Amoroso Dias Pastore[2]

Iremos examinar algumas contribuições psicanalíticas a respeito do trânsito entre a violência psíquica e a violência social. Em seguida, traçaremos algumas conexões com certas noções do pensamento do filósofo italiano Giorgio Agamben, que trata da interligação entre violência, Direito e estruturas políticas.

Desde Freud, a psicanálise tem se dedicado a refletir sobre a função da cultura e da sociedade na constituição da subjetividade. Para o autor, toda psicologia individual é também social. Como psicanalistas observamos detidamente a relação do sujeito com o outro, seu semelhante e diferente. Assim, participamos socialmente, não apenas atendendo em nosso consultório privado, mas também no trabalho de escuta em instituições, na medida em que nos debruçamos para acolher a angústia do cidadão diante do outro, do

---

1 Este trabalho é uma versão modificada do texto "*Homo sacer e cidadania*", publicado no livro *O psicanalista na comunidade* (2012).

2 Psicanalista, é membro efetivo e docente da Sociedade Brasileira de Psicanálise de São Paulo (SBPSP). Membro do Departamento de Psicanálise do Instituto Sedes Sapientiae. Mestre pela PUC-SP.

mundo e de si mesmo. Dessa forma, enfatizamos que a psicanálise é uma prática micropolítica engajada no processo operado pelas forças desejantes – pelo poder constituído.

O saber e a prática psicanalíticas dialogam com o contexto sociopolítico e cultural, sofrendo seus impactos e transformando-o. Cidadania e subjetividade são inseparáveis. Todo cidadão habita uma cidade, e esta pode ser considerada um agrupamento humano com um mínimo de organização política. Nos labirintos da cidade nos deparamos com as populações vulneráveis: pessoas tratadas com desigualdade social e racial, os favelados, desempregados, abandonados, despossuídos, marginalizados, analfabetos, miseráveis, famintos, minorias trans e *queer*, dentre outros, submetidos à exclusão que, dia após dia, corta possibilidades e faz com que milhares de crianças, adolescentes e adultos não tenham acesso à educação qualificada, à cultura e a entidades civis organizadas. São indivíduos sem direito à palavra, direito cassado por um processo de convencimento que opera à sua revelia, considerados, *a priori*, perturbados, drogados, vagabundos, delinquentes, marginais ou portadores de muitas outras patologias e preconceitos. É a violência do silêncio, do desprezo, da humilhação, do submetimento e espoliação do outro, evidenciada, no Brasil, principalmente, na institucionalização das favelas e dos aglomerados nas periferias, na precarização da saúde e da educação, na corrupção etc. Somos e seremos sempre arrastados para sofridas e perigosas repetições decorrentes desses aspectos recalcados da cultura, em função de uma dissociação entre o cidadão da *polis* e o sujeito do inconsciente. A escuta do sujeito do inconsciente é um direito do cidadão. Para ventilarmos essas questões, é preciso retirá-las do universo da periferia, da terra de ninguém e da desfiliação cultural. Esse cenário nos afeta e, em face do lugar ocupado pelo psicanalista na cultura e na comunidade, não podemos ficar insensíveis.

A República, lá onde nasceu – na Grécia clássica –, vivia da palavra, e sua livre circulação instituiu o espaço público onde todos os cidadãos tinham igual direito de revelar sua natureza de *zoon politkon echon*, no dizer de Aristóteles – um animal político capaz de fala. Aristóteles observa que o homem é um ser que necessita dos outros, sendo, por isso, um ser carente e imperfeito, que busca a comunidade para gerar laços afetivos com os outros. E a linguagem – *logos* como palavra – é a condição de possibilidade do homem como *zoon politkon*. A partir daí, o filósofo considera que o homem é naturalmente político.

Em seu texto *O futuro de uma ilusão*, de 1927, Freud nos alerta para o fato de que, nas sociedades com extrema injustiça social, as classes desprotegidas não podem reconhecer e interiorizar as leis sociais. Pelo contrário, as classes submetidas invejam os privilégios da classe favorecida e se revoltam contra eles; lutam para se libertar da intensa frustração pulsional e do excesso de privação e intencionam até destruir a cultura, por um processo de retorno do recalcado. Assim, revoltas se levantam a partir das injustiças praticadas nas sociedades.

É o que Herbert Marcuse chamou de "sobrerrepressão" ou "sobre-exploração", em sua obra *Eros e civilização* (1955/1968). O autor salienta que o grau e a finalidade da repressão dependem não apenas das necessidades implícitas no processo civilizatório, como também da intensidade da dominação social e política, que exige dos oprimidos e explorados, além da repressão indispensável à civilização, uma repressão "adicional", necessária para a garantia e a manutenção da injustiça. Em certas sociedades, como no Brasil, os explorados são a grande maioria da população e neles a frustração pulsional é mais intensa.

Freud reconhece a fortíssima influência do mundo sociopolítico, de uma violência externa que perpetua uma ordem social injusta, o que gera ressentimentos e incita atos de violência individual ou coletiva, pelos quais a própria sociedade e seus governantes são responsáveis. Freud insiste para que as sociedades adotem uma abordagem mais realista das pulsões destrutivas por acreditar que causariam menos danos à civilização se fossem mais efetivamente enfrentadas. Ao escrever *O mal-estar na civilização*, em 1930, Freud radicaliza a existência da potência de destruição no ser humano – a pulsão de morte. Ele inscreve a violência como um forte elemento no aparelho psíquico e o grande obstáculo à civilização, pois o próprio indivíduo surge como o inimigo potencial do processo civilizatório. Freud explicita que a violência é um aspecto da herança, histórica e biológica, da nossa espécie.

Hélio Pellegrino faz uma relação interessante entre a lei e o desejo, ao dizer que "a Lei existe não para humilhar ou degradar o desejo, mas para estruturá-lo, integrando-o no circuito de intercâmbio social" (Pellegrino, 1987, p. 195). E, para ser respeitada e incorporada simbolicamente, é preciso que esteja atrelada ao amor e à justiça.

A seguir, descreveremos um fragmento de experiência de "Clínica extensa", conforme denominação de Fábio Herrmann (Herrmann, 2005).

O Posto de Orientação Familiar (POF): Um Entreposto de Cidadania foi fundado pela Federação Israelita do Estado de São Paulo (Fisesp) em 1993. O POF se transformou em uma Organização da Sociedade Civil de Interesse Público (OSCIP), sem fins lucrativos, em janeiro de 2006, desvinculando-se da Fisesp, e passou a ser denominado Instituto PROF, presidido pela psicanalista Chulamit Terepins. Esse posto foi implantado na favela de Porto Seguro, no bairro de Paraisópolis, na cidade de São Paulo.

A proposta desse serviço consistiu em oferecer um trabalho de cidadania possível que não se confundisse com uma política assistencialista. Saliento a distinção entre um projeto que envolve uma relação de caridade e aquele atrelado a uma relação de cidadania: esta última é a que o psicanalista procura construir em sua empreitada numa comunidade carente, como tão bem esclarecem Melanie Farkas e Sandra Schaffa (cf. Farkas & Schaffa, 2012).

Com o objetivo de criar espaços de acolhimento para as angústias dos moradores da comunidade mencionada, equipes de psicanalistas realizam atendimento terapêutico individual e grupos de escuta psicanalíticos.

A experiência de intervenção psicanalítica em comunidades nos conduz a questionamentos sobre as possibilidades e especificidades de atuação do psicanalista fora do seu *setting* habitual de consultório privado e sobre como operar o saber psicanalítico diante das subjetividades que ali se apresentam. Não se trata de forma alguma de um atendimento clínico segundo o modelo psicanalítico clássico, mas, sim, como costumamos dizer, de "uma psicanálise sem divã" (Farkas, 2012, p. 103). As práticas e os saberes construídos nesses contextos fora do *setting* clássico muitas vezes são considerados periféricos e marginais por psicanalistas temerosos de que possam significar um afrouxamento do método psicanalítico e uma distorção da "identidade funcional específica do psicanalista" (Gitelson, citado por Weinshel, 1976/1983, p. 77, tradução nossa).

Entretanto, Daniel Widlöcher e Viviane Abel-Prot (1999, p. 3) defendem que a integração da psicanálise com a cultura e com a comunidade é inerente ao projeto de Freud. Desde seu início, Freud idealiza uma psicanálise de caráter social, ao mencionar a necessidade de adequação da teoria e da técnica psicanalíticas a esse contexto, e da fundação de clínicas psicanalíticas capazes de tratar considerável parcela da população. O psicanalista está instrumentado para intervir, e é necessário diferenciar sua função num contexto institucional que demanda um *setting* diverso de sua prática clínica de consultório.

A formação de grupos com adolescentes visa assegurar que a convivência e a conversa podem ser alternativas mais interessantes do que roubar, calar, assaltar, espancar, "pirar" ou se drogar. Inicialmente, o espaço grupal é invadido por relatos da realidade trágica que ronda o universo dos moradores de uma favela brasileira – crimes, mortes, espancamentos, roubo, drogas etc. Os conflitos são atuados nesse cenário do mundo e há uma quase impossibilidade de construção de um trabalho que possa abrir uma porta de entrada para a atmosfera do sonho. Os atendimentos se caracterizam como verdadeiras "touradas" transferenciais – um turbilhão de afetos. Ato e palavra, brigar e brincar são dinâmicas que movem os jovens, e o terapêutico consiste em possibilitar que uma se transforme na outra.

O esforço de sustentar a transferência grupal toca no cerne dos vínculos sociais: como diferenciá-los de lixo e de bicho, dar conta dos restos e fazer caber o que sobra? Aquilo que não elaboram psiquicamente – que não podem simbolizar – se repete na realidade dos atos. Gradativamente, o campo transferencial vai propiciando o surgimento de associações, por meio das conversas, e o afloramento da capacidade imaginativa. Muitas situações traumáticas podem ser expressas em palavras. Falas e escutas de experiências intoleráveis e dolorosas são resgatadas. A criação de um espaço para a circulação da palavra, das emoções, das frustrações, dos sofrimentos, dos pesadelos e dos sonhos possibilita uma ação terapêutica. E, à medida que a palavra adquire relevo, é possível tecer gradativamente um trabalho de simbolização.

Com palavras investidas de agressividade, Antônio nos conta que: "vivo num mundo cercado de inimigos". Ele, realmente, parece sempre "armado e a postos" nas sessões do grupo. Sente-se vulnerável e desprotegido. Imagina-se capaz de esmagar qualquer colega que o afronte. É quase um imperativo sua necessidade de se sobressair em relação aos demais elementos do grupo. Certa feita, conta-me: "Meu pai sempre me disse que a vida é uma guerra!". Comento com ele que fosse a vida lá fora uma guerra, ali no grupo ele poderia se sentir abrigado.

Esses jovens, com frequência, expressam a ideia de que se consideram isolados e à parte "do mundo lá de fora"; de que se sentem constantemente com a própria vida em risco, com os corpos expostos à morte nua e crua, como num regime de extermínio.

Um jovem do grupo diz: "Favelado não tem vez...".

Outro: "Doutora, aqui a gente pode conversar, é tudo bonito e legal, mas lá fora a barra pesa".

Outro colega fala: "Aqui, cada um tem que defender o seu; lá fora, ninguém tá nem aí com a gente".

E outro: "Olham pra gente e já vão atirando, acham que a gente não presta, que somos bandidos!".

Assim, eles me contam de seu mundo. Mundo violento, mundo de guerra. Rodeados por inimigos e ameaçados por todos os lados. A ameaça de morte impera e, para garantir a sobrevivência, eles têm que se armar e ser guerreiros. Nas conversas do grupo falam das feridas que os matam, ou melhor, que os minguam, sem que verdadeiramente sejam mortos.

Para aqueles jovens "favelados", a favela se constitui numa área cinzenta, um "formigueiro" à margem da metrópole à qual eles não se sentem com o direito de acesso. Falam do sentimento de serem "excluídos". Além do mais, se vêm como pessoas potencialmente matáveis, elimináveis. Vítimas culpadas? Vítimas e/ou criminosos?

A partir dessa vinheta clínica podemos reunir certas representações psíquicas desses jovens como: excluídos, abandonados e bandidos. Com um intuito interdisciplinar, tomaremos o pensamento de Agamben para tratar dessa junção.

Em seu livro *Homo sacer: o poder soberano e a vida nua I*, Agamben se propõe a pensar sobre a indagação: "de que modo a vida nua habita a *polis*?" (Agamben, 2007, p. 15). Nessa obra, ao trabalhar a noção de ambivalência do sagrado, Agamben resgata Freud, por intermédio do texto *Totem e tabu* (1913/1974a), e afirma que "é somente com este livro que uma teoria geral da ambivalência vem à luz, sobre bases não apenas antropológicas e psicológicas, mas também linguísticas" (Agamben, 2007, p. 86). Agamben acrescenta que "Freud não deixa de enfatizar o termo latino *sacer*, 'santo e maldito'" (Agamben, 2007, p. 86). Vejamos como Freud desenvolve seu pensamento nesse texto privilegiado por Agamben.

Em *Totem e tabu*, Freud mostra a forte influência recebida da teoria de Darwin, segundo a qual a humanidade primitiva se assemelha aos símios superiores que viviam em pequenas hordas formadas por um macho todo-poderoso e possuidor de muitas fêmeas a seu redor; e também de Thomas W. Atkinson, que dizia que esse fato levaria, inevitavelmente, como em muitos animais superiores, à situação em que o macho possessivo proibiria o incesto entre seus rivais mais novos. A partir daí, Freud levanta a hipótese de que, periodicamente, os filhos machos, já crescidos, se agrupam em bandos para atacar e devorar o pai.

Na mesma época, Freud também é envolvido pelas ideias do escocês William Robertson Smith acerca do sacrifício e das festas sacrificiais, em que o totem é ritualmente morto e comido, à semelhança de uma repetição do fato original.

A civilização humana, descrita no texto *Totem e tabu*, se origina desse mito darwiniano de uma horda primitiva em que seus membros são submetidos à vontade sem limites de um pai selvagem que não só interdita as mulheres aos filhos como também os castra. Freud propõe, a partir desse mito filogenético da horda primeva, a existência de uma violência original que o homem sofreu de um pai tirânico, da qual só se libertou por meio de outro ato de violência, isto é, a refeição totêmica com a devoração e a matança do pai primevo violento, pelos filhos, que pôs um fim à horda patriarcal. É o fundamento do Édipo: o banquete totêmico, ato memorável e criminoso, isto é, a morte do pai da horda primeva possibilitou a cultura.

Freud articula que o banquete totêmico – a eliminação do pai primevo por um grupo de filhos –, é um acontecimento cujas cicatrizes acompanham a história da humanidade até nossos dias, pois seu legado não é passível de ser erradicado. Ele faz a advertência de que, quanto mais relegamos esse acontecimento primordial ao esquecimento e ao silêncio, mais substitutos sangrentos serão originados.

Freud afirma que um desses substitutos sangrentos teria sido a tragédia grega, pois "na história da arte grega deparamo-nos com uma situação que apresenta notáveis semelhanças com a cena da refeição totêmica.... Tenho em mente a situação da mais antiga tragédia grega" (Freud, 1913/1974a, p. 184). E, ao fazer referência ao tema central da representação da tragédia grega, Freud evoca "os sofrimentos do bode divino, Dioniso, e a lamentação dos bodes seguidores, que se identificavam com ele" (Freud, 1913/1974a, p. 185). Ou seja, o pesar do coro em face do sofrimento de Dioniso, com quem se identificam, é o conteúdo dessa representação.

A constituição da cultura, para Freud, se efetiva, portanto, a partir do assassinato do pai, como metáfora de organização da lei, do pacto que visa colocar ordem nas paixões humanas. Freud fundamenta a origem da cultura na função paterna: essa função simbólica visa estabelecer ordem na selvageria, na violência indomável do ser humano. A cultura se origina a partir de um crime, que é a expressão da reação dos irmãos diante de um pai primordial selvagem que tem livre acesso para gozar de todas as mulheres. Esse pai, ao mesmo tempo admirado e odiado, é também fonte de identificação, principalmente após a sua morte. Esse lugar vazio, que deve ser mantido desocupado, demanda leis para que essa figura selvagem, depois da morte, não seja ocupada por outra.

As reflexões contidas em *Totem e tabu* levam Freud a assinalar o surgimento do sentimento de ambivalência e a convivência entre a realidade psíquica e a realidade histórica. Assim, se por um lado a lei simbólica produz seu efeito de pacificar a selvageria, por outro, deixa um resíduo, pela identificação, que permanece selvagem e incita o sujeito a ir sempre mais além do princípio do prazer. A ambivalência em relação a esse mito organizador das paixões humanas traz como consequência a culpa.

Em textos posteriores, em especial *Além do princípio do prazer* e *O mal-estar na civilização*, Freud insere a pulsão de morte, a violência, como um dos fatores centrais na gênese do aparelho psíquico. A partir daí,

> *as violências superegóica, soberana e tirânica refletem a internalização de uma violência insuportável, quando vivida desde o exterior, praticada pelo pai da horda e que tornada constituinte do aparelho psíquico, confronta o ego permanentemente com os seus limites, obrigando-o a algum nível de submissão (Endo, 2005, p. 289).*

O sujeito psíquico reagiu à violência do pai da horda a partir do momento em que reconheceu e atuou a própria violência e destituiu o pai pela violência. Assim, não há mais vítimas e a violência passa a ser pressentida, admitida e desejada.

Vimos, portanto, que Freud tece uma série de considerações sobre o surgimento da destrutividade na psique, e sobre nós, seres humanos, com um destino inevitável de conflito, barbárie e sofrimento.

Retomemos Agamben. A relação entre a violência e o Direito é o *topos* do pensamento desse autor sobre a modernidade política. Em sua obra já mencionada, Agamben enuncia a noção de "paradoxo da soberania": "O soberano está, ao mesmo tempo, dentro e fora do ordenamento jurídico", ou, ainda, "o soberano, tendo o poder legal de suspender a validade da lei, coloca-se legalmente fora da lei" (Agamben, 2007, p. 23).

Agamben nos diz que o poder soberano exercido tiranicamente tem suas raízes numa complexa articulação entre a norma e a exceção, em que o papel da norma é, sobretudo, o de instituir e possibilitar as condições políticas para que se configure a exceção, criando-se no interior da norma o espaço da exceção.

O autor afirma que "a exceção é a estrutura da soberania" (Agamben, 2007, p. 35), e não algo exterior à política. Daí decorre que a vida pode ser roubada, exterminada em sua ilimitada nudez. A exceção é, assim, um fenômeno inscrito e interno à aplicação da norma:

> *A exceção é uma espécie de exclusão. Ela é um caso singular que é excluído da norma geral. Mas, o que caracteriza propriamente a exceção é que aquilo que é excluído não está, por causa disto, absolutamente fora de relação com a norma; ao contrário, esta se mantém em relação com aquela na forma da suspensão (Agamben, 2007, p. 25).*

Ou seja, "a norma se aplica à exceção desaplicando-se, retirando--se desta" (Agamben, 2007, p. 25).

A cidadania é justamente o ponto de apoio do campo de inserção da decisão soberana, em que o confisco, o sequestro, a captura dos corpos e da vida estão nos cálculos estratégicos do poder soberano. A decisão soberana se faz no binômio nascimento-nação.

Ao rastrear a etimologia da palavra "exceção", Agamben afirma se tratar de um termo paradoxal, pois *ex-capere* significa "capturar fora" "tomar fora" ou "prender fora" que é exatamente aquilo que faz o bando no que diz respeito ao antigo direito germânico de banimento. É o bando que, na sua estrutura, enseja, como condição para o próprio funcionamento, uma relação de exclusão. Chamemos, diz Agamben, "relação de exceção a esta forma extrema da relação que inclui alguma coisa unicamente através da sua exclusão" (Agamben, 2007, p. 26). A exceção surge, portanto, como efeito do exercício da política, da soberania, isto é, os mecanismos políticos produzem e sustentam a exceção.

O conceito de bando, "do antigo termo germânico que designa tanto a exclusão da comunidade quanto o comando e a insígnia do soberano" (Agamben, 2007, p. 36), corresponde à ideia agambeniana da modernidade política. Para o autor, a matriz fundante de compreensibilidade da modernidade política é o bando, e não o contrato.

Para Agamben "a relação de exceção é uma relação de bando" (Agamben, 2007, p. 36). Bando é a tradução proposta por Agamben para o alemão *Bann*, que tem como significações: poder de governo, poder soberano, direito de decretar proibições, como o banimento. A palavra bando está, portanto, ligada a banimento e a bandido. "Aquele que foi banido, não é, na verdade, simplesmente posto fora da lei e indiferente a esta, mas é abandonado por ela, ou seja, exposto e colocado em risco no limiar em que a vida e direito, externo e interno se confundem" (Agamben, 2007, p. 36).

O bandido é o maldito, é aquele que é banido, privado da égide da proteção, que pode sofrer qualquer violência sem que isso se constitua em crime. O banido é fulminado pelo bando, é apanhado, é pego, é tomado, mas para fora. Ou seja, o ordenamento jurídico se aplica ao banido precisamente pela sua desaplicação. Por isso Agamben chama o banimento de abandono:

> *Dele não é possível dizer que esteja fora ou dentro do ordenamento (por isto, em sua origem,* in bando, a bandono, *significam em italiano tanto "à mercê de" quanto "a seu talante, livremente", como na expressão* correre a bandono, *e* bandito *quer dizer tanto "excluído, posto de lado" quanto "aberto a todos, livre", como em* mensa bandita *e a* redina bandita*) (Agamben, 2007, p. 36).*

É nesse sentido que o paradoxo da soberania pode assumir a forma: "não existe um fora da lei" (Agamben, 2007, p. 36). A relação originária da lei com a vida não é a aplicação, mas o abandono. A relação de bando tem como resultado "o abandonado", aquele que é colocado num determinado espaço "nem fora, nem dentro" do ordenamento e que, por isso mesmo, permanece referido e à mercê desse mesmo ordenamento, ao qual deve se submeter inteiramente.

A figura do *homo sacer*, recolhida do direito romano arcaico e conservada por Sexto Pompeu Festo, ocupa um lugar central no pensamento de Agamben. A escolha de Agamben por uma figura do direito romano para funcionar como representação paradigmática do homem político contemporâneo é estratégica porque o direito romano, embora antigo, ainda se encontra extremamente vivo na cultura jurídico-política ocidental. Na definição de Festo, a especificidade do *homo sacer* é constituída pela justaposição de dois traços característicos: "a impunidade da sua morte e o veto de sacrifício" (Festo, citado por Agamben, 2007, p. 81).

O *homo sacer* é, portanto, definido como aquele que pode sofrer toda forma de violência, ser morto, sem que essa violência, essa morte seja considerada crime, uma vez que ao morto é atribuído o estado de bandido, daquele que pode ser banido e contra o qual toda a violência, toda a ira, seja do homem, seja da natureza, poderiam se desencadear.

Assim, o que define a condição do *homo sacer* é o caráter particular da dupla exclusão em que se encontra preso e da violência à qual se encontra exposto. E "a vida insacrificável e, todavia, matável, é a vida sacra" (Agamben, 2007, p. 90), ou, dizendo de outro modo, é a "vida nua", expressão recuperada por Agamben de Walter Benjamin, que a define como "portadora do nexo entre violência e direito" (Benjamin, citado por Agamben, 2007, p. 73). Há, portanto, uma relação estreita entre vida nua e poder soberano.

Agamben nos conduz para um pensamento que considera a violência inserida numa estrutura política que afirma injustiças e desigualdades radicais, assentadas, por princípio, em bases assimétricas na relação entre o soberano e seus súditos. Certas vidas estão expostas na mesma medida que outras estão protegidas. Ambas as modalidades de vida fazem parte da vigência da norma, por sua aplicação e desaplicação, e estão submetidas, em posições antagônicas, ao poder soberano.

Agamben ainda afirma que, na esfera do biopoder, o bando é um dispositivo que engendra processos permanentes de subjetivação e de dessubjetivação.

O sujeito moderno, de direitos, é um produto do bando, está assujeitado ao bando soberano. Soberano é quem decide sobre o estado de exceção – suspensão do ordenamento jurídico –, sobre a decisão da vida, do corpo matável e insacrificável do *homo sacer*; soberano é quem decide pelo ordenamento e, ao mesmo tempo, por sua suspensão. É outra forma de dizer que a regra vive da exceção.

Os campos de concentração, no nazismo, se caracterizaram como um estado de exceção com duração de doze anos. Porém, um processo que perdura doze anos não pode ser considerado como exceção. Agamben radicaliza ao afirmar que o campo de concentração apenas exagera os traços constitutivos do real.

Embora por vias distintas, Agamben se aproxima do pensamento de Freud que não restringe a prática psicanalítica como uma atividade confinada entre as quatro paredes de um consultório, mas como uma ação mais ampla, abrangendo também o espaço público, *Öffentlichkeit*. Nessa ação pública, a psicanálise nos mostra a fragilidade de todo o processo civilizatório e, como consequência, sua desconfiança na viabilidade desse projeto. Tudo, nesse projeto, pode dar errado! Além disso, a psicanálise afirma que a natureza pulsional do homem é indomável. Mas nada disso a afasta de sua fidelidade à aposta no projeto do mundo moderno, mesmo sabendo que pode perder essa aposta. A felicidade é impossível, mas temos que agir como se ela pudesse ser alcançada. "O programa que o princípio do prazer nos impõe – ser feliz", diz Freud, "não é realizável, mas não podemos nem devemos abrir mão dos esforços para sua realização" (Freud, 1930, p. 102).

Referências

Agamben, G. (2007). *Homo sacer: o poder soberano e a vida nua I*. Belo Horizonte: Editora UFMG.

Endo, P. C. (2005). *A violência no coração da cidade*. São Paulo: Escuta/Fapesp.

Farkas, M. (2012). Psicanálise sem divã. In J. A. D. Pastore (Org.), *O psicanalista na comunidade*. São Paulo: SBPSP.

Farkas, M., & Schaffa, S. L. (2012). Psicanálise e cidadania. In J. A. D. Pastore (Org.), *O psicanalista na comunidade*. São Paulo: SBPSP.

Freud, S. (1974a). Totem e tabu. In S. Freud, *Edição standard brasileira das obras psicológicas completas de S. Freud* (V. 13; J. Salomão, Trad.). Rio de Janeiro: Imago. (Trabalho original publicado em 1913).

Freud, S. (1974b). Além do princípio do prazer. In S. Freud, *Edição standard brasileira das obras psicológicas completas de S. Freud* (V. 18; J. Salomão, Trad.). Rio de Janeiro: Imago. (Trabalho original publicado em 1920).

Freud, S. (1974c). O futuro de uma ilusão. In S. Freud, *Edição standard brasileira das obras psicológicas completas de S. Freud* (V. 21; J. Salomão, Trad.). Rio de Janeiro: Imago. (Trabalho original publicado em 1927).

Freud, S. (1974d). O mal-estar na civilização. In S. Freud, *Edição standard brasileira das obras psicológicas completas de S. Freud* (V. 21; J. Salomão, Trad.). Rio de Janeiro: Imago. (Trabalho original publicado em 1930).

Herrmann, F. (2005). Clínica extensa. In L. Barone *et al.* (Orgs.), *A psicanálise e a clínica extensa*. São Paulo: Casa do Psicólogo.

Marcuse, H. (1968). A origem do indivíduo reprimido. In H. Marcuse, *Eros e civilização: uma interpretação filosófica do pensamento de Freud*. Rio de Janeiro: Zahar. (Trabalho original publicado em 1955).

Pastore, J. A. D. (2012). *Homo sacer* e cidadania. In J. A. D. Pastore (Org.), *O psicanalista na comunidade*. São Paulo: SBPSP.

Pellegrino, H. (1987). Pacto edípico e pacto social. In *Grupo sobre grupo*. Org. Luiz Alberto Py. Rio de Janeiro: Rocco.

Weinshel, E. D. (1983). Message from a past president Maxwell Gitelson (pp. 67-83). In E. D. Joseph & D. Widlöcher, *The identity of the psychoanalyst*. New York: IUP. (Trabalho original de 1976).

Widlöcher, D., & Abel-Prot. (1999). Psicanálise e psicoterapia. Trabalho apresentado em conferência. São Paulo, SBPSP. 4 março 1999.

9. A morte da política no poder totalitário: H. Arendt e S. Freud

Luís Carlos Menezes[1]

Vou fazer algumas aproximações entre as concepções de Hannah Arendt sobre a política e sobre os totalitarismos do século XX, cotejando-as com desenvolvimentos fundamentais do pensamento freudiano. O interesse dessa convergência é tão mais surpreendente e, quem sabe, fecunda na medida em que a autora não demonstra *a priori* interesse por Freud ou pela psicanálise, aos quais nunca se refere de forma explícita.

A leitura de Hannah Arendt me levou a entender que "o poder que se opõe à violência só não é ele mesmo violência na medida em que seja exercido no terreno da política". Isso se pensarmos com ela a política – nas suas origens e nos seus fundamentos – como uma prática do convívio social que "trata da comunidade e da reciprocidade entre diferentes" tendo como base "a pluralidade humana" (Arendt, 1993/1995, pp. 39-40, tradução nossa).

---

[1] Psicanalista, é membro efetivo com função didática da Sociedade Brasileira de Psicanálise de São Paulo (SBPSP) e membro do Departamento de Psicanálise do Instituto Sedes Sapientiae. Doutor em ciências pela Universidade de Paris XI. Formação analítica, basicamente, na Association Psychanalytique de France (APF).

O respeito à diversidade não é inerente ao homem, sendo-lhe mesmo "fundamentalmente exterior". Esse respeito nasce, para ela, "no espaço-que-está-entre-os homens" constituído como "espaço intermediário próprio à política" e no qual a liberdade pode ser exercida, garantindo a expressão da "diversidade absoluta de cada homem, um em relação ao outro" (Arendt, 1993/1995, pp. 42-43, tradução nossa).

Adianto que para a autora esse espaço teria sido desconsiderado na concepção de "necessidade histórica" do materialismo dialético marxista, o que Arendt viu como "um terrível absurdo", pois leva à "substituição da política pela história", isto é, "pela representação de uma história mundial" na qual "a multiplicidade dos homens encontra-se fundida em *um* indivíduo humano, chamado de Humanidade" (Arendt, 1993/1995, pp. 42-43, tradução nossa).

Tende-se, segundo ela, a querer se livrar dos "homens enquanto atores" em todas as formas de tirania, assim como hoje nos modernos domínios totalitários, burocráticos, em que se quer "liberar forças históricas", ao se privilegiar "processos pretensamente superiores e impessoais" (Arendt, 1993/1995, p. 47, tradução nossa). Dessa forma, os homens seriam desalojados de sua condição de agentes da história, passando a ser subordinados a ela como a matéria – homogênea – sobre a qual agiriam essas forças históricas inexoráveis, postuladas genericamente.

Se em Freud somos agidos por forças que nos escapam, as pulsões, o desejo inconsciente em seus impasses, essas são vistas como causa de miséria neurótica, de encolhimento das possibilidades afirmativas da vida no que tem de mais essencial e de mais singular para a pessoa pega nesses impasses. A psicanálise, como processo terapêutico, possibilitaria o acesso e a reapropriação desses sonhos em sofrimento, de maneira a abrir para uma liberdade interior geradora de novos possíveis em sua vida.

Em uma análise, espera-se que se desfaça a tirania do Um, exercida no sintoma como autocracia do eu, para que o sujeito saia da condição defensiva, acuada, face à multiplicidade e à heterogeneidade das aspirações, dos desejos que o habitam. Ao sair dessa posição defensiva, do ponto de vista do processo psicanalítico, o analisando deixa de ser refém da necessidade de ser único – inerente ao sintoma – para se ver fazendo parte de relações em que se movimenta como um-entre-outros.

Esse processo supõe um distanciamento do narcisismo primário, ou seja, da lógica do um, do único, para outro modo de ser regido pelo "deslocamento da libido para um ideal do Eu, imposto de fora" (Freud, 1914/2010a, p. 48) como herdeiro do complexo de Édipo, e que instaura a possibilidade do reconhecimento e do respeito pelos semelhantes-diferentes e pelas diferenças entre os semelhantes.

A pessoa terá, nessas condições, que vencer a cada momento o que Freud postula como "intenso esforço para reconquistar" (Freud, 1914/2010a, p. 48) a situação anterior, da qual se distanciou – a do narcisismo primário, na qual só é suportável o idêntico, toda diferença refratária a ele como diferença sendo ignorada ou denegrida, destruída para ser reduzida ao mesmo, ao uniforme, ao homogêneo.

Podemos ver já presente nessa formulação a preocupação com a repetição na clínica, preocupação que, sabemos, vai crescer com o conceito de compulsão e, mesmo, de automatismo da repetição, uma repetição não mais entendida como retorno do prazer, mas como imperativo solto, desligado, desabitado, da pulsão, ou seja, como gozo na leitura de Lacan e tendo por paradigma o traumático, repensado por Freud em 1920 em termos de destruição do psíquico por um excesso, por um além do princípio do prazer, e que o leva a postular uma pulsão de morte na vida psíquica (cf. Freud, 1920/2010b).

O ideal do Eu, estreitamento associado ao super-Eu, será promovido na obra de Freud à instância garantidora, em última análise, do "contrato" com o pai, representado pelo totem e depois por deus, descrito em *Totem e tabu* (Freud, 2012, p. 227), e pelo qual os integrantes da comunidade se comprometem, movidos pelo sentimento de culpa, à dupla renúncia, uma sexual – renúncia ao incesto – e a outra, à violência pelo assassinato de uns pelos outros. Isso é condição para a constituição de uma organização social, na qual as restrições morais e as religiões garantem a formação do clã fraterno no fundamento das culturas humanas. Ou seja, de uma organização que, no plano individual, corresponde às amplas reorganizações edípicas da saída do apego incestuoso para a latência, relançadas na adolescência, e nas quais está em jogo a constituição de uma condição psíquica apta para a inserção social, estreitamente dependente dos valores inscritos no Ideal do eu.

Pacto, pacificação, formação de um poder político que contém a violência entre os homens: vejo aí uma forte convergência entre essa virada constitutiva central em Freud, e a constituição do espaço-que-está-entre-os homens como condição para um convívio em que sejam respeitadas diferenças, espaço intermediário que tanto Freud como Arendt assinalam explicitamente como algo que vem do exterior ("imposto de fora") e que se constitui no agir em conjunto dos homens.

As renúncias narcísicas e as aspirações de ideal, em cujo centro está o conceito de castração, são na psicanálise a condição essencial para o convívio social baseado no respeito pela "diversidade absoluta de cada homem, um em relação ao outro" (Arendt, 1993/1995, p. 43), instaurado o espaço-entre-os-homens em que se exerce, na política, a liberdade, ou seja, a expressão das singularidades de cada um.

No livro *O que é a política?*, Arendt destaca a importância dos pactos e das alianças entre os romanos, "graça aos quais os inimigos de ontem tornavam-se os aliados de amanhã", evitando assim a imposição do poder pela exclusiva violência da guerra. "O conceito de lei" terá por isso uma importância excepcional no "pensamento político romano" (Arendt, 1993/1995, p. 157, tradução nossa), afirma ela.

Por outro lado, é amplamente conhecido o uso que Lacan faz desse conceito para nomear a interdição estruturante e diferenciadora do sujeito do desejo. A formulação de que a palavra é pacto ressoa na expressão "dar a sua palavra" como fonte de uma confiabilidade indispensável na ética do convívio e, claro, também da prática analítica.

Isso posto, prossigamos com o aporte de Arendt para pensar o totalitarismo, palavra que para ela recobre um campo específico, em que o poder do Estado foi exercido de tal forma que se transformou em pura violência, uma violência inédita na história, qualitativamente diferente e sem precedentes das outras formas de opressão social. Ocorreu, segundo ela, em países onde foram postas em prática, no século XX, duas grandes utopias políticas, na Alemanha nazista de 1938 em diante, especialmente nos campos de concentração, paradigmáticos das relações de "dominação total" (Arendt, 1949/2006a, p. 469) e, em contrapartida, no bolchevismo soviético sob Stálin, a partir de 1930.

Vou retomar alguns pontos que para ela caracterizam o totalitarismo, tirados de sua obra, *Origens do totalitarismo*, e que mostram amplamente como o espaço do político desaparece e, com ele, o dos homens em sua pluralidade e sua singularidade. Nele, todos os homens se tornam igualmente supérfluos (cf. Arendt, 1949/2006a, p. 510).

Tema delicado porque supõe tocar no horror o mais extremo, embora para o nosso propósito de forma abstrata e genérica, mas também porque inclui o comunismo soviético, depositário de ideais aos quais muitos de nós são profundamente sensíveis, e que dizem respeito não só à opressão política, exercida por um Estado despótico, mas, para além disso, a opressão que advém da carência material, da necessidade.

Em um texto inédito de Arendt, *A liberdade de ser livre*, publicado recentemente, a autora discute as grandes revoluções da modernidade, e afirma que "ser livre para a liberdade significa antes de mais nada ser liberado, não somente do medo, mas também da necessidade" (Arendt, 2018/2019, p. 52, tradução nossa), a aspiração pela liberdade política supondo um mínimo de recursos e de condições materiais de vida.

Mas o fato é que silenciar sobre projetos políticos que se reclamaram e que se reclamam desses ideais, e que deram e continuam dando origem a regimes de poder extremamente opressivos, seria como se omitir ou silenciar, minimizando a violência feita em seu nome. Essa reserva seria útil à promoção desses ideais no campo político e na luta por eles? Não creio – em todo caso, não foi essa a opção de Arendt em *Origens do totalitarismo* ou em *Eichmann em Jerusalém*, obra evocada por Agamben, a justo título, como o "livro mais corajoso e desmistificador que se escreveu em nossos tempos sobre o problema do mal" (Agamben, 1998/2018, p. 77).

Vejamos algumas das características que Arendt vê no poder/violência totalitária e a compreensão que ela tem do que nele é visto como novo e enigmático, numa direção que, não pude evitar de perceber, vai dando a ver uma estreita sintonia com o pensamento freudiano sobre a pulsão de morte.

A começar pelo fato estranho de que a repressão totalitária se torna mais ativa depois que os opositores ou potenciais opositores já foram eliminados, portanto, ao contrário de toda e qualquer tirania, não visam mais à defesa do poder estabelecido (cf. Arendt, 1949/2006a).

É o que acontece na Alemanha a partir de 1938 e, também, com o bolchevismo a partir de 1930. No 17º Congresso do Partido Comunista da União Soviética (PCUS), em 1934, Stálin havia declarado: "Nesse Congresso já não há o que provar, e ao que parece, não há mais ninguém a combater" (Arendt, 1949/2006a, p. 345). Os "Grandes Expurgos" vieram logo a seguir, atingindo milhões de pessoas.

A repressão não visa, portanto, um objetivo inteligível a ser alcançado, como a defesa do regime, sendo próprio ao totalitarismo o domínio permanente e total de todos os indivíduos, em toda e qualquer esfera de sua vida. Não se tem a escolha, por exemplo, de se tornar "inocente" aos olhos do regime pela adesão ou submissão: fica-se sempre igualmente exposto e vulnerável, todos sendo potencialmente indesejáveis.[2] E o que é visado é não somente o desaparecimento físico do indesejável como de toda memória sobre ele, de maneira que se torne alguém que nunca existiu (cf. Arendt, 1949/2006a, pp. 483-486). A autora segue avançando, de forma categórica, a afirmação de que simplesmente não há "um objetivo político que constitua a finalidade do movimento totalitário" (Arendt, 1949/2006a, p. 376), o que o tornaria de fato inédito.

A ideia de um movimento pelo movimento, girando no vazio de sentido, não deixa de evocar a concepção freudiana da pulsão de morte, formulada, naturalmente, em um contexto clínico e metapsicológico próprio.

Num comentário sobre a atração que esses movimentos exercem sobre certas camadas da população, em particular intelectuais, no pós-guerra e no pós-colonialismo – referindo-se à Primeira Guerra

---

[2] "Nas condições do regime totalitário, a categoria dos suspeitos compreende toda a população. Simplesmente em virtude de sua capacidade de pensar, os seres humanos são suspeitos por definição, pois a capacidade humana de pensar é também capacidade de mudar de ideia" (Arendt, 1949/2006a, p. 481).

Mundial, ela escreve que o que atraía era que neles "a destruição sem piedade, o caos, a ruína, assumiam a dignidade de valores supremos". Nessa atração havia a "insistência do *primado simultâneo da ação pura* e da força irresistível da necessidade" (Arendt, 1949/2006a, p. 381, grifos meu). Ainda: "Os movimentos totalitários são organizações maciças de indivíduos atomizados e isolados... . Sem laços de família, de amizade, de camaradagem e que só adquirem o sentido de terem um lugar neste mundo quando participam do movimento, pertencem ao partido" (Arendt, 1949/2006a, p. 373).

Diferentemente, pois, das massas que em Freud se mantêm pelo vínculo libidinal unidas em torno de um líder ou em torno de um ideal, na massa "totalitária" de Arendt, mais que a libido, domina o medo, o terror permanente sem ligações afetivas, identificatórias, entre seus integrantes. E no lugar do ideal comum, dos "assuntos específicos", encontram-se questões ideológicas num horizonte de séculos e numa escala mundial, ou seja, ela vê no centro do movimento um ideal grandioso e indeterminado. Para a autora, "a uniformidade inteiramente homogênea é a condição fundamental do totalitarismo" (Arendt, 2006a, p. 372).

Condição compacta, sem brechas, refratária a qualquer espaço-entre-os homens onde a vida e a política possam acontecer como inesperado renovador, como liberdade, como pluralidade. Lembro que, em Freud, Eros é o que introduz tensões e diferenciais na tendência uniformizadora da pulsão de morte em seu movimento para o inerte.

Arendt afirma que no regime totalitário o próprio líder não passa de "um funcionário das massas que dirige" (Arendt, 2006a, p. 375), não sendo o tirano sedento de poder e que impõe aos governados uma vontade tirânica. Sem o líder, no totalitarismo, "as massas não passam de um bando amorfo" (Arendt, 2006a, p. 375), e sem as massas o líder seria uma nulidade.

Hitler diz, em discurso para os SA, em 1934: "Tudo o que vocês são, o são através de mim, tudo o que eu sou, sou somente através de vocês" (Arendt, 2006a, p. 375).

Afirmação surpreendente, pois estamos habituados a pensar em Hitler ou em Stálin como a encarnação do Mal. É verdade que no conhecido livro de George Orwell, *1984*, o Grande Irmão, peça crucial do sistema, não aparece senão como imagem, e em *O castelo*, Kafka nos leva a uma população que vive no medo constante de um poder, que não é de Ninguém, um poder burocrático atrás da escrivaninha, em que não há ninguém de relevante, apenas o labirinto dos dossiês, o sistema.

Reencontramos assim a Arendt de *Eichmann em Jerusalém*, no qual afirma que "nem com a maior boa vontade do mundo se pode extrair qualquer profundidade diabólica ou demoníaca de Eichmann" (Arendt, 1964/2006b, p. 311). "Ele não era burro. Foi pura irreflexão... que o predispôs a se tornar um dos grandes criminosos desta época" (Arendt, 1964/2006b, p. 311). Isso é mostrado detidamente ao longo do livro, e essa conclusão, que contraria a tese da acusação de que o réu era um monstro, é na verdade assustadora, ao indicar que o mal mais extremo pode estar em cada esquina da vida social, imperceptível, e provir mais de uma certa leviandade ou inconsequência do pensamento, a irreflexão, talvez, não sendo outra coisa senão a opinião, o juízo que não se leva a sério.

Assim, entendo-a quando prossegue sobre Eichmann – o funcionário zeloso – dizendo que "a distância da realidade", "o desapego", "podem gerar mais devastação do que todos os maus instintos juntos" (Arendt, 1964/2006b, p. 311).

Afinal praticamente toda a população alemã, 80 milhões de pessoas de uma cultura avançada, apoiaram entusiasticamente o nazismo assim como os "novos valores alemães" (Arendt, 1964/2006b, p. 119) vigentes nesse período, e Eichmann não parecia ser muito diferente deles. O ovo da serpente sendo chocado pela inércia, pela conveniência imediata, pela negligência em relação à própria percepção e ao próprio juízo nos leva a ir dimensionando o alcance da "banalidade do mal" (Arendt, 1964/2006b, p. 310).

De novo, vale lembrar que a pulsão de morte em Freud é postulada, ela também, como silenciosa, só perceptível quando imbricada com a vida, embora presente no âmago de toda vida psíquica. Tudo dependendo, a cada momento, do terreno ocupado como força afirmativa pela vida psíquica sobre o princípio de inércia nela presente.

Outra característica do totalitarismo, descrita por Arendt, é que a estrutura do Estado não é monolítica, mas amorfa. Todos os órgãos são duplicados ou multiplicados, coexistindo ou se sucedendo, com superposição de suas funções, de maneira a manter a instabilidade permanente, a incerteza. São movimentos em que não há um organograma estável e bem definido: "qualquer forma de estrutura, legal ou governamental, só pode estorvar o movimento que se dirige com velocidade crescente em determinada direção" (Arendt, 2006a, p. 448).

Verdadeira "informidade planejada", "a multiplicação dos órgãos era extremamente útil para a constante transferência do poder" (Arendt, 2006a, pp. 451-452). Ou seja, "esses movimentos devem necessariamente procurar destruir toda e qualquer estrutura" (Arendt, 2006a, p. 448). Os pontos de chegada, de estabilização, precisam ser desfeitos, para que o movimento prossiga.

Vai nessa linha a decisão tomada no 17º Congresso do PCUS (1934), já mencionado, de que "periódicos expurgos (serão) realizados para a limpeza sistemática do Partido" (Arendt, 2006a, p. 440).

Contrariando a ideia de busca por uma organização estável e eficiente, própria a qualquer outra forma de poder, vemos esse "conceito de poder inteiramente novo e sem precedentes" que despreza interesses nacionais, desdenha motivos utilitários, mas se move com fé inabalável num mundo fictício que, no nazismo, é a prodigiosa loucura de uma nova raça mundial ariana, fruto da fabricação a ser conseguida em alguns séculos (Arendt, 2006a, p. 467).

"A propaganda totalitária prospera em clima de fuga da realidade para a ficção" (Arendt, 2006a, p. 401), e o totalitarismo no poder se mantém no "desprezo pelos fatos e na rígida observância das normas do mundo fictício que criou, com a eliminação de toda realidade rival, não-totalitária" (Arendt, 2006a, p. 442). Estará, portanto, em busca da extensão do movimento para todo o planeta, toda "realidade rival" sendo ameaça e obstáculo em seu caminho.

Os campos de concentração e de extermínio são laboratórios em que o funcionamento totalitário alcança a plenitude de seus propósitos. Mostram como "a psiquê pode ser destruída mesmo sem a destruição física do homem" e como é possível alcançar, pelo domínio total, uma situação em que "um abismo separa o mundo dos vivos do mundo dos mortos-vivos" (Arendt, 2006a, pp. 491-492).

O totalitarismo destitui toda a população dos seus "direitos civis" e, para além do domínio despótico do homem, é um sistema em que os homens se tornam supérfluos, como "marionetes sem o mais leve traço de espontaneidade" (Arendt, 2006a, p. 508) e de imprevisibilidade.

No centro dos movimentos totalitários que lhe servem de paradigma, Arendt encontra a prodigiosa loucura derivada de concepções científicas, como a teoria da evolução das espécies no nazismo, ou as concepções consideradas científicas do materialismo dialético, inspirado em Marx. Em uma, são leis da Natureza que estão em jogo, na outra, leis da História, baseadas na evolução pela luta de classes.[3]

Na visão ideológica que se forma, "no lugar de [considerá-las como] estruturas de estabilidade onde vão agir os movimentos dos homens, passam a ignorá-los em sua pluralidade e em sua singularidade, e visam o destino da Humanidade como um todo... é como se a pluralidade se dissolvesse em Um-Só-Homem de dimensões gigantescas." Se perde, assim, "o espaço entre os homens, espaço vital de liberdade" (Arendt, 2006a, p. 518), ou seja, o espaço da política.

Resulta a conclusão de Arendt de que "o totalitarismo introduziu um princípio inteiramente novo no terreno das coisas públicas que dispensa inteiramente o desejo humano de agir" (Arendt, 1949/2006a, p. 520).

Se não há lugar para a iniciativa movida pelo desejo, não há lugar para a vida psíquica, a vida do pensamento e dos sonhos, e o que resta dela não é senão tentativa de sobrevivência pelo automatismo de repetição, introduzido por Freud como uma nova dimensão do trabalho clínico face a configurações situadas para além do princípio do prazer, para além das formações do desejo inconsciente.

Chegamos aqui, me parece, a um imbricamento entre as duas *démarches*, a da pensadora da coisa pública e a do criador da psicanálise, que visam, ambas, à constituição do íntimo: do entorno social depende esse íntimo e desse íntimo depende a aptidão para a liberdade – e a ousadia – no pensar, julgar, decidir na vida, à contracorrente da miséria neurótica.

---

[3] Na oração fúnebre a Marx, Engels disse: "Tal como Darwin descobriu a lei do desenvolvimento da vida orgânica, Marx descobriu a lei do desenvolvimento da história humana". Comentário semelhante encontra-se na introdução que Engels escreveu para a edição de 1890 do *Manifesto comunista* (Arendt, 1949/2006a, p. 515n).

O diagnóstico de Arendt sobre o totalitarismo é de que neste "a força coercitiva da lógica é mobilizada para que ninguém comece a pensar", privando cada sujeito do pensamento vivo, ou seja, na perspectiva freudiana, habitado pelo desejo. Sob a "tirania da lógica", para a autora, o pensamento que é "a mais livre e a mais pura das atividades humanas" é forçado "a mergulhar naquele gigantesco movimento da História ou da Natureza que supostamente usa a humanidade como material e ignora o nascimento e a morte" (Arendt, 1949/2006a, pp. 525-526).

Privado do pensamento desejante o sujeito ficaria entregue, na formulação de Arendt, à "compulsão que nos impele para a frente; essa compulsão é a tirania da lógica, contra a qual nada se pode erguer senão a grande capacidade humana de começar algo novo" (Arendt, 2006a).

A crítica de Freud a um dos totalitarismos já existentes no início dos anos 1930, o bolchevismo, assim como ao pensamento de Marx no qual esse se inspirava, incide sobre o mesmo ponto que Arendt – o de fazer da história humana "uma história natural". Freud recusa a "lei natural" que ele vê, igualmente, nessa teoria. Recusa-se a aceitar, em suma, o determinismo histórico, afirmando que a força do marxismo não está em sua "concepção da história".[4]

---

[4] "Na teoria marxista me causaram espécie afirmações como a de que o desenvolvimento das formações sociais é um processo de história natural, ou de que as mudanças na estratificação social procedem umas das outras mediante um processo dialético" (Freud, 1933/2010c, p. 347).
Depois de dar a sua opinião, que chama de leiga, sobre esse processo, afirma não ver "lei natural ou mudança conceitual" nele (Freud, 1933/2010c, p. 348).
"A força do marxismo não está, evidentemente, em sua concepção da história ou nas predições do futuro que nela se baseiam, mas na inteligente demonstração da influência avassaladora que as relações econômicas dos seres humanos têm sobre atitudes intelectuais, éticas e artísticas. Desse modo foram desveladas muitas conexões e interdependências, que até então haviam sido quase inteiramente ignoradas" (Freud, 1933/2010c, p. 349).

Freud reafirma a "irrefutável existência do mal" (Freud, 1930/2010d, p. 88) e avança ainda que "um dos traços característicos da civilização" está no "modo como são reguladas as relações dos homens entre si, as relações sociais, que dizem respeito ao indivíduo enquanto vizinho, enquanto colaborador, como objeto sexual de um outro, como membro de uma família e de um Estado" (Freud, 1930/2010d, p. 56).

Ele vê, nesse ponto, a necessidade de levar em conta "exigências ideais", que remetem sem dúvida ao ideal do Eu, depositário das limitações que implica "a substituição do poder do indivíduo pelo da comunidade" como "passo cultural decisivo" (Freud, 1930/2010d, pp. 56-57).

A liberdade só é efetiva, para Freud, só tem valor, quando exercida no interior da comunidade e de suas limitações, ponto onde encontraríamos de novo esse espaço-que-está-entre-os homens, condição da política e da prática da liberdade para Arendt.[5]

Referências

Agamben, G. (2018). *O que resta de Auschwitz*. São Paulo: Boitempo. (Livro publicado originalmente em 1998).

Arendt, H. (1995). *Qu'est ce que la politique?* Paris: Seuil. (Livro publicado originalmente em 1993).

Arendt, H. (2006a). *Origens do totalitarismo*. São Paulo: Cia. das Letras. (Livro publicado originalmente em 1949).

---

[5] Lembrando que "o súdito ideal do governo totalitário não é o nazista convicto nem o comunista convicto, mas aquele para quem já não existe a diferença entre o fato e a ficção (isto é, a realidade da experiência) e a diferença entre o verdadeiro e o falso (isto é, os critérios do pensamento)" (Arendt, 1949/2006a, p. 526).

Arendt, H. (2006b). *Eichmann em Jerusalém*. São Paulo: Cia. das Letras. (Livro publicado originalmente em 1964).

Arendt, H. (2019). *La liberté d'être libre*. Paris: Payot. (Livro publicado originalmente em 2018).

Freud, S. (2010a). Introdução ao narcisismo. In S. Freud, *Obras completas* (V. 12; P. C. de Souza, Trad.). São Paulo: Cia. das Letras. (Trabalho publicado originalmente em 1914).

Freud, S. (2010b). Além do princípio do prazer. In S. Freud, *Obras completas* (V. 14; P. C. de Souza, Trad.). São Paulo: Cia. das Letras. (Trabalho publicado originalmente em 1920).

Freud, S. (2010c). Novas conferências introdutórias à psicanálise: conferência 35: Acerca de uma visão do mundo. In *Obras completas* (V. 18; P. C. de Souza, Trad.). São Paulo: Cia. das Letras. (Trabalho publicado originalmente em 1933).

Freud, S. (2010d). O mal-estar na civilização. In *Obras completas* (V. 18; P. C. de Souza, Trad.). São Paulo: Cia. das Letras. (Trabalho publicado originalmente em 1930).

Freud, S. (2012). Totem e tabu. In *Obras completas* (V. 11; P. C. de Souza, Trad.). São Paulo: Cia. das Letras. (Trabalho publicado originalmente em 1912-1913).

10. A consciência moral, o desejo e a Lei: o tipo psicológico de Paulo de Tarso segundo Nietzsche e Freud

Oswaldo Giacoia Junior[1]

Introdução

Com base numa interpretação de textos de Friedrich Nietzsche e de escritos metapsicológicos de Sigmund Freud, este trabalho examina o relacionamento dialético que os referidos pensadores estabelecem entre a lei, o desejo e a falta, em suas respectivas hipóteses teóricas sobre as origens da consciência moral. Nesse contexto, especial atenção é dedicada à análise psicológica de Paulo de Tarso por Nietzsche e Freud, bem como ao estatuto e à função do ressentimento e da repressão dos impulsos na gênese e desenvolvimento de fenômenos culturais.

No presente trabalho, lanço mão de valiosas indicações que me foram sugeridas pela leitura de livros de Jacob Taubes, mas também e principalmente daquelas que foram colhidas nas preleções proferidas por Taubes nos anos 1980, e que acompanhei na *Freie*

[1] Departamento de Filosofia do Instituto de Filosofia e Ciências Humanas da Universidade Estadual de Campinas (Unicamp). Programa de Pós Graduação em Filosofia da Pontifícia Universidade Católica do Paraná. PUC-PR.

Universität Berlin. Elas remetem à importância que assume a figura do apóstolo Paulo nas reflexões de Nietzsche e na metapsicologia de Freud relativamente à gênese da consciência moral e à interpretação psicológica do ressentimento.

O triângulo formado por Paulo de Tarso, Nietzsche e Freud é um manancial prodigiosamente fecundo. Aventurar-se a tratar do tema constitui, decerto, uma decisão que comporta um risco e uma ousadia desmedidos. Por essa razão, limito minhas aproximações a alguns pontos bastante precisos – em plena consciência da arbitrariedade e limitação das escolhas, e mesmo da precariedade de alguns momentos da argumentação. O principal ângulo de minha abordagem será descerrado pelo fenômeno e pelo conceito de consciência moral (*Gewissen*), ao qual vinculo à má consciência (*schlechtes Gewissen*) e seus derivados, como aparecem na psicofisiologia genealógica de Nietzsche, assim como na metapsicologia de Freud. A gênese da consciência moral será, portanto, o percurso que seguirei e que terá como estações ou referências principais a teoria das pulsões (*Triebe*), a ambivalência dos afetos de amor e ódio e a psicologia do ressentimento. São ramificações num percurso e demandam, todas elas, o mesmo fulcro, a saber, a questão da Lei em sua relação com o desejo, a falta, a culpa e os processos de subjetivação – numa palavra, a relação entre a existência humana, o desejo, a interdição (a Lei) e o pecado (falta). Há, evidentemente, muitas outras alternativas que, nos mesmos marcos teóricos, poderiam demarcar a trajetória em direção à origem da moralidade humana; no entanto, limitar-me-ei aqui aos mencionados aspectos do itinerário anunciado.

A primeira estação do caminho é representada pelo conceito de *Gewissen*. Opto pela tradução do termo *Gewissen* por consciência moral, e não simplesmente por consciência, como também costuma ser traduzido em português. A palavra é derivada do antigo alto alemão (*Hochdeutsch*): *gewizzani, gewizzenique*, e traduz – com apoio no termo latino *conscientia* – o grego *συνείδησις*. De acordo com o *Dicionário histórico da filosofia* editado por Joachim Ritter (s.d.), o termo tem o sentido originário de um tipo especial de saber inscrito no campo da moralidade, e a palavra parece ter sido introduzida no léxico alemão pelo erudito beneditino Notker Labeo ou Notker Teutonicus (950-1022), por meio de uma glosa do Salmo 68, 20: "Tu conheces o meu insulto, minha vergonha e minha confusão. Meus opressores estão todos à tua frente".

Nesse contexto, o significado de "Tu conheces" foi essencialmente determinado pelo termo grego *συνείδησις*, denotando um "saber juntamente comigo", a modo de uma testemunha (ou uma dimensão da consciência) que acompanha o comportamento do agente. Entre os gregos, a raiz linguística de *συνείδησις (συ)* encontra-se em *συνειδέναι τινί* e significa, então, "saber com" (em alemão *mitwissen*), um compartilhamento de saber acerca da própria ação, ou da ação de outrem, mas principalmente da própria, que nasce de uma vivência compartilhada, de que se conhece com certeza (*gewiss*: certo, mas com decisivo apoio em *wissen*: saber) o seu valor moral – um valor predominantemente negativo. É desse modo que o termo figura, "já na mais antiga ocorrência de συνείδησις em geral, em Demócrito, que fala de consciência, por algumas pessoas, de seu mau modo de vida. Pelo que elas, ao mesmo tempo, são afligidas, angustiadas e oprimidas por isso (*ἐν ταραχαῖς καὶ φόβοις ταλαιπωρέουσι*)" (Ritter, s.d., pp. 574-576).

Gewissen (consciência moral) designa, pois, a instância psíquica da consciência ético-religiosa, o fulcro da moralidade humana. *Stricto sensu*, o termo denota o fenômeno da autocensura, o constrangedor sofrimento moral, brotado em seguida à prática de uma ação contrária ao dever – e manifesta-se no célebre *morsus conscientiae*, a mordida da consciência (remorso) ou má consciência (*schlechtes Gewissen*), que em português tem o sentido de consciência pesada, peso de consciência. Na Europa, esse conceito de consciência moral foi primeiramente desenvolvido entre os gregos, como mencionado anteriormente, com apoio na representação segundo a qual para todo e qualquer mau comportamento, em relação aos deuses ou aos homens, há sempre uma testemunha, uma dimensão interna de saber e certeza acerca do censurável e do louvável, do certo e do errado, do bem e do mal. O conceito de consciência moral adquiriu, daí em diante, uma profundidade e significação muito mais ampla e aprofundada na ética cristã, mormente no seio da filosofia medieval, em que se consolida o matiz de sentido que aproxima estreitamente: consciência moral, pela via do *remorsus* e arrependimento, à consciência do pecado, à aflitiva convicção de ter transgredido um mandamento. Nessa acepção, a consciência moral está relacionada ao julgamento (moral) das próprias ações, ao sentimento que daí resulta, à consciência da necessidade de uma incondicional obediência ao dever, indicando ser louvável toda ação que se deseja empreender em cumprimento deste comando. Na filosofia contemporânea, esse é o sentido predominante do termo, que recebe tratamento conceitual paradigmático na filosofia prática de Immanuel Kant; para Kant, dever é a necessidade de uma ação a ser praticada mediante a representação da lei moral, sendo esta um comando que tem a forma de imperativo categórico.

Kant: a consciência moral e a majestade da Lei

Dada a importância da filosofia moral de Kant tanto para Nietzsche como para Freud – uma importância que reverbera expressivamente no tratamento dado pelo genealogista e pelo psicanalista ao fenômeno da consciência moral –, faz-se pertinente um esclarecimento, ainda que breve, do significado que *Gewisen* adquire na filosofia prática de Kant. Nela a consciência moral tem estatuto conceitual, e designa uma dimensão particularmente relevante da razão prática. Da consciência moral brota um sentimento *sui generis*, que se expressa em termos de aprovação ou reprovação, louvor ou censura, com suas tonalidades afetivas correspondentes, e que necessariamente experimentamos como resultado de nossas intenções, pensamentos e ações. Nosso ânimo (*Gesinnung*) e nossas intenções são examinados a partir do vértice de uma "testemunha" implantada em nosso mais profundo âmago, que compartilha conosco um saber (com-ciência) a respeito da verdade de nossos propósitos e atos, nas ocasiões mais importantes de nossas vidas. Trata-se de um saber íntimo e infalível concernente à licitude ou ilicitude (bondade ou maldade) de nossas intenções, pensamentos e ações, do teor e valor das máximas ou princípios de nosso agir, de uma consciência que existe em nós, e que enxerga em profundidade, à qual nada se oculta; uma instância de julgamento, que nos censura ou nos louva, nos condena ou absolve.

> *A consciência moral não é uma coisa que se possa adquirir, não há qualquer dever para alguém criá-la para si; entretanto, como ser moral, todo homem tem em si essa consciência moral. Estar ligado à consciência moral significa tanto quanto: ter o dever sobre si, reconhecer deveres. Pois consciência moral é a razão prática exibindo ao homem seu dever em cada caso de uma lei, para absolver ou condenar. Quanto a ela, o relacionamento não é, pois, como aquele que temos para com um objeto, mas simplesmente para com o sujeito (afetar o sentimento moral por meio de seu ato); ela é, portanto, um fato [*Tatsache*] infalível, não uma incumbência e um dever. Por isso quando se diz:*

> *esse homem não tem consciência moral, pensa-se com isso: ele não se volta para o proferimento desta. Pois, se ele efetivamente não tivesse nenhuma, então ele não atribuiria a si mesmo nada como um dever, nem se censuraria por algo contrário ao dever; e, com isso, não poderia, de modo algum, pensar para si também o próprio dever de ter uma consciência moral (Kant, 1983, A37-38, pp. 531s, tradução nossa).*

Para Kant, a consciência da lei moral é, portanto, um "fato originário da razão prática", inexplicável de acordo com os critérios da razão teórica, porém inegavelmente inerente ao e constitutivo do senso moral de seres racionais, à medida que se encontra incorporado em sua essência. Razão pela qual Kant se refere a leis morais práticas, como o *data*, primordiais sobre as quais pode ser fundamentada universalmente a Ética, como práxis racionalmente orientada pela representação de valores e normas, da qual resulta um agir virtuoso, tendo a felicidade (mais precisamente, a condição de ser digno de ser feliz) como sua meta e finalidade. Na medida em que esses *data* nos são dados como algo originário, daí se depreende que eles mesmos não podem ser reconduzidos a nenhuma outra instância ou causalidade lógica ou cronologicamente precedente.

A isso corresponde a caracterização por Kant da razão "pura" prática como uma "força ou faculdade fundamental", sobrenatural, para a qual não se pode prover, em termos teóricos, nenhuma "explicação" integral. É no contexto de tais argumentos que se torna plausível a dedução da liberdade a partir da consciência da lei moral, entendendo-se por liberdade a causalidade livre da vontade, mediante o recurso à voz interior da consciência moral, como íntima *con-scientiae* da suscetibilidade e vinculação indelével da vontade humana à lei moral como lei do dever – uma ligação que não pode ser desfeita ainda que o agente moral tenha sido circunstancialmente reduzido à mais torpe e abjeta condição de transgressor, posto que isso só pode ocorrer por culpa própria.

É preciso observar, entretanto, que o ser humano, enquanto agente livre e racional, não está obrigado a ter consciência moral, mas sim a "cultivá-la" como infalível princípio de aferição de juízos objetivos, por meio dos quais uma ação determinada deve ser ou não considerada como constituindo um dever a que se sinta obrigado pelo sentimento de respeito pela lei moral, da qual o melhor testemunho é justamente nossa consciência moral. Incorporada ao homem e à sua determinação essencial como agente inteligível, a consciência moral proporciona o mais seguro indicativo de que o sujeito, como ser livre e racional, não pode ser desligado da lei moral, em obediência à qual ele conquista dignidade a seus próprios olhos, de modo a poder ser considerado o titular de suas próprias ações (sujeito agente, e não mero joguete de forças impessoais de sua natureza sensível), membro partícipe de um reino moral de fins em si, constituído pelos seres racionais.

Por essa razão, o testemunho onisciente da consciência moral pode ser identificado como a presença (sempre considerada unicamente em sentido prático) do divino no palco interior de nossa alma, em verdade configurado como um tribunal interno. Por isso mesmo, a consciência moral é a sede daquele sentimento não patológico de respeito - um sentimento ativo, despertado pela afecção do sujeito pela lei do dever - gerado em nossa sensibilidade pela representação na consciência da lei moral. Num sentido restrito, a existência desse sentimento constituiria o fato da razão, pois que o sujeito (moral) seria, assim, sensivelmente afetado por si mesmo, isto é, por sua própria espontaneidade.

> *A consciência moral é consciência de um tribunal interior no homem ("perante o qual seus pensamentos se acusam e desculpam uns aos outros"). Todo homem tem consciência moral, e vê-se observado por um juiz interior, ameaçado e, em geral, mantido em respeito (respeito ligado ao temor); e esse poder imperando sobre as leis em seu interior não é alguma coisa que ele próprio (arbitrariamente) faz para si, mas é incorporado à sua essência. Acompanha-o, como sua sombra, se e quando ele tenciona fugir. Ele pode, decerto, entorpecer-se com prazeres e diversões, ou cair no sono, mas não evitar de quando em vez voltar a si, ou acordar; nessa ocasião, então, ele imediatamente escuta a temível voz da consciência moral. Em sua extrema abjeção, ele, no máximo, pode não mais se voltar para ela; não pode, todavia, de modo algum, evitar ouvi-la (Kant 1983, A100-103, pp. 573s, tradução nossa).*

Nesse sentido, a consciência moral constitui, portanto, uma instância judiciária certeira e inflexível, um juiz austero dentro de nós, que, confundindo-se com o âmago de nosso foro íntimo, tudo perscruta, formando a sede de nosso senso de Bem e de Mal, a parte mais elevada e sublime de nossa alma, o fulcro da moralidade humana; portanto, também "a autêntica sede do sentimento de culpa" e seu princípio de explicação. Nessa medida, e dada sua infalibilidade e onisciência, na filosofia moral de Kant a consciência moral é metaforicamente comparada com Deus – uma vez que este pode ser concebido como um ser moral que:

> *tem de ter todo o poder (no céu e na terra) – pois senão ele não poderia proporcionar às suas leis o efeito a elas*

> *adequado (o que, todavia, pertence necessariamente ao ofício judicativo), então esse ser moral, com poder sobre tudo, denomina-se Deus: assim, a consciência moral tem que ser pensada como princípio subjetivo de uma responsabilidade pelas próprias ações, sustentada perante Deus; sim, esse último conceito (ainda que apenas de modo obscuro) estará sempre contido naquela autoconsciência moral (Kant, 1983, A102, p. 574, tradução nossa).*

Essa carga semântica e ética que grava o conceito de *Gewissen* migra da filosofia moral de Kant para a tradição inteira do idealismo alemão, daí ingressando na filosofia de Nietzsche e no pensamento de Freud. Também para estes últimos, a consciência moral adquire o estatuto de fulcro originário da religião, da moralidade, do direito e da sociabilidade humana. Porém, diferentemente de Kant e dos demais idealistas, todas essas formações da *psichê* humana tornam-se compreensíveis não como dados originários e supra-históricos, mas como emergindo no curso de um devir. Elas têm origem, para ambos os autores, nos mais recuados primórdios da espécie humana, em seus começos presumíveis, somente acessíveis por meio de ousadas hipóteses teóricas, que são ficções heurísticas. Esse é o caso da *Genealogia da moral* de Nietzsche, mas também das hipóteses filogenéticas de Freud sobre a pré-história da hominização. Em ambos, o ponto fundamental de convergência é a interdição, isto é, a Lei, tanto como símbolo quanto como instituição.

Paulo e a demiurgia do cristianismo: Nietzsche, consciência moral e má consciência

Ora, na história de nossa cultura não existe relacionamento mais profundo, tensionado, problemático, contraditório e fértil do que aquele que se desenvolveu entre o apóstolo Paulo e a Lei. Para Freud como para Nietzsche, o cristianismo, enquanto religião universal, resulta deste relacionamento entre Paulo e a Lei, entre o desejo, o pecado/falta, a culpa e a Lei – sendo Paulo de Tarso o autêntico criador do cristianismo como sistema religioso e moral. Nas palavras de Nietzsche, Paulo foi o "primeiro cristão", o inventor do cristianismo, um feito realizado em oposição e ao arrepio do que teria sido originariamente a práxis de vida e o Evangelho de Jesus de Nazaré. São Paulo é, então, para Nietzsche, "o primeiro cristão, o inventor da cristandade! Até então havia apenas alguns sectários judeus" (Nietzsche, 2001, p. 69s).

A invenção do cristianismo, Nietzsche a tematiza inicialmente num dos mais impactantes aforismos de *Aurora* – uma obra que antecede os escritos propriamente genealógicos de Nietzsche, especialmente os mais tardios em sua produção filosófica, como *Crepúsculo dos ídolos* e *O anticristo* –, nos quais Nietzsche desenvolve e aprofunda os elementos da psicologia do apóstolo Paulo delineados em *Aurora* – e que ele identifica a partir da relação entre o fariseu Paulo de Tarso e a Lei mosaica (*Torá*). Todo o desenvolvimento ulterior já está, de certo modo, anunciado e como que formulado nesse aforismo número 68 de *Aurora*, que comentarei na sequência. No fundamento dessa relação não se evidencia, de acordo com Nietzsche, nenhum "fato da razão", nenhuma instância divina em nós, mas o mais cruel e violento conflito entre amor e ódio, potência e impotência, um jogo de vida e morte entre as pulsões mais fortes da alma humana, a história de um corpo atormentado por uma patologia assim imponderável como genial.

> *Se o barco do cristianismo arremessou ao mar uma boa parte do lastro judeu, se andou e pôde andar entre os pagãos – isto se liga à história desse único homem, um homem muito atormentado, bem digno de compaixão, bastante desagradável, e desagradável para si mesmo. Ele sofreu de uma ideia fixa, ou, mais exatamente, de uma questão fixa, sempre presente, e que nunca descansou: qual a situação da Lei judaica? E, em particular, do cumprimento dessa Lei? Na sua juventude, procurara ele mesmo satisfazê-la, ávido da suprema distinção que os judeus podiam conceber – esse povo que levou a imaginação da grandeza moral a um nível mais alto que qualquer outro, o único que chegou à criação de um Deus sagrado, juntamente com a ideia de que o pecado é uma ofensa a esta divindade (Nietzsche, 2001, pp. 69s).*

De conformidade com essa passagem, a elevação moral do povo judeu – de que a filosofia prática de Kant, com a glorificação e sacralização da consciência moral, seria uma espécie de derivado histórico – representa a sublimação da moralidade. Esta, no entanto, tem, para Nietzsche, um elevado custo psicológico. Ela resulta da interiorização e da espiritualização da crueldade, uma crueldade voltada contra seu próprio sujeito – crueldade humana voltada contra si mesmo, contra o próprio homem, e que se insinua na referência à suprema avidez de distinção; seu preço é o adoecimento, que toma a forma de escrupulosa e implacável rigidez da consciência moral. Nesse sentido, a rígida moralidade judaica, responsável pelo progresso na espiritualidade característico dos judeus, teria como corolário os excessos do rigor moral, de que o farisaísmo seria um exemplo. Fariseu é sinônimo de defensor intransigente da *Torá* – e Paulo é um fariseu especialmente convicto.

O Deus do povo eleito, o deus mosaico, é um Deus zeloso, severo, impiedoso. Toda desobediência a seus mandamentos – todo afastamento em relação aos preceitos de sua Lei – tem o sentido de um atentado contra sua santidade, uma rebelião e ofensa sacrílega. Em razão disso, o fariseu Paulo:

> *"tornara-se o fanático defensor e guarda de honra desse Deus e da sua Lei, continuamente à espreita e em luta contra os que a infringiam e questionavam, duro e mau para com eles, e inclinado a extremos de castigo. E então se deu conta de que ele próprio – impetuoso, sensual, melancólico, maldoso no ódio, como era – não podia cumprir a Lei, e, o que lhe pareceu mais estranho: que sua desenfreada ânsia de domínio era continuamente incitada a infringi-la, e que ele tinha de ceder a esse aguilhão. É realmente a 'carnalidade' que sempre torna a fazê-lo um transgressor? E não, como posteriormente suspeitou, a Lei mesma por trás dela, que sempre tem de provar ser inobservável e, com irresistível magia, convida à transgressão? Mas naquele tempo ele não tinha essa escapatória. Muitas coisas carregava na consciência – alude a inimizade, assassinato, feitiçaria, idolatria, luxúria, embriaguez e gosto por desenfreadas orgias – e, por mais que também procurasse desafogar essa consciência, e ainda mais sua ânsia de domínio, com o extremo fanatismo da veneração e defesa da fé, houve momentos em que disse a si próprio: 'É tudo em*

> *vão! O tormento do não-cumprimento da Lei não pode ser superado'"* (Nietzsche, 2001, pp. 69s).

No interior desse campo semântico, situa-se, para Nietzsche, a interpretação paulina do pecado (*ἁμαρτία/hamartia*). De acordo com ela, é pela Lei que vem ao mundo a noção e o sentimento do pecado, como consciência da distância em relação a Deus, de cuja vontade a Lei é a expressão. Na carne (*σαρξ/sarx*) jaz a sede do pecado – "a carnalidade" significa, então, aquilo que é nascido por geração natural, a natureza sensual e animal do homem, e é por isso que em sua esfera de significação insere-se pronunciadamente também o desejo sexual (daí a alusão feita há pouco às "desenfreadas orgias"). Da carne brota a chama e o ímpeto do desejo pecaminoso, que, por sua vez, dá origem à culpa e ao sofrimento. O equivalente de carne (*σαρξ/sarx*) no Antigo Testamento é רָשָׂב (carne, ser mortal do homem e do animal). A expressão "ter um corpo de carne" é o que Paulo coloca na mais extrema tensão e contradição com o *pneuma* (espírito), uma oposição análoga àquela que foi instituída por Platão entre o corpo e a alma. A carne é a instância geradora da concupiscência, a matéria da concepção e geração, o estofo da natureza humana rebelde e perversa, afastada de Deus, a síntese de todas as inclinações contrárias e hostis à Lei divina – e por isso mantida a distância de Deus, decaída, entregue inexoravelmente ao castigo da corrupção e da morte.

A Lei é o obstáculo fatal na trajetória do desejo, uma vez que revela o caráter pecaminoso e interdito da concupiscência. Em sua essência, a Lei proíbe o desejar, enquanto *dynamis* da carne, pois o desejo é a expressão da máxima oposição a Deus, é a potência telúrica que concentra o egoísmo em sublevação contra a vontade divina, expressa pela Lei: a carnalidade é o oposto do espírito, é a ancoragem irremissivelmente corporal do desejo proibido, e, portanto, a causa da queda, do sofrimento e da morte. Sem a Lei, não haveria a consciência do pecado, e, assim, também não o sentimento da culpa e a necessidade de expiação. Num apontamento que permaneceu inédito, Nietzsche interpreta de modo quase literal o essencial da teologia paulina relativa à Lei e à carne:

> *O paradoxal destino da morte é o nó do segredo, aqui temos de poder chegar por detrás do desígnio de Deus. Primeiramente a morte contraria a Messianidade: porém o milagre de Damasco a comprova. Livre da* sarx *(carne), repleto do* pneuma *(espírito), não estamos mais sob a lei. A lei coloca diante dos olhos a ἁμαρτία/* hamartia *(pecado) da carne em sua maior força, razão pela qual ela se torna insuportável para o homem. "Estar na carne" significa "estar na lei". Morrer para o mal é também morrer para a lei. – Com que ódio profundo Paulo a persegue aqui! Por meio de muitos atos, Paulo declarou a lei liquidada, este era para ele o ponto mais importante. O que Cristo fez agora – isso não tem mais que ser medido pela lei, esta foi morta, como a* sarx. *Um desses atos: Cristo cumpriu a lei. Uma argumentação: no sentimento do perdão divino e da graça; a outra no sentimento da mais íntima espiritualização em Cristo pelo batismo. "Pela fé e pela graça" – a lei devia em primeiro lugar provocar* (provociren) *as transgressões (Nietzsche, 1980, pp. 154s).*

A quintessência da interpretação paulina de sua relação com a Lei emerge desse fundo explosivo, do solo pantanoso do espírito de vingança, da bílis venenosa do ressentimento: a vingança perfeita é a destruição da Lei. Paulo perseguiu a Lei com ódio profundo, de acordo com Nietzsche. É nesse traço que se revela seu autêntico espírito, que é, por isso mesmo, da mesma natureza daquele de outros gênios do ressentimento que marcaram a história universal:

> *Lutero pode ter sentido algo semelhante, quando quis tornar-se, em seu monastério, o homem perfeito do ideal eclesiástico: e, de modo semelhante a Lutero, que um dia começou a odiar o ideal eclesiástico, o papa, os santos e toda a clericalha, com ódio verdadeiramente mortal, tanto maior quanto menos podia reconhecê-lo – de modo semelhante sucedeu com Paulo (Nietzsche, 2001, pp. 69s).*

Que o tormento não pode ser superado, que a Lei "tem de" ser destruída – com isso delata-se o ódio visceral do tipo ressentido, mas também a visão contraditória de sua antítese extrema:

> *A Lei era a cruz a que se sentia pregado: como a odiava! como lhe guardava rancor! Como olhava em torno, a buscar um meio de destruí-la – não mais de cumpri-la em sua pessoa! E enfim surgiu-lhe o pensamento salvador, acompanhado de uma visão, como teria de ser com esse epiléptico: a ele, o furibundo zelador da Lei, totalmente cansado dela no seu íntimo, apareceu-lhe em estrada solitária o Cristo, o rosto brilhando com a luz divina, e Paulo ouviu as palavras: "Por que me persegues?". O que ali se deu, no essencial, foi isto: sua mente ficou clara; "é irracional", falou consigo, "perseguir justamente esse Cristo!" Eis a escapatória, eis a vingança perfeita, eis aqui, somente aqui, o destruidor da Lei! (Nietzsche, 2001, pp. 69s).*

O rosto resplandecente de luz divina, o pensamento redentor e beatífico faz aparecer a cruz do Cristo como uma substituição da lei odiosa a que o zeloso fariseu Paulo se sentia irremissivelmente pregado – pela impossibilidade de dar-lhe cumprimento. Mas essa beatitude é, para Nietzsche, o anverso do ódio, seu antípoda, mas também, vista do ponto de vista de sua gênese psicológica, a sua genuína contraface:

> *Desatar a alma humana de todas as suas amarras, submergi-la em terrores, calafrios, ardores e êxtases, de tal modo que ela se liberte como que por encanto de todas as pequenas misérias do desgosto, da apatia, do desalento: que caminhos levam a esse fim? E quais os mais seguros entre eles?... No fundo, todo grande afeto tem capacidade para isso, desde que se descarregue subitamente: cólera, pavor, volúpia, vingança, esperança, triunfo, desespero, crueldade; e de fato, o sacerdote não hesitou em tomar a seu serviço toda a matilha de cães selvagens que existe no homem, soltando ora um, ora outro, sempre com o mesmo objetivo, despertar o homem de sua longa tristeza, pôr em fuga ao menos por instantes a sua surda dor, sua vacilante miséria, e sempre sob a coberta de uma interpretação e "justificação" religiosa (Nietzsche, 1998, pp. 128s).*

Do ponto de vista da fisiopsicologia nietzscheana, Paulo era então, fundamentalmente, um doente "da mais atormentada soberba", uma alma consumida pelo sentimento de culpa em função de sua impossibilidade de dar cumprimento à lei, que vivia como numa câmara de tortura, dividido e atormentado pelo feixe de contradições que são seus impulsos mais poderosos, entre os quais há que se contar tanto a sensualidade (a carne, o corpo, as paixões) como a vontade de poder, a ânsia de domínio, raiz do egoísmo metafísico, fonte pulsional do homem genérico, adâmico. Os sofrimentos e torturas da alma pecadora, que emergem de sua relação com a Lei, aparecem na *Genealogia da moral* como o drama pré-histórico da interioridade humana, a força demiúrgica atuante na proveniência de nossos mais elevados sentimentos, pensamentos e afetos – todos eles gerados pelo conflito infernal de nossas pulsões e instintos mais selvagens. Os primórdios da alma se enraízam, então, nos labirintos do pecado, da culpa e da má consciência:

> *Todos os instintos que não se descarregam para fora voltam-se para dentro* – é isso que eu denomino a *interiorização do homem; é somente com isso que cresce no homem aquilo que mais tarde se denomina sua alma. O inteiro mundo interior, originariamente delgado como algo retesado entre duas peles, separou-se e aumentou, adquiriu profundeza, largura, altura, na medida em que a descarga do homem para fora foi obstruída. Aqueles terríveis baluartes com que a organização estatal se protegia contra os velhos instintos de liberdade – os castigos fazem parte, antes de tudo, desses baluartes – acarretaram que todos aqueles instintos do homem selvagem, livre, errante, se voltassem para trás, contra o homem mesmo. A hostilidade, a crueldade, o gosto pela perseguição, pelo assalto, pela mudança, pela destruição – tudo isso voltado contra os possuidores de tais instintos: essa* é a origem da *má-consciência. O homem que, por falta de inimigos e resistências externas, encerrado à força em uma opressiva estreiteza e regularidade dos costumes, dilacerava, perseguia, roía,*

> *espreitava, maltratava impacientemente a si mesmo, esse animal batendo-se e ferindo-se contra as barras de sua jaula, e que se quer amansar, esse animal passando privação e devorado pela saudade do deserto, que de si mesmo tinha que fazer uma aventura, uma câmara de suplício, uma insegura e perigosa selva, esse parvo, esse nostálgico e desesperado prisioneiro, foi o inventor da má-consciência (Nietzsche, 1974, pp. 318s).*

Na interpretação por Paulo de Tarso de sua vivência redentora de Damasco, sua intuição religiosa desvela, num átimo, uma perspectiva de solução para o mistério dessa tortura: essa possibilidade abre-se no âmbito imaginário como redenção, que consiste na libertação do desespero moral alcançada pela destruição da Lei. Em Cristo, a Lei teria sido, então, numa única vez, integralmente cumprida, de modo vicário e irrepetível. Nesse cumprimento, porém – impossível para qualquer outro que não o Messias –, teria sido destruído o império da Lei: o resgate consiste na morte do inocente na cruz:

> *Mesmo que ainda fosse possível pecar, não seria mais contra a Lei, "estou fora dela". "Se eu agora abraçasse de novo a Lei e me submetesse a ela, tornaria Cristo cúmplice do pecado"; pois a Lei existia para que se pecasse, ela produzia sempre o pecado, como humores corrosivos geram a doença; Deus jamais teria decidido a morte de Cristo, se o cumprimento da Lei fosse possível sem esta morte; agora não apenas toda culpa foi levada, como a culpa em si foi destruída; agora a Lei está morta, agora a carnalidade em que ela habitava*

> *se acha morta – ou, pelo menos, em contínuo morrer, como que se decompondo (Nietzsche, 2001, pp. 69s).*

Retomando, no já mencionado apontamento inédito, as palavras do próprio Paulo, Nietzsche comenta a destruição gloriosa da Lei, segundo a interpretação paulina: a lei é espiritual; o homem (eu), contudo, não o é (sou), pois foi (fui) vendido como escravo ao pecado. Como pecadores, não entendemos propriamente o que fazemos: "Pois não faço o que desejo, mas o que odeio". E, "se faço o que não desejo, admito que a lei é boa". Nesse caso, "não sou mais eu quem o faz, mas o pecado que habita em mim". Nietzsche interpreta nos seguintes termos essa intuição:

> *"Se a justiça viesse pela Lei, [a morte de Cristo, OGJ.] teria sido inútil." Deixar-se mover pelo espírito, entregar-se inteiramente a ele, sem consultar a vontade própria – A Lei é a causa pela qual eu morri. Paulo fala, pois, nesse transe, como se fosse a própria boca de Deus. Com isso, porém, estou morto para a Lei. Se um cristão também peca, então, todavia, não mais o faz contra a lei, ele está fora dela. "Não sou mais eu quem vivo, mas Cristo vive em mim. O que eu ainda vivo na carne, isto vivo eu na fé nele. Se eu agora quisesse assumir de novo a Lei (de modo que eu me submetesse a ela), então eu torno Cristo auxiliar do pecado".* A harmatia *(pecado) ainda existe, mas ele é superável: enquanto que sob a lei a* harmatia *é insuperável: a Lei que opera o pecado está destruída (a saber, a natureza [e] necessidade do pecado está destruída) (Nietzsche, 1980, p. 155).*

A *unio mystica* como fórmula para a remissão da culpa é, então, para Nietzsche, quando vista sob a perspectiva da interpretação psicológica de seu verdadeiro "autor", um paroxismo de vontade de poder:

> *Assim a embriaguez de Paulo atinge seu cume, e também a impertinência de sua alma - com a ideia do "tornar-se um", todo pudor, toda subordinação, todo limite lhe foi tirado, e a indômita vontade da ânsia de domínio mostra-se como antecipado regalar-se em glórias divinas (Nietzsche, 2001, p. 69s).*

A interpretação paulina da culpa e da redenção ultrapassa todos os limites da particularidade judaica. Para alçar-se à condição histórico-universal de religião da humanidade, ou seja, realiza-se como religião universal, ela teve de romper com a sublimação ética e o progresso espiritual dos judeus, teve de assenhorar-se dos cultos subterrâneos e dos bárbaros habitantes das catacumbas romanas:

> *O Cristianismo, ao abandonar o seu primeiro solo, as castas inferiores, o submundo do mundo antigo, ao procurar o poder entre os povos bárbaros, não tinha aqui já, como pressuposto, homens fatigados, mas sim interiormente incultos, que entre si se destruíam - o homem vigoroso, mas inadaptado. O descontentamento consigo mesmo, o sofrimento por si não é aqui, como no budista, uma excessiva excitabilidade e capacidade de sofrer, antes, pelo contrário, uma ânsia irreprimível de fazer sofrer, de descarregar a tensão interior através de ações e representações hostis. Para se tornar senhor dos bárbaros, o Cristianismo precisou de conceitos e valores*

> *bárbaros: tais são o sacrifício do primogénito, o beber sangue na Eucaristia, o desprezo pelo espírito e pela cultura; a tortura sobre todas as suas formas, sensível e não-sensível; a grande pompa do culto (Nietzsche, 1997, p. 20).*

Paulo, o judeu-romano de Tarso é, ao mesmo tempo, o gênio no qual o judaísmo atinge sua culminância e sua perempção, o artífice da superação da particularidade judaica supra-assumida em messianismo para redenção de todos os povos, caminho para a Cidade de Deus, a Jerusalém espiritual. A religião do amor, da incondicionalidade do amor ao próximo, revela-se aos olhos do genealogista Nietzsche como um golpe de gênio da vingança e do ressentimento, como um prodígio da vontade de poder:

> *O Cristianismo como fórmula para superar os cultos subterrâneos de toda a espécie, os de Osíris, da Grande Mãe, de Mitra, por exemplo – e os resumir: nesta perspicácia é que consiste o gênio de Paulo. O seu instinto foi aqui tão seguro que, com uma violência implacável feita à verdade, pôs na boca do "Salvador" da sua invenção, e não só na boca, as ideias com que se deixavam fascinar essas religiões de* tchandala *– fez dele algo que também um sacerdote de Mitra pudesse compreender... Foi esse o seu instante de Damasco: compreendeu que precisava da fé na imortalidade para desvalorizar o "mundo", que o conceito de "inferno" se tornaria senhor de Roma (Nietzsche, 1997, p. 70).*

Em resumo, a versão paulina da lei – ou, antes, a pletora da Lei pela Graça, pelo amor e pelo sacrifício vicário do Cristo – constitui a essência da *Erlösung*, da redenção, da libertação ou salvação, a saber, uma interpretação religiosa do sentimento de culpa, que produz um apaziguamento e atenuação da depressão anímica. Uma paz, porém, que não pode se realizar senão como supremo paradoxo: a culpa se abranda e arrefece como sentimento unicamente pela intensificação da consciência do pecado, ou seja, por meio do reconhecimento pela consciência moral da condição existencial culpada e condenável do ser humano, de uma antropologia que deprecia, com o homem, a natureza, o mundo e a vida, o temporal e contingente, o corpo, em proveito do eterno, do além, do necessário, do espírito.

A felicidade eterna não é terrena, mas prometida no além como dádiva da Graça Divina, incompreensível e imerecida, que só pode ser vislumbrada na fé incondicional e na insaciável sede de humilhação, penitência e autotortura, que são inseparáveis de nossa condição existencial miserável. É como renúncia, porém, que o triunfo mundano se realiza; em estrita coerência, aliás, com a vontade de poder que o animava desde a origem, o cristianismo como religião estatutária, fundada no amor fraternal em sua versão paulina, ocupa e domina a sede do Império Romano. "Foi esse o seu instante de Damasco: compreendeu que precisava da fé na imortalidade para desvalorizar o 'mundo', que o conceito de 'inferno' se tornaria senhor de Roma" (Nietzsche, 1997, p. 70).

Moisés e Paulo na metapsicologia de Freud: para uma gênese da moralidade

A gênese da consciência moral examinada por Freud em *Totem e tabu* e reconstituída em *O homem Moisés e a religião monoteísta* tem em seu escopo fenômenos e formações psíquicas análogos àqueles considerados por Nietzsche em *Para a genealogia da moral*.

Embora nesses textos freudianos o termo empregado por Freud com maior frequência seja *Schuldbewusstsein*, pode-se afirmar que, já em *Totem e tabu*, a instância psíquica da *Gewissen* (*consciência moral*) constitui um dos aspectos mais importantes da investigação. Isso se repete também em textos ulteriores, por exemplo, *O mal-estar na civilização* – um texto de importância estratégica no que diz respeito à formação e à função do superego –, no qual se pode constatar inclusive a presença não somente do termo *Gewissen* como também do derivado "má consciência" (*schlechtes Gewissen*) (cf. Freud, 1982c, p. 251).

Também terminologicamente, não seria equivocado afirmar, portanto, que esses escritos metapsicológicos tematizam as acepções de tais conceitos em termos análogos aos examinados até aqui. Uma atestação importante encontra-se, por exemplo, na seguinte passagem de *Totem e tabu* que, em boa medida, praticamente identifica *Gewissen* e *Schuldbewusstsein*:

> *Se não nos equivocamos, então a compreensão do tabu lança também uma luz sobre a natureza e o surgimento da consciência moral* (Gewissen). *Sem alargamento dos conceitos, pode-se falar de uma consciência moral do tabu e de uma consciência de culpa do tabu em seguida à transgressão do tabu. A consciência moral do tabu é provavelmente a forma mais antiga sob a qual nos confronta o fenômeno da consciência* moral *(Freud, 1982a, pp. 357s).*

A convergência com Nietzsche decorre do objetivo central de Freud em *Totem e tabu*, que é lançar luz sobre as origens comuns do totemismo e da exogamia; e, com isso, sobre os primórdios da sociabilidade humana, da religião e da eticidade (*Sittlichkeit*).

De maneira análoga à genealogia nietzscheana, Freud reconstitui esta gênese comum da sociedade e da moralidade – e também, em certa medida, da linguagem, se considerarmos o texto de Freud a respeito das neuroses de transferência – fazendo intervir nela a figura de um ancestral divinizado (o Pai). É certo que Freud não explora, de maneira explícita e diferenciada, um filão genealógico, um plano de derivação, que vincula à figura do onipotente Pai primevo (divinizado) uma dívida e uma obrigação de natureza jurídico-econômica, além de um opressivo sentimento de falta/culpa, que pesa sobre a comunidade de seus descendentes em razão dessa dívida; mas o faz Nietzsche a partir da sinonímia entre dívida e culpa, apoiada na mesma palavra alemã *Schuld*, que sintetiza os dois significados:

> *Freud transpõe os dois planos de argumentação de Nietzsche – o debitório direito obrigacional, no qual encontra ainda lugar também a grave interpretação de uma dívida para com os ancestrais, assim como a psicologia da interiorização num único plano: no complexo de Édipo, do qual provém o sentimento de culpa da humanidade. Tanto o temor dos ancestrais – que com o crescente fortalecimento do próprio clã levou a que, segundo Nietzsche, o ancestral fosse por fim transfigurado num Deus e trouxe consigo, no monoteísmo, um máximo de sentimento de culpa –, quanto a interiorização dos instintos agressivos para fins da calculabilidade social são para Freud consequências* de *um e mesmo acontecimento: do assassinato primordial do próprio ancestral (Gasser, 1977, pp. 442-443, tradução nossa).*

A despeito dessa transposição para um único plano, Freud coloca em destaque, de modo bastante semelhante à investigação empreendida por Nietzsche em sua *Genealogia da moral*, o papel da interiorização da hostilidade, da violência e da crueldade – e mesmo do crime – em sua própria reconstituição da origem das instituições mais espirituais da sociedade humana. Também para Freud, essa espiritualização ou divinização do(s) ancestral(is) está ligada à malfeitoria, à violência e à crueldade. Além disso, a confluência entre ambos os pensadores dá-se também do ponto de vista da repressão das poderosas energias pulsionais como origem da consciência e moral e da má consciência. Também sob esse aspecto, as "hipóteses genéticas" de Freud parecem corresponder termo a termo às derivações genealógicas de Nietzsche:

> *Do ponto de vista da restrição das pulsões [*Triebeinschänkung*], da moralidade [*Moralität*], pode--se dizer: o Isto [*das Es*] é totalmente amoral, o Ego [*Ich*] esforça-se para ser moral, o Super Ego [Über-Ich] pode tornar-se hiper-moral e então cruel, como somente o Isto [*das Es*]. É digno de nota que o homem, quanto mais ele bloqueia suas pulsões na direção do exterior, tanto mais severo, portanto, agressivo ele se torna em seu Ego ideal. Para o modo habitual de consideração, isso parece de maneira inversa, ela vê na exigência do Ego ideal o motivo para a repressão da agressão. O fato [*Tatscahe*], porém, é como nós o expressamos: quanto mais o homem domina sua agressão, tanto mais se intensifica a tendência à agressão de seu Ego [*Ich*] por seu ideal. Isto é um deslocamento [*Verschiebung*], uma inflexão contra o próprio Ego [*Ich*]. Já a moral comum, normal, tem o caráter daquilo que é duramente limitador, cruelmente*

> *interditório. Daí provém* [stammt]*, sim, a concepção de um ser superior inexoravelmente punitivo (Freud, 1982d, pp. 320s, tradução nossa).*

E, no curso da reconstituição desse processo de formação da moralidade, Paulo de Tarso desempenha, também para Freud, o papel de protagonista nos dramas do destino da alma, justamente em virtude da interpretação do sentimento de culpa que, também para Freud, brota do inesgotável gênio religioso paulino. Com sua interpretação da Boa-nova, da redenção trazida pelo Cristo, Paulo penetra na mais abissal profundeza da psique coletiva judaica – mas não somente dela, como se verá na sequência –, adivinhando aí uma condição privilegiada para o fenômeno do retorno do reprimido:

> *Valeria a pena entender como foi que a ideia monoteísta pôde causar uma impressão tão profunda precisamente no povo judeu, e ser tão tenazmente mantida por ele. Eu creio que é possível responder a esta pergunta. O destino tinha empurrado para mais perto do povo judeu o grande feito* [Grosstat] *e a malfeitoria* [Untat] *do tempo primevo* [Urzeit]*, o assassinato do pai, ao proporcionar-lhe o ensejo de repeti-lo na pessoa de Moisés, uma destacada figura paterna. Este foi um caso de "agir" em vez de recordar, como ele se produz com tanta frequência durante o trabalho analítico com o neurótico. À incitação à lembrança, que lhes foi trazida pela doutrina de Moisés, eles reagiram, contudo, pela negação* [Verleugnung] *de sua ação; detiveram-se no reconhecimento do grande pai, e bloquearam assim seu acesso ao ponto no qual Paulo mais tarde deveria ligar*

> *a continuação da história primeva (Freud, 1982b, p. 537, tradução nossa).*

Também de acordo com as hipóteses de Freud, Paulo "adivinhou", intuiu a verdadeira fonte psicológica do sentimento de culpa, a matriz da má consciência. Ele os reconduziu à aurora da hominização: ao parricídio originário e ao desejo incestuoso, que formam o núcleo do patrimônio anímico filogenético da humanidade. Com isso, Paulo também generalizou a antropologia da culpa e do pecado, extrapolando os limites do particularismo judaico, e abrindo o horizonte para um universalismo ético-religioso incompatível com o enquadramento espiritual da experiência messiânica propriamente judaica:

> *Um dia os irmãos expulsos se juntaram, mataram e devoraram o pai, pondo fim, dessa maneira, à horda paterna. Unidos, ousaram e conseguiram aquilo que a cada um deles isoladamente não seria possível. (Talvez um progresso cultural, a posse de uma nova arma, tenha lhes dado o sentimento de superioridade). O pai tirânico foi certamente o temido e invejado modelo de cada um aos membros da irmandade. Ao devorá-lo, realizaram a identificação com ele e cada um se apropriou de uma parte de sua força. A refeição totêmica, talvez a primeira festa da humanidade, seria a repetição e o memorial comemorativo desse ato memorável, criminoso, com o qual tanta coisa teve início: as organizações sociais, as restrições éticas e a religião (Freud, 1982b, p. 537 tradução nossa).*

Para Freud, tanto quanto para Nietzsche, nos primórdios da consciência moral a voz de Deus só fala simbolicamente. No início foi o Ato – e o ato foi, a um só tempo, criminoso e memorável, fusão de amor e ódio, contradição tensionada e dilacerante entre júbilo e fúria, culpa e êxtase, pecado e expiação. Para Freud, como para Nietzsche, a invenção do cristianismo, seu triunfo como religião universal, deveu-se à genialidade hermenêutica do espírito paulino, à incomparável interpretação psicológica por Paulo de Tarso do sentimento de culpa e da punição daí decorrente. Ele os conectou com um crime primevo, e com os dois desejos mais poderosos e interditos do homem: o incesto e o parricídio, inscrevendo, portanto, o desejo sob a égide da Lei, da transgressão e da interdição. O vínculo entre culpa, pecado, necessidade de castigo e expiação, este foi o caminho adivinhado por Paulo, a terapia espiritual eficaz para alívio do penoso sentimento de culpa que se abatia sobre o mundo civilizado de seu tempo como uma maldição, como mal-estar na cultura, que carecia de um remédio, e que exigia um lenitivo:

> *Parece que uma crescente consciência de culpa tinha se apoderado do povo judeu, talvez de todo o mundo civilizado da época, como precursor do retorno do material reprimido. Até que então alguém desse povo judeu, na execução judicial de um agitador político-religioso, encontrou o ensejo pelo qual uma nova religião, a religião cristã, desligou-se do Judaísmo. Paulo, um judeu romano de Tarso, apreendeu [*aufgreifen*] essa consciência de culpa e a reconduziu corretamente à sua fonte pré-histórica original. Ele a chamou de "pecado original"; fora um crime contra Deus, que só podia ser expiado pela morte. Com o pecado original,*

a morte chegou ao mundo (Freud, 1982b, p. 534s, tradução nossa).

Na alma do "judeu romano de Tarso" formou-se, então, um estuário para o qual convergiram as mais diferentes e contraditórias tendências espirituais do universo helenístico. Em virtude dessa condição, ele pôde compreender como o opressivo mal-estar se abatia sobre todo o mundo civilizado de então (em particular sobre toda extensão do Império Romano) – como uma depressão expressa na consciência e sentimento de culpa. Para reconduzir esse elemento afetivo até sua fonte pré-histórica original – isto é, para reconstituir sua presumível (filo)gênese pré-histórica –, Paulo formulou a hipótese de um "pecado original". Ele compreendeu que o mal-estar só poderia ser derivado de um sacrilégio, de um crime de morte contra Deus. Com extrema sagacidade, Paulo soube vincular, então, na trama de um sentido inexorável, a culpa, o crime, o castigo e a expiação:

> *Na realidade [*Wirklichkeit*], esse crime digno de morte fora o assassinato do pai primevo posteriormente divinizado. Mas não foi o assassinato que foi recordado; em vez disso, foi fantasiada sua expiação, e, por essa razão, essa fantasia pôde ser saudada como uma mensagem de redenção [*Evangelium*]. Um filho de Deus tinha se deixado matar, como inocente, e com isso tomara sobre si a culpa de todos. Tinha de ser um filho, pois que tinha sido o assassino do pai. Provavelmente tradições de mistérios orientais e gregos tenham exercido influência na fantasia de redenção. O essencial nela parece ter sido contribuição própria de Paulo. Ele era, no sentido mais próprio, um homem de disposição religiosa: os traços*

> *sombrios do passado espreitavam em sua alma, prontos para irromper em regiões mais conscientes (Freud, 1982b, pp. 534s, tradução nossa).*

Paulo era, para Freud como para Nietzsche, um tipo humano constitucionalmente religioso, ou seja, um homem cuja alma abriga, em suas camadas mais profundas – no obscuro subsolo anímico, por assim dizer – as marcas e traços de memória inconsciente das mais sombrias e assustadoras experiências originárias, do passado mais recuado, e, no entanto, a cada vez sempre de novo presente na história humana. Paulo soube interpretar um passado esquecido e recalcado, que pressiona para aflorar à superfície da consciência – e que não pode fazê-lo a não ser pelo artifício da dissimulação:

> *Que o redentor tinha se sacrificado sem culpa era evidentemente uma deformação tendenciosa, que oferecia dificuldades para a compreensão lógica, pois como pode um inocente no assassinato tomar sobre si a culpa dos assassinos, ao deixar-se ele próprio matar? Na efetiva realidade [*Wirklichkeit*] histórica, não subsistia esta contradição. O "redentor" não podia ser outro senão o principal culpado, o líder do bando dos irmãos que havia derrotado o pai. De acordo com meu juízo, temos de deixar indecidido se existiu um tal rebelde principal e líder. É bem possível, mas há que se considerar também que certamente cada um do bando dos irmãos tinha o desejo de cometer o feito por si próprio, criar assim para si uma posição de exceção, e criar um substituto para a identificação com o pai, posição que estava sendo abandonada, submersa na comunidade (Freud, 1982b, p. 535, tradução nossa).*

A interpretação de cobertura, que dissimula e ao mesmo tempo delata e oculta, foi o préstimo original de Paulo de Tarso: um filho de Deus teria de deixar-se matar, como inocente, para tomar sobre si a culpa de todos. É possível que outras influências culturais tenham desempenhado algum papel nessa interpretação, mas o essencial nela permanece, para Freud, contribuição própria de Paulo de Tarso. Em termos mais uma vez muito semelhantes aos de Nietzsche, Freud também reconhece que Paulo foi capaz de enxertar sua interpretação do pecado original nos ramos de uma corrente espiritual que promana do orfismo, passando por diferentes escolas filosóficas e tradições míticas da Antiguidade greco-romana. Freud também explorou, como uma rica jazida cultural, as ressonâncias e confluências entre a religião persa do deus Mitra e a concepção paulina do Cristo, como elemento facilitador para a difusão e a penetração do cristianismo no mundo antigo, levando à sua preponderância sobre os cultos concorrenciais do Império Romano. De todo modo, o resultado epocal foi a superação do particularismo judaico e a criação da religião universal:

> *O desenvolvimento ulterior vai além do judaísmo. O restante, que retornara da tragédia do pai primevo, não era mais, de nenhuma maneira, reconciliável com a religião de Moisés. A consciência de culpa daquele tempo de há muito não se limitava mais ao povo judeu; ela se apoderara de todos os povos mediterrâneos como um embotado mal-estar, uma premonição de calamidade, cujo fundamento ninguém saberia indicar. Os historiadores de nossos dias falam de um envelhecimento da antiga cultura; eu suspeito que ela tenha apreendido apenas causas ocasionais e contributos desta indisposição anímica dos povos. A elucidação dessa situação*

> *opressiva surgiu do judaísmo. Inobstante todas as aproximações e preparações do mundo circunvizinho, foi, todavia, um homem judeu, Saulo de Tarso, que, como cidadão romano chamava-se Paulo, em cujo espírito primeiramente irrompeu o conhecimento: "Nós somos tão infelizes porque matamos Deus-Pai" (Freud, 1982b, pp. 579s, tradução nossa).*

Também em Freud a vingança e o ressentimento desempenham seu papel na inovação de Paulo. Freud abre espaço para a consideração de que, com sua interpretação do sentimento de culpa, Paulo também possa ter dado vazão à sua sede pessoal de vingança, tendo em vista a radicalidade de sua oposição aos seus círculos de origem. Desse modo, em Paulo, a destruição da Lei assume a forma de uma completa e total subversão religiosa – uma *Umkehrung* (transvaloração dos valores), no sentido de Nietzsche: a religião do Filho toma o lugar da religião do Pai:

> *A cerimônia cristã da sagrada Comunhão, na qual o crente incorpora o sangue e a carne do Salvador, repete o conteúdo da antiga refeição totêmica, no entanto apenas em seu sentido afetuoso, que exprime a veneração, não em seu sentido agressivo. A ambivalência que domina a relação com o pai mostra-se, porém, claramente no resultado final da inovação religiosa. Pretensamente determinada para a reconciliação com o Deus Pai, ela termina em seu destronamento e eliminação. O judaísmo tinha sido uma religião do Pai; o cristianismo tornou-se uma religião do Filho. O antigo Deus Pai retirou-se para trás de Cristo; Cristo, o Filho, veio para o lugar dele, tal como todo filho ansiara naquele*

> *tempo primevo [*Urzeit*]. Paulo, o que deu seguimento [*der Fortsetzer*] ao Judaísmo, tornou-se também o seu destruidor (Freud, 1982b, pp. 535s, tradução nossa).*

Em termos psicológicos, o feito de Paulo foi prodigioso: sua redenção livrava os homens da consciência e do sentimento de uma culpa irremissível, à medida que trazia a perspectiva do perdão. Como Freud o reconhece explicitamente, ao levar o messianismo judaico às mais extremas consequências, Paulo o realiza integralmente, no entanto, nesse mesmo gesto de realização, ele também o liquida, tornando-se, a um só tempo, aquele que segue até o fim o legado espiritual judaico, mas também o destrói – também na alma de Paulo ferve o caldeirão da ambivalência afetiva entre ódio e amor, convulsionam as correntes poderosas da vingança e do ressentimento:

> *Por certo, seu sucesso foi devido, em primeira linha, ao fato de que, por meio da ideia de redenção, ele conjurou [*beschwor*] a consciência de culpa da humanidade; mas ao lado disso também à circunstância de ter renunciado à condição de "eleição" de seu povo e seu sinal visível – a circuncisão –, de maneira que a nova religião pôde tornar-se uma religião universal, abrangendo todos os homens (Freud, 1982b, pp. 535s, tradução nossa).*

A mensagem de Paulo não pode romper inteiramente com suas origens: a confluência entre amor e ódio, a oposição entre Eros e pulsões de morte. O amor universal é a regra de ouro para os "irmãos", os membros da mesma comunidade. Para os outros, para os "de fora", libera-se a válvula de escape do ódio, franqueia-se a descarga das correntes pulsionais hostis, o extravasamento da agressividade reprimida no interior do grupo. Essa é a face sombria, o anverso diabólico do preceito que ordena amar o próximo como a si mesmo. Num texto emblemático, a saber, no célebre Capítulo V de *O mal-estar na civilização*, que explora até os limites sua derivação genealógica da consciência moral, Freud tematiza de modo explícito precisamente esse aspecto contraditório da exigência de amor universal, fazendo-o como crítica da cultura. Diante da retomada da teoria das pulsões, Freud evoca o *topos* clássico do *homo homini lúpus*, e o vincula, em contraste, às mais elevadas exigências morais da sociedade e da cultura. Ao tematizar de modo explícito precisamente esse aspecto contraditório da exigência de amor universal, Freud observava criticamente os terríveis acontecimentos contemporâneos da redação de *O homem Moisés e a religião monoteísta*, o nazismo e o stalinismo, como ramos que se enxertam no mesmo tronco odioso do ressentimento, do qual brota também o antissemitismo:

> *Depois que o apóstolo Paulo fizera do amor universal entre os homens fundamento de sua comunidade cristã, tornou-se uma inevitável consequência a mais extrema intolerância do cristianismo em relação aos que permaneceram fora; para os romanos que não tinham fundado sua comunidade estatal sobre o amor, a intolerância religiosa era estranha, embora entre eles a religião fosse um assunto de Estado e o Estado estivesse empapado de religião. Também não foi nenhum acaso incompreensível que o sonho de um domínio germânico universal tenha conclamado o antissemitismo como sua complementação; sendo reconhecidamente compreensível que a tentativa de instituir uma cultura comunista na Rússia encontra na perseguição da burguesia seu apoio psicológico. Pergunta-se apenas, com*

> *preocupação, o que os* sowiets *começarão a fazer depois que tiverem exterminado seus burgueses (Freud, 1982c, p. 243, tradução nossa).*

A evocação do nome de Paulo de Tarso como o apóstolo do amor universal entre os homens é, sem dúvida, relevante nesse contexto. Ela lança luz sobre a economia pulsional da qual deriva o antissemitismo e seus congêneres, sobre suas fontes motivacionais e sua proveniência psicológica. Mais uma vez aqui, nos marcos de sua metapsicologia, o diagnóstico de seu tempo, feito por Freud, traz à tona tanto a extraordinária envergadura da inventividade de Paulo de Tarso como também os limites de seu gênio:

> *Somente uma parte do povo acolheu a nova doutrina [a interpretação paulina do Evangelho, OGJ.]. Àqueles que a isso se recusaram chama-se ainda hoje judeus. Por essa separação, eles estão ainda mais agudamente apartados dos outros do que antes disso. Da nova sociedade religiosa, que além de judeus acolheu egípcios, gregos, sírios, romanos e finalmente germanos, tiveram que ouvir a censura de que eles assassinaram Deus. Essa censura soaria, sem abreviação: "Vocês não querem admitir que vocês assassinaram Deus, enquanto nós o admitimos e fomos purificados dessa culpa". Compreende-se então facilmente quanta verdade se encontra por detrás dessa censura (Freud, 1982b, p. 581, tradução nossa).*

Jacques Lacan e a descendência da lei

Em conclusão, gostaria de abordar uma vertente extremamente fecunda dessa herança paulina: a psicanálise de Jacques Lacan, ou melhor, uma de suas interpretações do legado de Paulo: a dialética entre o desejo, a lei e a subjetivação. A esse respeito, Lacan articula a metapsicologia de Freud à antropologia cultural de Lévi-Strauss, para identificar, na lei fundamental da proibição do incesto, as condições genéticas que se colocam na transição da natureza para a cultura, o ponto em que, a partir daquela lei, tem início a cultura em oposição à natureza. Com efeito, a interdição do incesto fixa um limiar contraditório: ela é uma regra que, por seu caráter de universalidade, diferencia-se de todos os outros produtos culturais e se insere numa ordem de generalidade própria da natureza. No entanto, como regra, ela faz parte inequivocamente da esfera da cultura, e, portanto, distingue-se e separa-se da natureza.

> *A proibição do incesto é o limiar da cultura: esta interdição marca um ponto de cruzamento, no qual natureza e cultura tornam-se coextensivas: a cultura mostra-se tão extensa quanto a natureza, e esta se transforma em cultura. A interdição do incesto não é nem puramente de origem cultural, nem puramente de origem natural; ela também não é uma dosagem de elementos compostos, tomados de empréstimo parcialmente à natureza e à cultura. Ela constitui a* démarche *fundamental graças a qual, pela qual, mas sobretudo na qual realiza-se a passagem da natureza à cultura. A interdição do incesto é o processo pelo qual a natureza ultrapassa-se a si mesma; ele incendeia a centelha sob a ação da qual uma estrutura de um novo tipo, e mais complexa, se*

> *forma e se sobrepõe, integrando-os, as estruturas mais simples da vida psíquica, como estas se superpõem, integrando-as, as estruturas da vida animal, mais simples do que elas mesmas. Ela opera, e, por ela mesma, constitui o advento de uma nova ordem (Lévi-Strauss, 1949, p. 29, tradução nossa).*

De acordo com Lacan, a antropologia cultural de Lévi-Strauss combina-se perfeitamente com a interpretação de Freud, que também identifica na proibição do incesto tanto o desejo fundamental do ser humano como o princípio da uma lei primordial, que determina todos os outros desenvolvimentos culturais como suas consequências. A proibição do incesto tem um caráter fundacional, uma vez que com ela introduz-se a dimensão do significante e suas regras combinatórias. Latente sob os fenômenos culturais, a análise antropológica comparada evidencia um fundo de estruturas inconscientes análogas às da linguagem. Tais estruturas consistem em relações simbólicas, que formam sistemas de signos os quais só se constituem como tais no deslocamento (*décalage*) entre o significante e o seu significado.

Nos sistemas simbólicos da linguagem e do parentesco, um signo somente adquire um determinado sentido quando entra numa rede de relações e de oposições com os outros signos que o definem, ao delimitá-lo no interior do sistema de oposições e relações (trocas) que se estabelecem no interior de uma língua. Assim também funcionam as leis de casamento, reguladas por um sistema de trocas, organizado, por sua vez, a partir de estruturas formais que determinam as direções preferenciais para a escolha de cônjuges, discriminando uma ordem das alianças ao lado daquela da hereditariedade (cf. Lacan, 1986a, p. 82) . É assim, pois, que, no cruzamento entre Freud e Lévi-Strauss, Lacan procura reconstituir os caminhos pelos quais a Lei da interdição do incesto institui uma estrutura complexa, que se sobrepõe e integra a si as estruturas mais simples da vida psíquica, que, por sua vez, se superpõem e integram aquelas ainda mais simples da vida animal, marcando o advento de uma nova ordem, a da sociabilidade humana.

No seminário dedicado à ética da psicanálise, numa de suas decisivas passagens, Lacan problematiza o vínculo entre o desejo e a lei, fazendo-o com recurso à enigmática noção freudiana de *das Ding* (a coisa). É conhecida a pesada carga semântica desse termo, assim como a complexidade teórica que encerra. E, no entanto, é justamente em relação a *das Ding* que Lacan ousa interpretar a natureza, a essência da Lei – como princípio de interdição, que se encontra na origem e no fundamento tanto da linguagem como da comunidade humana. Ora, esse tratamento seminal é dado com recurso ao léxico e à imagética paulina, como facilmente pode ser percebido na citação a seguir:

> *Dado que a hora avança, eu quero saltar um pouco mais longe, para chegar enfim ao que constitui o coração mesmo, hoje, à ponta de nossa reflexão sobre essas relações entre o* desejo *e a* lei. *É o célebre mandamento que se exprime assim, ele hoje nos faz rir; refletindo bem, não sorrimos por muito tempo: "Tu não desejarás de modo algum a casa de teu próximo, não desejarás de modo algum a mulher de teu próximo, nem seu servo, nem sua serva, nem seu boi, nem seu asno, nem nada do que pertence ao teu próximo". Seguramente, a colocação da mulher entre a casa e o asno [*bourricot*] é alguma coisa que sugeriu a mais de um a ideia de que se poderia ver ali as exigências de uma sociedade primitiva: de beduínos, de Bicots, de ratos... Pois bem, eu não penso*

> *assim. Quero dizer que se, efetivamente, esta lei, sempre no fim das contas viva no coração dos homens que a violam a cada dia, bem entendido, pelo menos concernindo àquilo de que se trata quando quanto à mulher de seu próximo, deve ter sem dúvida alguma relação com o que é nosso objeto aqui, a saber,* das Ding... *Pois não se trata de modo algum de algum qualquer bem. Não se trata, de modo algum, senão daquilo que faz* a lei da troca *e cobre com uma legalidade, se nós podemos dizê-lo, divertida, com uma* Sicherung *(segurança) social, os movimentos,* impetus *dos instintos humanos. Trata-se de alguma coisa que toma seu valor disso que nenhum desses objetos é sem ter a relação a mais estreita com isso em que o ser humano pode repousar como sendo* der Trug *(o engano).* Das Ding, *não enquanto ela é seu bem, mas o bem no qual ele repousa*[2] *(Lacan, 1986a, p. 96, grifos do original, tradução nossa).*

Na intersecção dialética entre o desejo e a lei, Lacan insere, então, a coisa (*das Ding*) como a referência fundamental da lei. Remissão que a Lei inscreve no coração de todos os homens, e que atesta infalivelmente sua vigência no momento mesmo de cada transgressão particular, referência que a transmuda em lei da troca. Por lei da troca é necessário entender o princípio de efetivação e possibilidade de trocas materiais e simbólicas: não se trata, portanto, em absoluto, de nenhum bem ou objeto em particular: a casa, a mulher, o asno etc. Mas apenas daquilo que faz *a lei da troca*, isto é, o caráter da lei em geral, a universalidade que torna possível o intercâmbio permanente, legal e regular, entre todos os

[2] Nesse texto, consta o par de termos "*das Trude, das Ding*" em vez de "*der Trug*", como consta, a meu ver corretamente, na p. 60 de Lacan (s.d.), *L'éthique. 1959-60.*

bens; pois, ao fazê-lo, os indiferencia em sua respectiva particularidade, absorvendo-os na pura forma universal da interdição, mas também da permutabilidade: não desejarás a coisa (*das Ding*) de teu próximo. Graças a isso, institui-se a sociabilidade propriamente humana – este imenso circuito da troca social –, assegurado pela ordenação, pela segurança social, que regula o ímpeto dos impulsos, e permite ao homem encontrar um repouso – ainda que ilusório e mendaz (*Trug*) – no refúgio impalpável da legalidade.

Trata-se, portanto, do princípio fundamental das trocas simbólicas – que se encontra também na base da linguagem e da fala, como lei da palavra. Já Aristóteles concebia o homem como o animal político (*ζῷον πολῑτῐκόν*) porque é o animal que tem a palavra (*ζῷον* ou *ἄνθρωπον λόγο(ν)ς ἔχων)*. E Lacan ajunta:

> a lei da palavra *em sua origem a mais primitiva, no sentido em que este* das Ding *estava lá no princípio,*[3] *que é a primeira coisa que pode separar-se de tudo isto que ele começou a nomear e articular. Que é por isso que este* das Ding é o correlativo mesmo da lei da palavra *[*la loi de la parole*]*, *que a concupiscência [*convoitise*] mesma da qual se trata é uma concupiscência [*convoitise*] que não remete a qualquer coisa que eu desejo, mas a alguma coisa enquanto ela é* a Coisa de meu próximo *[*la Chose de mon prochain*] (Lacan, 1986a, p. 60, grifos do original, tradução nossa).*

Com base nessa passagem, pode-se constatar que Lacan relaciona estreitamente a Lei, o desejo e a castração, fazendo-o por meio do operador estrutural *da Coisa, fundante da linguagem e*

---

[3] Impossível evitar a ressonância com o prólogo do Evangelho de João: "*No princípio era o Verbo*".

da sociabilidade – a coisa que é A Coisa de meu próximo, o objeto vacante da interdição, princípio da troca de bens e da troca de signos.

No percurso das diferentes modulações de sua teoria psicanalítica, Lacan reúne, portanto, a linguística de Saussure (a introdução da ordem do significante e suas regras combinatórias) com a antropologia cultural de Lévi-Strauss, e as radicaliza sob o signo de *das Ding*. Com isso, Lacan pode interpretar o complexo de Édipo, com suas figuras do Pai, da Mãe e da Criança como "lugares", posições determinadas pela estrutura da linguagem, em vez de tomar o modelo da família, ou qualquer outra modalidade de organização social determinada como fundamento empírico da metapsicologia psicanalítica. O complexo de Édipo não se confunde nem com mitologia, nem com um estágio determinável do desenvolvimento do homem. Ele desenha a estrutura na qual se inscreve a lei – "Lei da castração" –, à qual o sujeito tem de corresponder ao longo de toda sua vida: uma instância normativa (tabu do incesto) com a qual todo indivíduo humano é confrontado como a uma "lei" universal, em cujo reconhecimento funda-se sua "subjetivação".

A essa ordenação são remetidos todos os desenvolvimentos culturais do gênero humano, que devem, então ser entendidos como seriam consequências e desdobramentos da proibição do incesto. Tudo aquilo que se descerra a partir desse desejo originário, no nível da "interpsicologia entre a criança e mãe", como frustração, gratificação e dependência, deriva do que Lacan denomina o "caráter essencial da coisa materna, da mãe, enquanto ela ocupa o lugar dessa coisa, do *Das Ding*":

> *É aqui que eu quero vos deter. O que encontramos na lei do incesto situa-se, como tal, no nível da relação inconsciente com* Das Ding, *a Coisa. O desejo pela mãe não poderia ser satisfeito porque é o fim, o termo,*

> *a abolição de todo o mundo da demanda, que é aquele que mais profundamente estrutura o inconsciente do homem. É na medida em que a função do princípio do prazer é fazer com que o homem sempre busque o que deve reencontrar, mas isso que ele não poderia alcançar, é aí que se joga o essencial, esse fundo [*ressort*], essa relação que se chama a lei de interdição do incesto (Lacan, 1986a, p. 81s, tradução nossa).*

O que nunca se poderia alcançar é a totalização do desejo, enquanto sua fruição integral. A lei demarca um limite, a marca da radical finitude do sujeito humano; ao mesmo tempo, abre o vazio de uma falta impreenchível, que denuncia a completude como fantasia de onipotência e autossuficiência. A lei aparece, então, como a figuração simbólica da condição humana de vida, como a estrutura profunda da relação entre a interdição, a falta e o desejo. A proibição inscrita pela Lei (a castração) não se resume a um fenômeno moral, também não remete numa série indefinida de interdições ligadas a objetos determinados. Enquanto instância simbólica, a Lei não proíbe isto ou aquilo; em sua majestade, ela é absolutamente formal, nenhum conteúdo a preenche; em Lacan, a Lei é essencialmente estrutura, como a lei moral de Kant, é pura forma: não desejarás, essa é a formula tirânica do imperativo categórico superegoico:

> *Nesse sentido, quando a narrativa bíblica evoca a árvore do conhecimento do bem e do mal, não é preciso entender aí uma conotação moral. Bem e mal remetem a uma totalidade do ter, do saber e do poder. A lei da origem significa para o ser humano: tu não terás tudo, tu não serás tudo, tu não serás onipotente. Em suma, não ter acesso ao centro quer dizer não ser a fonte de*

> *sua própria vida, não ser seu próprio fundamento, ou ainda não fazer-se viver por si mesmo. Que a lei simbólica seja a interdição de toda onipotência permite situá-la – se queremos aportar aqui uma distinção – no registro* ético, *e não* moral. *Encontramo-nos, então, próximos da ética da psicanálise que, para Jacques Lacan, formula-se num único axioma: "não abrir mão de seu desejo", que podemos compreender como "não abrir mão da falta que te constitui" (Causse, 2012, pp. 545s, grifos do original, tradução nossa).*

É, portanto, no enquadramento estrutural e simbólico da Lei que Lacan tematiza tanto a ligação quanto a distância entre o desejo e a Coisa. Ao levar ao paroxismo essa interpretação, Lacan como que mimetiza o discurso de Paulo, a ponto de sugerir a mútua remissão entre Lei e Coisa: esta resplandece na palavra fundante da Lei:

> *É porque ela preserva esta distância* da Coisa *enquanto fundada pela palavra, ela mesma, que esse comando adquire seu peso e seu valor. Mas onde chegamos nós? Que diremos nós, então?* É que a lei é a Coisa? *Que não seja isso! Entretanto, eu jamais teria* conhecimento *da* Coisa *senão pela lei. Com efeito, eu não teria tido a ideia de desejar se a lei não tivesse dito:* "Tu não desejarás". *Mas* a Coisa *encontra ocasião, produz em mim todos os tipos de desejo graças ao* mandamento. Pois sem a lei, a Coisa está morta *(Lacan, 1986a, p. 101, grifos do original, tradução nossa).*

Assim como em Paulo, o que se passa no processo de subjetivação é da ordem de uma luta de vida e morte:

> *Ora, outrora eu estava vivo, sem a lei. Mas quando veio o mandamento,* a Coisa *flamejou, veio de novo, enquanto eu encontrei a morte. E para mim o mandamento, que devia levar à vida, acabou por levar à morte, pois* a Coisa, *achando ocasião graças ao mandamento, seduziu-me e por ele me faz* desejar a morte *(Lacan, 1986a, p. 101, grifos do original, tradução nossa).*

Trata-se, então, como é patente, de uma re-significação da *ἁμαρτία* (*hamartia*) paulina, feita à luz da psicanálise de Freud. Por meio dela, coloca-se, para Lacan, a questão de saber se uma ética psicanalítica, como descoberta freudiana, 'nos deixa em suspenso na relação dialética entre o *desejo* e a lei, ou podemos ainda levá-la adiante, *para além da moral*'.

> *Temos de explorar isso que no curso das eras [*des âges*], isso que no νοῦς* (nouss)*, o ser humano é capaz de elaborar, que transgrida esta lei, de transgressão que coloca o desejo numa relação que franqueie este laço de interdição, que introduza, acima de nossa moral, uma erótica (Lacan, s.d., p. 60, tradução nossa).*

É imprescindível chamar a atenção aqui para o sintagma escolhido por Lacan: o *νοῦς* que, remete ao arcaico princípio metafísico da pré-socrática e faz uma referência a Aristóteles. Tanto mais quanto na passagem em questão Lacan alude também a uma possibilidade emancipatória do desejo, de transgressão da Lei, que libertaria o desejo daquele vínculo de interdição, descerrando o horizonte de uma "erótica".

Essa mesma passagem, publicada de conformidade com o texto estabelecido por Jacques-Alain Miller, tem um teor consideravelmente modificado:

> *A relação entre a Coisa e a Lei não poderia ser mais bem definida que nesses termos. É aqui que nós a retomamos. A relação dialética entre o desejo e a Lei faz nosso desejo inflamar apenas numa relação com a Lei em Lacan, pelo que ele se torna desejo de morte. É somente pelo fato da Lei que o pecado, a ἁμαρτία, que quer dizer em grego falta e não participação na Coisa, toma um caráter desmesurado, hiperbólico. A descoberta freudiana, a ética psicanalítica, nos deixa suspensos nessa dialética? Nós temos que explorar isso que, no curso das eras [*des âges*], o ser humano foi capaz de elaborar que transgrida esta Lei, o ponha numa relação ao desejo que libere este laço da interdição, e introduza, acima da moral, uma erótica (Lacan, 1986a, p. 101, tradução nossa).*

Como se percebe, nessa versão ora transcrita, o *νοῦς* deixa de figurar – mas Lacan não deixa de chamar a atenção para a relação entre o desejo e a morte, uma transição que se apoia na etimologia de *ἁμαρτία*, filologicamente interpretada por ele em relação ao deverbal de *ἁμαρτάνω* (*hamartanō*): errar o alvo (*manquer la cible*), e por extensão, erro, falta, pecado, que, nesta sua relação com a Lei e somente por meio dela, assume caráter pecaminoso *de falta de participação na coisa* (o alvo, *la cible*), e com isso as necessárias características de desmesura e hipérbole (cf. Lacan, s.d.).

Desse horizonte de significação seria possível vislumbrar, a partir da psicanálise de Lacan, uma ligação possível com a derivação genealógica da consciência e do sentimento de culpa que Nietzsche, em sua *Genealogia da moral*, faz remontar ao credor primitivo divinizado. A dívida, em sentido econômico-jurídico, também é oriunda da Lei da troca, e também remete à falta e ao sentimento debitório em relação ao ancestral, sentimento que poderia, então, ser relacionado à "falta de participação na coisa" – ao errar o alvo, enquanto falhar, faltar ao dever, esta palavra considerada em toda sua ampla gama semântica, também, naturalmente, com o significado de falha, vazio, falta.

A voz de Paulo ecoa tão poderosamente em textos lacanianos como esse que se pode compreender ao pé da letra, sem temor de exagero, a advertência do psicanalista: já não é Lacan o sujeito da fala, falante é o discurso de Paulo:

> *Penso que, depois de um pequeno momento, vós deveis – pelo menos alguns dentre vós – duvidar de que não seja mais eu quem fale. Com efeito, quase por uma ínfima modificação, eu inseri* a Coisa *no lugar do "pecado". Aqui é o* discurso *de São Paulo concernente às relações entre* a lei *e o* pecado: Epístola aos Romanos, capítulo VII, parágrafo 7, *ao qual eu vos peço de vos reportardes. O que quer que se pense em certos meios, vós estaríeis errados em acreditar que os autores sagrados não são uma boa leitura (Lacan, 1986a, p. 101, tradução nossa).*

Paulo é, então, para Lacan, uma boa leitura e um assinalado companheiro de viagem, assim como Freud e Lévi-Strauss também o são. Por isso comparecem como generosas recomendações de boa e indispensável leitura:

> *Quanto a mim, na verdade, eu jamais encontrei senão recompensa em mergulhar neles, e de modo todo especial*

> *aquele que eu vos indico para vossos deveres de férias não vos fará má companhia. Eis aí, com efeito, a que nós fomos conduzidos. A relação entre* a Coisa *e a* lei *não poderia ser mais bem definida do que nesses termos. É aqui que nós a retomaremos. É aqui, em torno desses temas fundamentais, que pode se colocar para nós a questão de saber se a descoberta freudiana, a ética da Psicanálise, nos deixa suspensos nessa relação dialética entre o* desejo *e a* lei*: – disso que faz nosso desejo não se incendiar senão numa relação com a lei, que o faz* desejo de morte – *que faz com que, sem a lei, o pecado, ἁμαρτίαh (*hamartia*), isso que quer dizer em grego* falta *[*manque*] e* não participação na Coisa, *somente graças* à Coisa, *tome este caráter hiperbolicamente, desmesuradamente* pecado *(Lacan, 1986a, p. 101, grifos do original, tradução nossa).*

Para Lacan, o percurso inteiro de Freud demonstra sua pertença à corrente da tradição judaico-cristã. Uma inequívoca prova disso é a centralidade da figura e do nome do Pai na teoria do complexo de Édipo, como se pode constatar não apenas em *Totem e tabu*, em *O homem Moisés e a religião monoteísta*, mas também em vários outros textos de Freud. Para Lacan, esse seria um indício de que encontramos em *das Ding* o essencial da descoberta freudiana, bem como da ética da psicanálise.

O importante é como Freud teria descoberto *das Ding*, essa *Coisa*, e de onde ele teria partido quando seguiu na pista dela em seus pacientes:

> *Essa função do objeto fóbico em torno do qual gira a reflexão de* Totem e tabu, *essa função que o coloca no*

> *caminho da função do Pai, que constitui um eixo [*point tournant*] na preservação do desejo, princípio de sua onipotência, onipotência do desejo, e não como se escreveu, não sem inconveniente, numa tradição analítica, a onipotência do pensamento, princípio correlativo de um interdito incidente sobre a colocação à prova desse desejo. Os dois princípios crescem e decrescem em conjunto, embora seus efeitos sejam diferentes: a onipotência do desejo, engendrando o medo e a defesa que se segue no sujeito; a interdição caçando do sujeito seu enunciado – o enunciado do desejo – para fazê-lo passar a um outro, a esse inconsciente que nada sabe daquilo que sustenta sua própria enunciação. Esse Pai só proíbe o desejo com eficácia, é o que nos ensina* Totem e tabu, *porque está morto, e eu ajuntaria: porque ele próprio não sabe, entendem, que está morto. Esse é o mito que Freud propõe ao homem moderno, enquanto o homem moderno é aquele para quem Deus está morto, este que, entendem, acredita sabê-lo (Lacan, 1986b, pp. 163-187, tradução nossa).*

Conclusão

Do ponto de vista de uma ética da psicanálise, então, Paulo constitui uma referência essencial, pois ele nomeou o nó inextrincável entre o desejo e a lei, e, ao fazê-lo, indicou uma pista essencial: o essencial do desejo é sua relação com o pecado, compreendido este como falta/*manque* (ἁμαρτία), aquilo que manca, que está suspenso no falso. É no percurso do desejo – interditado pela Lei – que se insinua o vazio da falta constitutiva, na qual se instala – sempre a distância e irrecuperável – *das Ding*. Dá-se aí o princípio de um processo de subjetivação. Não abrir mão do próprio desejo – uma espécie de imperativo ético-psicanalítico – seria, pois, reconhecer-nos como constituído a partir da falta, como, aliás, foi sugerido pelo aceno paulino.

Referências

Causse, J.-D. (2012). Lacan avec Saint Paul: Loi, Désir et Grace. In Laval théologique et philosophique. *Croyance et psychanalyse, 68*(3).

Freud, S. (1982a). Totem und Tabu. In A. Mitscherlich *et al.* (Eds.), *Werke*. Sudienausgabe. Band 09. *Fragen der Gesellschaft. Ursprünge der Religion*. Frankfurt/M: Fischer Verlag.

Freud, S. (1982b). Der Mann Moses und die monotheistische Religion. In A. Mitscherlich *et al.* (Eds.), *Werke*. Band 09. *Fragen der Gesellschaft. Ursprünge der Religion*. Frankfurt/M: Fischer Verlag.

Freud, S. (1982c). Das Unbehagen in der Kultur. In A. Mitscherlich *et al.* (Eds.), *Werke*. Band 09. *Fragen der Gesellschaft. Ursprünge der Religion*. Frankfurt/M: Fischer Verlag.

Freud, S. (1982d). Das Ich und das Es [O ego e o id]. In A. Mitscherlich *et al.* (Eds.), *Werke*. Sudienausgabe. Band III. *Psychologie des Unbewussten*. Frankfurt/M: Fischer Verlag.

Freud, S. (2013). *Totem e tabu* (P. C. de Souza, Trad.). São Paulo: Penguin Classics; Companhia das Letras.

Gasser, R. (1977). *Nietzsche und Freud*. Berlin; New York: de Gruyter.

Kant, I. (1983). Die Metaphysik der Sitten. Metafísica dos costumes. In I. Kant, *Werke* (V. VII). E. Wilhelm Weischedel. Darmstadt: Wissenschaftliche Buchgesellschaft.

Lacan, J. (1986a). *Le séminaire de Jacques Lacan. Livre VII. L'éthique de la psychanalyse*. Texte établi par Jacques-Alain Miller. Paris: Éditions du Seuil.

Lacan, J. (1986b). Psychoanalyse, n. 4. (*Revista da École Belge de Psychanalyse*).

Lacan, J. (s.d.). *L'éthique. 1959-60*. http://fr.ffonts.net/LACAN.font.download.

Lévi-Strauss, C. (1949). *Les structures élementaires de la parenté*. Paris-La Haye: Mouton.

Nietzsche, F. (1974). Para a genealogia da moral. Dissertação II, § 16. In *Nietzsche, obra incompleta* (Rubens R. Torres Filho, Trad.). São Paulo: Abril Cultural. (Coleção *Os Pensadores*).

Nietzsche, F. (1980). Fragmento inédito n. 4 (219). In G. Colli & M. Montinari (Eds.), *Sämtliche Werke*. Kritische Studienausgabe (KSA) Band 9. Berlin; New York; München: de Gruyter; DTV.

Nietzsche, F. (1997). *O anticristo* (A. Morão, Trad.). Covilhã: Lusofonia.

Nietzsche, F. (1998). *Genealogia da moral* (P. C. de Souza, Trad.). São Paulo: Companhia das Letras.

Nietzsche, F. (2001). *Aurora* (P. C. de Souza, Trad.). São Paulo: Companhia das Letras.

Ritter, J. (s.d.). Gewissen [verbete]. In *Historisches Wörterbuch der Philosophie* (V. 3). Basel: Schwabe Verlag, 1971-2007.